손자병법에서 배우는
리더의 필승 전략

손자병법에서 배우는
리더의 필승 전략

초판 1쇄 | 2021년 1월 1일

지은이 | 이규철
펴낸이 | 김진성
펴낸곳 | 헤르테북스

편   집 | 박부연
디자인 | 이은하
관   리 | 정보해

출판등록 | 2005년 2월 21일 제2016-000006
주   소 | 경기도 수원시 장안구 팔달로237번길 37, 303호(영화동)
대표전화 | 02) 323-4421
팩   스 | 02) 323-7753
홈페이지 | www.heute.co.kr
전자우편 | kjs9653@hotmail.com

값 18,000원
ISBN 978-89-93132-77-9(03320)

손자병법에서 배우는 리더의 필승 전략

실전 세계화 경영과 리더십의 바이블

이규철 지음

호이테북스
today

추천사

성공하는 비즈니스와 삶을 위한 필승 전략서!

전 세계가 일일생활권이 된 지 20여 년이 넘었다. 과거 교통과 정보가 발달하지 않았던 시절에는 우물 안 개구리도 충분히 생존할 수 있었다. 우물만 잘 지키면 그럭저럭 살아갈 수 있는 세상이었다. 제품도 만들기만 하면 저절로 팔렸다.

하지만 지금은 어떤가? 내 우물, 남의 우물, 가리지 않는다. 만들면 팔리는 것이 아니라 팔리는 것을 만들어야 살아남을 수 있다. 고객의 마음을 얻고, 시장에서 선택받기 위해 기업과 구성원의 모든 역량을 집중해야 생존이 가능해졌다. 전략적 선택이 보다 중요해진 것이다.

현대 사회에서는 비즈니스를 전쟁에 비유한다. 실질적으로 영토를 차지하기 위해 무기를 드는 대신 눈에 보이지 않는 시장과 고객을 차지하기 위한 제품 전쟁, 그것이 바로 비즈니스인 것이다. 미국과 중국 간의 경제 전쟁이나, 얼마 전 과거사 문제로 촉발된 우리나라와 일본 간의 경제 전쟁이 대표적이다. 그들은 그 전쟁에서 사람을 살상하는 대신 밥그릇을 빼앗는 우격다짐을 하지 않았던가.

이제 전쟁은 기업들의 일상이 되었다. 어제와 오늘이 전혀 다르다. 고객이 그렇고, 경쟁사가 그렇고, 기술이 그렇다. 협력 업체가 그렇고, 시장이 그렇다. 저마다 끊임없이 변화하고 진화한다. 이 변화무쌍한 환경 변화에 적응하지 못하면 기업은 금세 도태되고 만다.

이러한 비즈니스의 일상을 수십 년간 경험하면서 깨달은 것이 있다. 눈앞에 닥친 상황에 단순히 대응하는 수준을 넘어 전략적으로 상황을 만들어가는 방식이야말로 비즈니스의 승리에 중요한 열쇠라는 것을 깨달았다. 그리고 현재를 수동적으로 그저 살아내는 것이 아니라 미래를 능동적으로 개척하는 도전 정신이 중요하다는 것 또한 깨닫게 되었다. 제너럴일렉트릭의 전성기를 열었던 잭 웰치의 "변화하기 전에 변화하라"는 말도 이와 일맥상통한다.

이 책을 읽으면서 한 기업의 리더로서 나 자신과 기업을 돌아볼 수 있었다. 어느 덧 세라젬은 수십 개국에서 비즈니스를 펼치는 글로벌 기업이 되었다. 좀 더 사업을 확장하고, 지속 가능한 기업으로 성장하기 위한 여러 가지 조건과 역량을 강화하는 방법들을 이 책에서 얻은 것은 큰 소득이 아닐 수 없다. 《손자병법》의 원전을 해치지 않는 범위에서 리더와 리더를 꿈꾸는 이들에게 전하는 저자의 메시지는 분명하다.

"비즈니스와 삶에서 승리하라!"

이 책을 통해 모쪼록 많은 사람들이 리더의 소양과 덕목을 안으로 채우고, 승리를 넘어 끊임없는 성장과 발전이 함께하기를 기원한다.

㈜세라젬 이환성 회장

글을 시작하며

《손자병법》을 초월한 비즈니스와 정치의 경영전략서

손자孫子가 세상에 나온 지 어느덧 2,500년이 되었다. 현대의 세계 최고 경영자인 빌 게이츠, 손정의, 로저 스미스, 마쓰시타 고노스케, 장야친 등이 신봉하는 경영 바이블 《손자병법》은 본래 중국과 일본의 역사적 명장들과 나폴레옹, 마오쩌둥, 호치민, 노먼 슈워츠 등이 폭넓게 활용하여 왔다. 또한 1991년 걸프전, 2003년 이라크 전쟁에서도 미국과 영국의 전략에 기초가 되었다. 그뿐만이 아니다. 사업, 정치, 국방은 물론 사람의 도리와 처세술에서도 꼭 읽어야 하는 필독서가 바로 《손자병법》이다.

이처럼 오랜 세월 많은 사람들이 《손자병법》을 애독하고 있다. 세계 최대 인터넷 서점인 아마존의 인문 서적 장르에서 《손자병법》 영문판이 꾸준히 판매율 상위권을 차지하고 있는 것만 봐도 그 영향력을 짐작할 수 있다. 변화가 심한 미국의 컴퓨터 및 증권 등 업계에서도 《손자병법》은 특별히 사랑받고 있다.

전쟁은 비즈니스와 정치적인 측면과도 닮아 있다. 비즈니스와 정쟁政爭을 '피 흘리지 않는 전쟁'이라고도 하지 않는가. 휴대폰 전쟁, 자동차 전쟁, 패스트푸드 전쟁 등 기업 간은 물론이고, 최근에는 미중 무역 전쟁, 환율 전쟁에 이어 심지어 코로나19 바이러스 침투 등 국가 간 협력과 경쟁이라는 격렬한 장르에서도 '전쟁'이라는 비유어가 빈번히 쓰이고 있다.

　전쟁은 준비에서 시작된다. 아무리 뛰어난 장군도 준비 없는 싸움은 하지 않는다. 마찬가지로 그 어떤 비즈니스나 정쟁도 모두 준비에서 시작된다. 승리와 결말은 누가 얼마나 충분히 준비를 잘했는지에 달려 있다. 준비를 할 때 가장 중요한 것은 상대에 대한.이해와 경쟁 환경에 대한 분석이다. 비즈니스 경쟁에서 불변의 골든 법칙이 있다면 그것은 상대에 대한 이해와 경쟁 환경 분석에서 우세한 자가 승리를 판가름한다는 사실일 것이다.

　여기서 기업이나 정파 조직의 CEO는 군주가 되고, 경영자와 점장은 장수가 되며, 일반 직원은 병사가 되어 토지와 성 대신에 관할 지역의 고객 또는 이익을 서로 다투어 빼앗는 셈이다. 도산한 CEO나 퇴출된 정치가, 행정가가 자살하는 경우도 있기 때문에 피를 보지 않는다고는 말할 수 없지만 비즈니스와 정치적 조직에 대해 좀 더 온화한 표현으로 비유할 수도 있다. 바로 '무대'라는 단어다. 기업이나 직원은 배우와 예술가이고 고객은 그들을 보기 위해 온 관객이다. 비록 입장료를 지불해야 하지만 원하는 연기와 연주를 무대에서 만나볼 수 있다면 그만큼 이익을 얻는 것이라고 볼 수 있다.

그들은 이 두 가지 비유에서 재미있게도 경쟁자들을 어떻게 볼 것인가에 대해 완전히 정반대의 입장을 취하고 있다. 먼저 '전쟁'이다. 전쟁은 경쟁자를 상대로 승리하는 것을 주요 목표로 하는 행위다. 어느 정도 자신을 향상시켰다고 해도 적에게 패배하면 전혀 의미가 없다. 경쟁 세력을 무너뜨리면 그만큼 자신의 힘을 확장할 수 있다는 생각을 하게 된다.

한편 '무대' 쪽은 경쟁자의 동향보다는 관객에게 시선을 돌리려 한다. 무대에서는 자신의 재주를 잘 갈고닦아 최대한 멋진 공연을 보여주면 이익이 자연스럽게 따라온다는 것을 알 수 있다.

현실 사회에서는 이 두 가지를 균형감 있게 겸비한 능력이 없으면 비즈니스에서 또 정쟁의 상황에서 그 경쟁을 뚫고 승리하기가 어렵다.

《손자병법》에서 손자는 전쟁이란 국익을 손해 보기 쉬운 행위이며, 양자의 격렬한 싸움은 어부지리를 노리는 제3자에게나 유리한 전개에 지나지 않는다는 관점을 근본으로 하고 있다. 이 때문에 '돈이 되지 않는 무대에는 오르지 않는다' 또는 '돈을 받을 수 있도록 기량을 향상시키고 나서 무대에 선다'고 하는 무대적인 입장도 겸비하고 있는 것이다. 반면에 미국과 유럽 전략론의 바이블이라고도 불리는 《전쟁론》의 경우는 그 무대가 개막되어 이제 되돌릴 수 없는, 어쩔 수 없는 상황의 전쟁만을 분석하고 있는 측면이 있다.

손자의 월등한 균형의 좋은 점은 역사상 많은 군자와 명장, 그리고 경영자들의 애독서가 되어 실제로 승리와 성공의 초석이 되는 원동력이 숨어 있다는 것이다. 그러한 이유로《손자병법》이론은 많은 국가에서 여전히 변색되지 않고 비즈니스 현장에서 재계 및 정계 인사들의 추종을 받고 있다. 군사적인 면도 있지만 오늘날 특히 비즈니스와 정계의 경쟁과 전쟁 속에서 승리자가 되는 데 큰 역할을 하고 있기 때문이다.

　이 책은 손자의 그 같은 매력을 좀 더 쉽게 현대 사회에 활용할 수 있도록 기술하고자 하는 마음에서 비롯되었다. 전략서의 최고봉이라 불리는《손자병법》의 뛰어난 지혜를 보다 친숙하고 실용적인 느낌으로 재발견하게 된다면 더 이상 바랄 것이 없겠다.

저자 이규철

CONTENTS

제1부

경영전략의 바이블 《손자병법》

세계적인 CEO가 애독하는 최고의 경영전략서

01

오랜 시간 사랑받은
손무의《손자병법》

　　본래 손자孫子는 기원전 6세기경 중국 춘추 시대 제齊나라의
병법가다. 본명은 손무孫武인데 존칭으로 손자라 한다. 오나라 왕인 합려
밑에서 전군의 장이 되어 총지휘를 맡은 손자는 그 전략과 전술을 총동원

해 서쪽으로 초나라를 격파하고 영
성을 점령했으며, 북쪽으로는 제齊
나라와 진나라를 굴복시키면서 그
이름을 사방에 떨쳤다. 그리고 이 고
대 중국의 전쟁 체험을 총 13편으로
집대성한 것이 바로 오늘날까지 내
려오는《손자병법》이다.

[손무의 초상화]

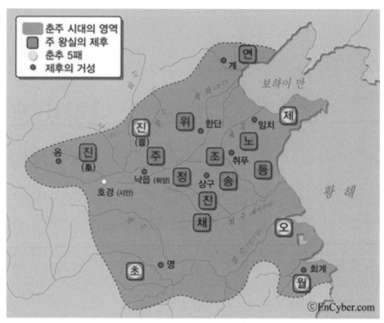

[춘추 시대의 국가]

사마천이 쓴 중국 고대 역사책 《사기史記》에서는 손무의 산뜻한 등장을 다음과 같이 기록하고 있다.

때는 춘추 시대의 말기로 오나라와 월나라가 라이벌 국가로 서로 경쟁하고 있는 중이었다. 손무는 제齊나라 출신으로 병법에 능통했다. 오나라 왕 합려는 손무를 불러 물었다.

"그대가 쓴 병서 13편은 다 읽어보았네. 어떤가? 실제로 그렇게 군사를 훈련시키는 것을 보여줄 수 있겠나?"

"물론입니다."

"여자라도 괜찮겠는가?"

"괜찮습니다."

합려는 궁중의 시녀 180명을 불러 훈련시키도록 했다. 손무는 먼저 대오를 두 편으로 나누고, 합려가 총애하는 두 여인을 각각 대장으로 임명했다. 그리고 모두 손에 창을 들게 하고 명령을 내렸다.

"모두 자기의 가슴, 왼손, 오른손을 알고 있는가?"

"네."

"그럼 앞이라고 하면 가슴을 보고, 왼쪽이라 하면 왼손을, 오른쪽이라 하면 오른손을, 뒤라고 하면 등을 보는 것이다. 알겠는가?"

"네."

명령을 전달한 손무는 형벌에 사용될 큰 도끼를 쥐고 있었다. 그리고 전원이 명령을 같이 지킬 수 있도록 재삼 설명을 반복했다. 손자가 군령을 설명하자 여인들이 크게 대답했다. 그가 북을 치며 명령을 내렸다. 그런데 "오른쪽"이라고 말하자 여자들은 모두 키득키득 웃으며 복종하지 않았다. 손무가 말했다.

"군령이 분명하지 못하고 명령 전달이 충분하지 못한 것은 장수된 사람의 잘못이다. 명령을 이해하기 어려울 수도 있다. 이번은 내가 잘못한 것이다."

이렇게 말하고 앞에서 말한 명령에 대한 설명을 여러 번 반복했다. 그리고 두 번째로 북을 울린 후 "왼쪽"이라 했는데, 여자들은 여전히 웃어대기만

했다.

손무는 "아까는 나의 실수였지만 이번은 아니다. 전원이 모두 명령을 이해했을 것이다. 명령대로 움직이지 않은 것은 대장의 책임이다"라고 하며 손에 든 도끼로 대장 삼은 두 여인을 참수하려 했다. 두 여인은 왕이 가장 총애하는 시녀들이었다. 위에서 이 상황을 내려다보고 있던 왕이 다급히 나서서 손무를 말렸다.

"당신의 뛰어난 훈련을 이미 보았네. 두 여인을 부디 용서하시게. 이 두 사람이 없다면 나는 밥을 목구멍으로 넘길 수 없다네. 살려주면 안 되겠나?" 그러나 손무는 단호했다.

"신은 이미 왕명을 받아 장군이 되었습니다. 장군이 전쟁을 치를 때는 임금의 명령을 받들지 않을 수도 있습니다"라고 하면서 두 대장 여인의 목을 베고, 다른 두 여인을 후임 대장으로 임명했다.

그리고 다시 북을 울리며 명령을 내렸다. 여자들은 왼쪽, 오른쪽, 앞, 뒤의 명령에 따라 일사불란하게 움직였다. 웃음은커녕 작은 소리도 내지 않았다.

비로소 손무는 왕의 명령에 대해 보고했다.

"이제 부대가 갖춰졌습니다. 한번 시험해보십시오. 왕의 명령이라면 병사들은 불 속이든 물 속이든 모두 뛰어들 것입니다"라고 말했다.

심기가 불편한 합려는 손무에게 이렇게 말했다.

"괜찮네, 이미 본 것이나 다름없네. 그대는 숙소로 돌아가 쉬도록 하게."
손무는 숙소로 돌아가면서 속으로 탄식했다.

'왕은 병법에 대해 의논하기만 좋아할 뿐 실제로 사용하지는 못하겠구나.'

그러나 합려는 결국 손무를 장수로 임명했다. 합려는 이렇게 손무가 병사를 다루는 재주가 뛰어나다는 것을 알고 그를 장군으로 명한 것이다.

훗날 오나라가 서쪽으로 강국인 초나라를 격파해 도성인 영을 공략하고, 북쪽으로는 제齊나라와 진나라를 위협해 그 이름을 천하에 알리게 된 것은 손무의 힘이 컸다.

이렇게 손무에 의해 세상에 나온 《손자병법》은 이후 삼국지의 영웅 조조의 편집을 거치고, 8세기 무렵에는 당나라의 사신과 외국에서 건너온 사람들에 의해 한국과 일본으로 전해졌다. 18세기 말에 이르자 기독교 인사들에 의해 서구로 전해져 수많은 역사적인 명장들의 전략과 전술의 기초가 되었다.

그렇다. 《손자병법》은 전쟁에서 승리하기 위한 전략전술뿐만 아니라 군주인 제후의 내치, 외교, 국가경영의 비결, 승패의 비법, 인사人事의 성패 등에 대해서도 비범한 내용을 포함하고 있다. 동시대 오자의 병법과 더불어 대표적인 것으로 전해지는 손자의 뛰어난 병법은 후세의 무장 사이에 널리 이용되었다. 일찍이 우리나라에서도 애독되었으며, 조선시대에는 한때 역과의 초시初試 교재로 쓰이기도 했다.

02

CEO들은 왜
《손자병법》을 추종하는가

마이크로소프트MS의 CEO 빌 게이츠도 퇴임 후 리눅스 Linux
커뮤니티를 위해 준비한 공개서한에서 《손자병법》을 인용했다. 영화
〈월 스트리트〉에서는 주인공이 "전쟁은 속임수에 근거를 두고 있다"며
《손자병법》을 인용한 장면이 나온다. 미국의 투자 은행인 모건 스탠리
의 애널리스트 로버트 펠드맨도 종종 《손자병법》을 인용한 것으로 유명
하다.

러시아도 《손자병법》에 대한 연구가 활발하다고 한다. 그것이 이라크
정권에 전달되었고 후세인 전략의 기본이 《손자병법》이라는 기사가 LA
타임스에 보도된 적도 있다.

물론 중국 내에서도 인기가 높다. 서점에는 《손자병법》을 기본으로 한
여러 가지 전략서나 처세술 관련 책들이 진열되어 있다. 연애병법이라며

연애에 적용한 책도 있다. 또한 중국 최대의 가전 업체이자 세계 최상위 기업인 하이얼그룹의 CEO 장루이민도 《손자병법》에서 그 사업 전략을 응용했다.

일본 최고의 부자인 소프트뱅크의 창업자이자 CEO 손정의는 "《손자병법》이 없었다면 나도 없다"는 어록으로 유명하다. 제너럴모터스^{GM}의 로저 스미스 회장은 "나의 성공 비법은 《손자병법》에 있다"고 말한 바 있다. 일본의 3대 경영의 신으로 불리는 파나소닉의 CEO 마쓰시타 고노스케는 "《손자병법》은 천하의 신령이며 반드시 숭배해야 한다"고 극찬했다. MS 중국 R&D그룹의 장야친 총재도 "MS의 중국 여정은 바로 《손자병법》의 도, 천, 지, 장, 법에 있다"고 전하고 있다.

이렇게 전 세계의 사랑을 받고 있는 가운데 《손자병법》을 조직경영이나 비즈니스에 활용하는 CEO들이 늘어나고 있다.

01 세계적인 승부사 '손정의 병법'

2018년 4월, 미국 〈타임〉지가 선정한 '세계에서 가장 영향력 있는 100인'에서 거인 부문에 오른 손정의는 '비전의 힘'을 믿는 빌 게이츠가 '승부사^{risk taker}'로 인정한 전설적인 사람이다. 1973년, 16세에 그는 미국의 캘리포니아대학교 버클리캠퍼스에서 경영학을 공부했다. 학교에 다니는 동안 그는 매일 5분간 새로운 발명에 대해 생각했다. 19세 때 그는 미니

번역기를 발명했고, 한 교수를 고용해 번역기 샘플을 제조한 후 특허를 신청했다. 그리고 100만 달러라는 가격에 그 번역기를 샤프전자에 팔았다. 샤프전자는 오늘날까지도 이 번역기의 기술을 위저드 개인 전자 관리기에 응용하고 있다.

19세 때 손정의는 30세 이전에 1억 달러를 벌겠다고 결심했다. 미래의 발전 방향을 세우기 위해 학교에 다니던 때에 이미 40개 회사의 기초적인 윤곽을 구상했고 50년 기업을 설계했다. 예컨대 어떻게 자본을 축적하고 어떻게 발명을 하고 어떻게 창조할 것인지 등을 그려낸 것이다. 1980년, 그는 미국에서 일본으로 귀국하자마자 계속해서 사업 계획을 수정했다. 그로부터 얼마 후 마침내 IT 도매 업종에 매진하기로 결정했다. 23세에 그는 소프트뱅크를 창업했고, 1994년에는 상장을 통해 1.4억 달러를 확보했다. 이때부터 소프트뱅크그룹은 대폭적인 발전을 시작한다.

소프트뱅크의 많은 성과 가운데 가장 대표적인 업적은 야후에 투자한 것이다. 1995년 그는 인터넷 산업을 정확히 보고 이 방면에 거액을 투자하기로 결정했다. 그는 야후를 선택했고, 첫 번째 투자액으로 200만 달러를 투입했다. 1996년 3월, 손정의는 다시금 1억 달러를 투자해 야후의 33% 지분을 확보했다. 야후의 창시자인 대만계 미국인 제리 양이 보기에 손정의는 미친 사람이었다. 그 자신도 야후의 값어치가 그 정도라고 생각하지 못했다.

손 회장의 도움으로 야후는 자금이 생겼고 호랑이에 날개가 달린 셈이 되었다. 당연히 세계에서 제일가는 인터넷 회사로 성장했으며, 그 투자는 거액의 보답으로 돌아왔다. 1998년 2월, 소프트뱅크는 4.1억 달러로 야후의 5% 지분을 판매해 순익 3.9억 달러를 남겼다. 당시 지분 가격에 의하면 나머지 28%는 84억 달러에 달했다.

2000년, 손정의는 중국의 전자상거래 업체 창업자인 마윈의 알리바바에 대한 사업 모델 설명을 듣고 단 6분 만에 2,000만 달러의 투자를 결정한 것으로도 유명하다. 14년이 지난 2014년 9월, 뉴욕증권거래소 상장 첫날인 19일 '상장 대박'으로 알리바바가 세계 최대의 전자상거래 업체로 성장하는 데 결정적인 기여를 한 것이다. 마윈과 손정의는 각각 중국과 일본에서 최고의 갑부가 되었다.

그렇다면 손정의, 그는 어떻게 성공했을까? 그는 다음과 같이 말했다.

"《손자병법》이 없었다면 나도 없다."

이처럼 답은 《손자병법》에 있었다. 그는 《손자병법》을 익히 알고 있었고, 그것을 자기만의 '손정의 병법'으로 재탄생시켰다. 바로 '일류공수군, 도천지장법, 지신인용엄, 정정약칠두, 풍림화산해一流攻守群, 道天地將法, 智信仁勇嚴, 頂情略七鬪, 風林火山海'의 총 25글자가 그를 놀라운 전략가로 이끌었다. 여기서 《손자병법》의 영향을 받은 '손정의 병법'에 대해 자세히 알아보자.

가. 최고가 되기 위한 전략 다섯 가지

일류공수군一流攻守群이다.

① 一: 철저하게 1등을 고집하라. 책임 있는 사업가는 1등이어야 한다. 2등에 안주하면서 어떻게 높은 뜻을 품을 수 있겠는가.

② 流: 시대의 흐름을 간파하라. 앞을 내다보고 재빨리 행동하라. 바로 속도경영이다.

③ 攻: 공격력을 갖춰라. 죽을힘을 다해 누구에게도 지지 않을 전략이 필요하다.

④ 守: 방어력을 갖춰라. 현금흐름cash-flow 경영, 온갖 리스크에 대비하는 정도경영 등 수비력을 갖춰야 한다. 특히 창업자가 쓰러지는 원인의 대부분은 자금 동원의 실패다. 이로 인해 무너지지 않도록 한편으로 자금을 지키고 또 한편으로는 공격하라.

⑤ 群: 싱글이 아닌 그룹으로 맞서라. 싱글 브랜드나 싱글 비즈니스 모델은 수명이 짧다. 동지적 결합이라는 전략적 시너지 그룹을 만들어야 한다. 소프트뱅크는 30년 이내에 5,000개의 동지적 결합군을 만들 계획이라고 한다.

이것이 최고가 되기 위한 다섯 가지 전략이다. 기업은 최고가 되기 위한 전략을 세우고 공격과 방어를 준비해야 한다. 특정 베스트셀러에 의지하게 되면 그 상품이 팔리지 않을 경우 위기에 빠질 수 있기 때문에 기업 고유의 상품군을 반드시 만들어야 한다. 합작이라는 방법을 통해 더

하고 곱하는 효과를 내야 할 것이다.

나. 리더가 승리하기 위한 전략 다섯 가지

도천지장법道天地將法이다.

① 道: 이념과 포부를 세워라. 소프트뱅크의 도道는 정보혁명으로 인간
을 행복하게 만드는 것이다.

② 天: 하늘이 준 때를 절대 놓치지 마라. 하늘이 준 때, 결정적 타이밍
을 잡아야 한다. 재능이 있다 한들 때를 갖고 태어나지 못한다면 어
찌 성공하겠는가. 우리는 '정보빅뱅'이라는 절호의 시기를 받아 세상
에 왔다. 기회를 놓치지 마라.

③ 地: 땅의 이치를 찾아라. 15년 전에는 미국인이 인터넷 인구의 50%
를 차지했다. 그러나 5년 후에는 아시아인이 그 자리를 차지할 것이
다. 소프트뱅크는 앞으로 펼쳐질 인터넷 세상의 중심지 아시아에서
자리를 잡을 것이다.

④ 將: 훌륭한 장수를 확보하라. 그 어떤 싸움도 성공하려면 명장이 필
요한 법이다. 차별 없이 능력 있는 우수한 직원을 중용해야 한다.

⑤ 法: 견고한 법과 규칙을 수립하라. 시스템과 규범, 지속적으로 이기
고 승리하는 시스템을 만들어야 한다.

이것이 리더가 승리하기 위한 다섯 가지 전략이다. 일을 할 때 도를 어
겨서는 안 되며, 하늘이 준 타이밍을 포착해 타깃 시장을 확보하고 이 모

든 것에 필요한 명장을 얻어야 한다. 또한 조직의 시스템 규범을 세우고 완비해나가야 한다.

다. 리더가 갖춰야 할 수칙 다섯 가지

지신인용엄智信仁勇嚴이다.

① 智: 풍부한 지식을 쌓아라. 다양한 지적 능력, 즉 사고력, 발표력, 전문 지식, 협상력, 균형 감각 등을 갈고닦아야 한다.

② 信: 신의, 신념, 신용을 생명처럼 여겨라. 신의가 두터운 존경받는 파트너가 되어야 한다.

③ 仁: 인애의 정신을 길러라. 이해관계자, 즉 동료, 고객, 나아가 인류의 만족, 사랑과 행복을 위해 최선을 다해야 한다.

④ 勇: 결단력에 필요한 용기를 길러라. 싸울 용기, 결의를 다지는 용기, 그리고 무엇보다 쉽지 않은 퇴각을 결정할 줄 아는 용기가 필요하다.

⑤ 嚴: 공과 사를 엄격히 구분하는 기율을 세워라. 자신에게 또 사랑하는 부하에게 엄격한 시비의 잣대로 냉정한 처분을 할 수 있어야 한다.

이것이 리더가 갖춰야 할 다섯 가지 수칙이다. 리더는 풍부한 지식, 숭고한 신의, 인애의 정신으로 결단의 용기를 뒷받침해야 하며, 엄명한 기율을 잘 지킬 때 더욱 많은 수행자를 이끌게 된다.

라. 리더가 갖춰야 할 비전 다섯 가지

정정략칠투頂情略七鬪다.

① 頂: 정상이나 산마루에서 내려다본 경치를 그려라. 그것이 비전이다. 등산할 산을 결정했다면 10년 후, 30년 후의 모습을 설정하고 그때의 이미지를 철저하게 그려야 한다.

② 情: 비전을 그렸다면 정보를 구하라. 그 비전이 올바른지 검토하기 위해 구체적으로 빈틈없이 최대한 많은 정보를 수집해야 한다.

③ 略: 모든 정보를 수집한 후 지엽적인 것을 정리하라. 그리고 죽을힘을 다해 가장 중요한 한 가지의 전략을 창안하고 압축하라.

④ 七: 70%의 승산이 있을 때 승부를 걸어라. 만약 50~60%의 승산이라면 굳이 싸움을 선택할 필요가 없다. 90%의 승산을 기다린다면 기회를 놓칠 것이다. 따라서 승부를 거는 최적의 타이밍은 70%의 승산이 보일 때다.

⑤ 鬪: 목표가 결정되었으면 비전의 실현을 위해 목숨을 걸고 과감하게 싸워야 한다.

이것이 리더가 갖춰야 할 다섯 가지 비전이다. 리더는 배짱과 식견이 있어야 한다. 다시 말해 공세를 취할 때는 먼저 산꼭대기에 서서 주변의 변화를 관찰하고 전체적인 환경을 장악한 후 철저하게 정보를 수집하고 전략을 강구해야 한다. 70%의 승산이 있다면 결연히 전투에 돌입하고, 만약 50~60%의 승산이 있다면 굳이 싸움을 선택하지 않는다.

마. 전쟁에서 승리하는 전술 다섯 가지

풍림화산해風林火山海다.

① 風: 행동은 바람처럼 빠르게 하라. 속도경영을 말한다.

② 林: 물밑 협상은 깊은 숲속처럼 고요하게 소리 소문 없이 비밀리에
하라.

③ 火: 공격은 불같이 맹렬하고 치열하게 하라.

④ 山: 위기 상황에서도 움직이지 않는 산처럼 결코 흔들리지 마라.

⑤ 海: 삼키기를 파도같이 하라. 그리고 패한 상대를 바다처럼 포용
하라.

이것이 전쟁에서 승리하는 다섯 가지 전술이다. 《손자병법》에 "번개같
이 움직이고", "그림자같이 알기를 어렵게 하라"는 말이 있다. 그러나 손
정의는 "삼키기를 파도같이 하라"가 더 중요하다고 생각해서 바다海를 풍
림화산 뒤쪽에 두고 있다.

2부의 1장에서 다룰 '시계 편'은 《손자병법》의 맨 첫 장에 나오는 내용
이다. 이것이 손정의에게 중요한 경영계시를 했다고 볼 수 있다. 모든 일
은 계획부터 시작된다. 손정의에 의하면 '전쟁을 하기 전에 준비를 충분
히 하면 그 결과는 말할 필요도 없는' 것이다. 그는 손자의 어록을 공장의
비전으로 삼아 큰 대문 옆 입구에 세워 두도록 했다. 한쪽에는 "승병은 먼
저 승리하고 후에 전쟁을 한다"고 쓰여 있고, 다른 한쪽에는 "패병은 먼저

전쟁을 하고, 후에 승리를 구한다"고 되어 있다.

그는 《손자병법》을 응용해 '손정의 병법'까지 만든 인물이다. 중국의 국학을 '현대 비즈니스 사전'으로까지 응용해 실천하고 있다는 점이 놀라울 따름이다. 손 회장의 경영전략으로 소프트뱅크는 상업 제국이 되었고, 마침내 손정의 본인도 세계적인 갑부가 되었다.

02 GM의 로저 스미스

"《손자병법》은 최고의 비즈니스 전략서다. 나의 성공 비법은 바로 《손자병법》에 있다."

1980년에 GM은 60년대 이후 처음으로 적자를 기록했고, 그 금액은 76억 달러에 달했다. 이는 일본을 진원지로 한 타격이 원인이었다. 1980년대는 전 세계적으로 자동차 가격이 오른 시기였는데, 석유파동으로 기름 소모가 적고 가격이 싸며 우수한 품질의 일본 소형차가 시장을 점령하고 있었기 때문에 대형 차량을 주축으로 하는 GM의 판매량이 대폭 감소한 것이다. 한때 잘 팔리던 후륜구동 소형차 쉐보레도 일본의 전륜구동 소형차에 밀렸다. 널리 알려진 X형 차량도 대량 반품되어 GM은 심각한 위기에 빠지게 되었다.

이러한 상황 아래 로저 스미스는 위기에 빠진 GM으로부터 인사 발령을 받게 된다. 1925년에 태어난 스미스는 미시간대학교에서 MBA 학위를 받고 GM에서 회계 업무자로 근무를 시작했다. 그의 업무 수행력은 매우 뛰어나 곧 상급자의 인정을 받게 된다. 1970년 재무출납 국장으로 승진하고, 1년 후 재무를 주관하는 부총재가 되었다. 1981년 1월에 회사의 이사회에서는 전반적으로 리더로서의 능력이 뛰어난 그를 최고경영자 자리에 추천했고, 그는 마침내 GM의 열 번째 CEO가 되었다.

이사회는 스미스가 현재의 상황에 변화를 가져오길 희망했다. 당시 모든 고위층은 계속 감소하는 영업 실적을 놓고 어찌할 줄을 몰랐다. 스미스 앞에 놓인 장애물은 무수히 많았다. 그러나 그는 문제를 해결하기 위해서는 반드시 문제의 핵심을 찾아내야 한다는 것을 알고 있었다. 경영 진단을 실시한 그는 조사와 분석 결과를 통해 지금과 같은 피동적인 국면이 나타난 첫 번째 원인을 알아냈다. 바로 일본의 도요타로 인한 충격파를 깨닫게 된 것이다.

잘 알다시피 1970년대에는 석유파동의 영향으로 가격이 저렴하고 에너지를 절약할 수 있는 소형차가 대대적인 인기를 누리게 되었다. 그 중심에 있던 도요타 차량의 경쟁력 중 하나는 노동력 단가가 낮다는 것이었다. 미국의 상황에 비추어 볼 때 GM은 단기간에 노동력 단가를 낮출 방법이 없었다. 스미스는 먼 곳과 친교를 맺는 원교를 결정했다. 직접 일본의 수중에 있는 차량을 구매함과 동시에 도요타와 합작 영업을 하고, 도요타의 생산기술을 획득하면서 저가의 자동차를 얻기로 결정했다.

이와 동시에 스미스는 바로 자동차의 신기술 개발 연구에 나섰다. 빠른 시간 내에 일본인과 비교할 수 없는 우세한 기술을 얻기 위해 도요타 휴즈를 인수하고, 테네시 주에 땅을 준비했다. 건설 규모가 큰 자동차 생산 기지를 구축해 일본과 경쟁할 수 있는 차를 만들기로 한 것이다. 기술의 연구 개발 강화는 가까운 곳을 공격하는 근공 책략이었다. 도요타와의 원교 전략을 취한 것은 떨어지는 영업 실적 추세를 멈추기 위해서이고, 근공 전략을 강화한 것은 미국 본토 시장의 경쟁 상대를 초월하기 위해서였다.

《손자병법》의 묘수를 증명하듯 스미스의 이러한 전략은 정확했다. 그의 '원교근공 전략'은 3년이라는 짧은 기간 내에 곧 효과가 나타났다. GM은 적자 상태에서 벗어나 50억 달러의 이윤을 창조하게 되었다.

로저 스미스는 《손자병법》을 숭배했다. 앞에서 이미 자신의 성공 비법이 《손자병법》에 있다고 말하지 않았던가. 그의 원교근공 전략은 바로 손자의 "싸우지 않고 승리한다", 즉 불전이승不战而勝 사상에 의한 것이었다. 손자는 "고상병벌모, 기차벌교, 기차벌병, 기하공성故上兵伐谋, 其次伐交, 其次伐兵, 其下攻城"이라고 말했다. 그 뜻은 이렇다.

"군사행동은 계략으로 적군의 전략 의도 또는 전쟁 행위를 꺾는 것이고, 다음은 외교로 적군에게 전승하는 것이며, 그다음은 무력으로 적군을 격파하는 것이다. 마지막 최하의 방법이 바로 적군의 성을 공격하는 것이다."

《손자병법》은 또 "불전이굴인지병 선지선자야不战而屈人之兵, 善之善者也"라고 했다. 즉, 전쟁을 하지 않고 모든 적군을 항복시키는 것이 최고의 수준 높은 전략이라는 것이다. 전쟁의 궁극적인 목표는 역설적이게도 평화다. 훌륭한 장군은 병마를 쓰는 것이 아니라 지략과 책략으로 승리를 획득한다. 그런 부분에서 보자면 스미스는 분명 뛰어난 사람이었다.

03 '경영의 신' 마쓰시타 고노스케

"《손자병법》은 천하의 신령이고 반드시 숭배해야 한다."

일본에서 '경영의 신'으로 추앙받는 마쓰시타 고노스케는 경영을 단순한 돈벌이가 아니라 사람들의 행복에 기여하는 가치 있는 종합예술로 여겼다. 어려운 시기에도 마쓰시타는 PHP 연구 및 운동을 시작했다. PHP는 'Peace and Happiness through Prosperity'의 약자로, '번영을 통해 평화와 행복을'이라는 뜻이다. 일종의 사상 계몽 운동이다. 마쓰시타의 삶은 패전국 일본이 세계 경제의 기관차로 떠오르는 과정 그 자체였다고 전해진다.

'마쓰시타'에는 두 가지 함의가 있다. 하나는 파나소닉의 전신인 마쓰시타전기이고, 다른 하나는 마쓰시타 고노스케 자신을 가리킨다. 마쓰시타전기는 1918년에 창립되었다. 100여 년의 발전을 거쳐 세계적으로 유명한 전자 기업이 되었다. 마쓰시타는 이 회사의 창업자로, 사람들로부터

'경영의 신'이라 불렸다. 사업부, 종신고용제, 연공서열 등 일본 기업의 관리 제도는 모두 그가 처음으로 만든 것이다.

　마쓰시타는 《손자병법》의 팬으로, 마쓰시타전기의 비약적 발전은 《손자병법》에 있다고 해도 과언이 아니다. 그의 《손자병법》에 대한 숭배는 이미 더할 수 없는 경지에 이르렀다고 할 수 있다. 그는 모든 직원에게 "《손자병법》은 천하제일신명天下第一神明이고, 천하제일신성天下第一神聖이다. 우리 또래 연배의 직원들은 반드시 예를 갖추어 참배해야 하고, 열심히 암송해야 하며, 영혼을 잘 운용해야 회사가 발전할 수 있다"고 말한 바 있다.

　마쓰시타전기의 발전 과정에는 곳곳에 손자의 지도 흔적이 있다. 특히나 직원을 대하는 태도에서 그렇다. 손자는 '상하동욕자승上下同欲者勝'이라고 했다. 뜻인즉 '전국상하全國上下, 전군상하全軍上下가 일치된 염원을 갖고 동일한 마음으로 협력해야 승리할 수 있다'는 것이다. 그렇게 마쓰시타는 직원들을 가장 중요시해 정신적이든 물질적이든 최선의 관심과 도움을 주려고 노력했다.

　마쓰시타는 한 사람의 능력은 유한하기 때문에 그 한 사람의 지혜로 모든 것을 지휘하면 단기간에 뛰어난 진보를 이룰 순 있지만 안 될 날이 분명 있을 거라고 말했다. 그러한 이유로 마쓰시타전기는 CEO나 간부들이 아닌 직원 전체의 지혜를 바탕으로 경영되었다. 마쓰시타는 '지혜를 집중한 모든 직원의 경영'을 회사의 경영 방침으로 삼았다.

　그에게는 습관이 하나 있었는데, 바로 각 직원들의 생일을 기억하는 것이었다. 직원들의 생일마다 그는 직접 선물과 아름다운 축복 메시지를 보냈다. 그리고 매년 직원들에게 회사에 대한 1년 동안의 공헌에 감사를 표시했다.

마쓰시타전기의 발전사 가운데에는 파산의 국면에 처한 시기도 있었다. 당시 마쓰시타전기는 직원의 월급을 모두 정산해주고 그룹 해산 결정을 선포했다. 직원들은 돈을 받아 들고 집으로 돌아갔다. 이튿날 아침에 감동적인 장면이 연출되었다. 회사 앞에 길게 줄을 선 직원들이 어제 받은 월급을 반납하길 원했으며, 어떤 직원은 자기 수중의 모든 돈을 보태기까지 했다. 또 다른 직원은 "우리는 이 회사와 고난을 같이 이겨내고 과거의 영광을 다시 창조할 것을 소원하니 우리의 마음을 받아주기 바랍니다"라는 뜻을 전했다. 마쓰시타는 직원들에게 허리를 굽혀 인사했고, 마쓰시타 기업을 다시 이끌어갈 결심을 했다.

당시는 정부의 긴축정책으로 인해 기업 활동이 위축된 시기로, 과잉 재고와 자금 부족에 시달리자 직원 수를 반으로 줄여야 한다는 주장이 제기되었지만 결국 마쓰시타는 이렇게 결정했다.

"오늘부터 생산량을 반으로 줄인다. 직원은 한 명도 줄이지 않고 월급도 전액 지급한다. 대신 모두 휴일을 반납하고 재고품 판매에 힘쓴다."

그 후 직원들이 합심해 노력한 결과, 마쓰시타는 두 달 만에 재고를 처리하고 공장을 정상 가동할 수 있었다.

또한 마쓰시타는 인재 양성을 위해 노력했고 직원들의 교육 훈련을 강화했다. 아울러 장기적인 인재 양성 계획에 따라 종합적인 각종 시스템

연수와 교육 강좌도 개설했다. 마쓰시타전기는 간사이, 나라, 도쿄, 우쓰노미야 지역과 해외에 총 5개의 직원 연수원을 갖고 있었다. 마쓰시타는 직원들의 기능을 배양해 그들이 '적을 무찌를 수 있는 능력'을 갖게 하고, 각 개인의 정신생활로 관심을 돌림으로써 '조직의 상하 단결을 일치시킬 수 있다'고 보았다.

그 이후 마쓰시타가 큰 성과를 얻을 수 있었던 것은 특정된 역사 조건과 사회적 환경 외에 그의 경영 사상이 성공의 기초를 닦았기 때문이다. 그는 "사업의 성패는 사람에게 달렸다. 사람이 없으면 기업도 없다"고 말했다. 마쓰시타전기는 '전기용품을 제조하는 회사'이기도 하지만 '인재를 양성하는 회사'이기도 했다.

마쓰시타의 많은 강연에는 다음과 같이 모든 직원을 잘 대우해야 한다는 도리가 담겨 있다.

- 회사가 잘되면 나에게도 비전이 있고, 회사가 망하면 나도 끝이다. 이러한 결심으로 마쓰시타와 공존하는 사람이야말로 회사가 갈망하는 인재다.
- 마쓰시타는 인재 양성 회사이고, 겸사로 전기 사업을 한다.
- 직원들을 고객처럼 대하라.

이 말들은 모두 손자의 상하동욕자승上下同欲者勝 사상과 부합된다. 직원들 업무 효과의 좋고 나쁨은 전체 회사의 운영에 영향을 준다. 그래서 마쓰시타는 '기업의 진정한 CEO는 전체 직원'이라고 한 것이다. 이처럼 기업은 모두의 공존공영의 노력으로 더욱 성공한다.

손자가 말하길, 장수는 '지智, 신信, 인仁, 용勇, 엄嚴'이라고 했다. 즉, 리더는 지식, 신의, 인애, 용기, 기율이 있어야 한다는 것이다. 손자는 우수한 장수가 지켜야 할 수칙의 표준을 그렸다. 마쓰시타는 손자의 이 오덕五德의 표준을 실행한 대표적인 인물이다. 교토대학의 명예교수인 아이다 유지는 "마쓰시타 고노스케 선생은 신용을 지키고[守信] 자율하며[自律] 성실하고[誠懇] 세심하게 예절을 지키는 고대 무사의 성격을 갖고 있다"고 평가했다.

또한 도요타의 회장 도요타 에이지는 "내가 전무이사 시절에 기술자들을 데리고 마쓰시타전기의 공장을 참관한 적이 있는데, 마쓰시타 간부들이 나와 줄을 서서 환영해주었다. 그 줄의 맨 앞에 서 있는 사람이 바로 마쓰시타 선생이었다. 그렇게 겸손하고 직접 행동하는 정신은 모두로 하여금 역시 훌륭한 경영자라는 감동을 받게 했다"고 당시를 회상하기도 했다.

04 바이두 장야친 총재의 AI 꿈

"MS의 중국 여정은 바로 《손자병법》의 도, 천, 지, 장, 법이다."

MS글로벌 부총재 겸 아태 R&D그룹 총재를 역임했던 장야친은 중국을 MS의 제2의 고향이라고 불렀다. "중국은 MS의 시장이요, R&D 및 인력 중심이자 전략 중심, 제2의 고향, 제2의 본사"라고 했던 그는 2014년 중국 최대의 검색엔진 기업인 바이두로 자리를 옮겼다. 그는 2018년 4월 26일, "우리 바이두가 향후 3년간 10만 명의 인공지능AI 인재를 배출할 계획"이라며 "5년 뒤에는 AI 분야 세계 1위인 미국을 따라잡을 수 있을 것"이라고 홍콩의 한 매체를 통해 자신감을 내비쳤다.

장야친은 그야말로 천재다. 12세에 대학을 다니고, 19세에 박사 학위를 받았다. 31세에 국제전기전자공학협회 역사상 가장 젊은 원사가 되었으며, 당시 그는 미국의 특허를 60개나 갖고 있었다. 그리고 38세에는 세계 최대 소프트웨어 업체인 MS의 전 세계 부총재가 되었으며, 2014년까지 MS 중국 R&D그룹의 총재를 역임했다. 미국의 클린턴 전 대통령도 편지에서 그에 대해 '영감의 계시'라고 했으며, 그의 은사 레이먼드 픽홀츠도 그를 '전 세계의 재부'라고 칭했다.

이런 천재도 《손자병법》을 흠모했다. 다음의 글이 이를 증명한다.

"내가 20여 년 전 미국으로 유학 가기에 앞서 《손자병법》을 읽은 적이 있다. 1990년대 초 하버드대학교 경영학과에서 공부할 때 나는 그의 핵심 사상을 참고로 인용했다."

2008년, 장야친은 다시 한 번 이 경전을 열심히 읽고 많은 진수를 깨달고, 이를 곧 MS R&D그룹의 전략적 사고와 팀 리더십에 응용했다. 그는 《손자병법》을 읽을 때마다 새롭다고 말했는데, 그가 거기서 주목한 전략 계획의 요소는 바로 '도천지장법道天地將法'이었다. 그의 눈에는 이것이 기업의 생존과 발전에 반드시 필요한 다섯 가지 전략이었다. 도道는 이념과 포부, 사명과 목표를 가리킨다. 천天과 지地가 가리키는 것은 지금 처한 시대, 환경, 생태계와 지리적 장점이다. 장將은 가장 중요한 요소로 통솔자, 리더, 즉 회사의 인재를 가리킨다. 법法은 규범과 제도, 그리고 사람의 마음을 응집시키는 기업 문화다. 이러한 요소들이 조화를 이루어야 한 기업이 현대 사회의 글로벌 시대에서 성과를 이룰 수 있다.

그렇다면 《손자병법》이 말하는 우수한 장군, 즉 뛰어난 리더란 어떤 자인가? 바로 '지신인용엄智信仁勇嚴'의 다섯 가지 소질을 갖춘 인물이다. 이 다섯 가지에 대한 장야친의 견해를 들여다보면 지智는 원대한 식견, 지혜, 모략, 판단력을 포함하며, 신信은 정도, 위신이 있어야 함을 뜻한다. 인仁은 아랫사람인 부하, 즉 직원을 관심과 사랑으로 아껴주는 것이다. 용勇은 박력, 행동력, 모험을 무릅쓰는 담력을 가리키고, 엄嚴은 기율과 규칙, 책임감을 바탕으로 맡은 바 임무를 담당하는 것이다.

조직에서 가장 앞선 리더인 기업의 책임자는 기업 발전에 대해 원대한 안목을 갖고 변화에 부응해야 한다. 기업이 화려한 전성기를 구가할 때 들뜨지 않고, 역경 속에서도 자신감을 갖고 팀을 거느리며, 변화하는 시대의 조류에 발맞춰 전진할 수 있어야 한다. 장야친은 MS R&D그룹의 관리 인원이라면 《손자병법》이 말하는 다섯 가지 표준을 결합한 특징을 꼭 갖추고 있어야 한다고 강조했다. 그 특징이란 강렬한 사명감, 자신감, 문제를 간소화하는 능력, 올바른 판단력과 과감히 결정하는 능력, 양호한 마음 자세, 내심과 외부 세계의 균형을 유지하는 능력을 포함한다.

MS R&D그룹은 사람을 선발할 때 '정도'를 최우선으로 했다. 장야친의 의견에 따르면 지능이 뛰어나거나 자기표현을 잘하는 사람은 얼마든지 있다. 그러나 '정도'는 5세 때 이미 사고와 판단력이 결정되고 굳어버리기 때문에 쉽게 변하지 않는다는 것이 그의 생각이다. 한 사람의 잠재력을 판단하는 매우 중요한 또 다른 요소는 바로 '자신감'이다. 장야친은 재미 삼아 공식도 세웠다. 바로 '성공＝IQ＋EQ＋AQ＋SQ'라는 것이다. IQ는 지능지수, EQ는 감성지수, AQ는 역경을 이겨내는 지수, SQ는 사회적 지수를 뜻한다. 그는 마음가짐과 유머 감각도 못지않게 중요하다고 덧붙였다.

MS R&D그룹은 도태 제도를 인사에 반영하기도 한다. 건강하게 발전하는 팀은 다음 세 가지 유형의 사람을 적극 피한다. 첫째는 두 얼굴을 가진 사람이다. 다른 사람들에게 각기 다른 말을 하는 임기응변의 달인을 말한다. 둘째는 부정적인 사람이다. 이들은 늘 불평이 많고 인재가 기회를 못 만났다고 생각한다. 셋째는 모든 것을 하찮게 여기는 사람이다. 이런 부류는 상당히 교만한 사람들로, 일반적으로 총명하지만 그 무엇에도 관심이 없고 어떤 것에도 불복한다.

장야친이 보기에 《손자병법》은 전반적으로 전쟁의 책략, 원칙, 그리고 통솔의 길을 서술한 것이다. 형식은 간결한 문장들로 이루어졌지만 그 영향력은 실로 어마어마하다. 이는 조직의 책임자를 도와서 많은 관리적 문제를 해결할 뿐만 아니라 더욱 중요한 리더가 전략적 책략을 갖게 하는 사상의 길을 계발하도록 돕기 때문이다.

사람들은 종종 경쟁의 의미를 상대방을 소멸시키는 것이라고 오해한다. 사실은 그렇지 않다. 예를 들어 사업이 모두 쇠퇴한다면 어느 기업도 홀로 살아남을 수 없다. 장야친은 MS가 플랫폼 회사로서 끊임없는 자기혁신을 통해 사업 각 부분의 혁신도 이끌어 합작 파트너의 기술, 시장 유형, 관리 이념상 혁신을 추동해야 한다고 판단했다. 그래야만 파트너도 성공하고 기업도 더욱 발전할 것이라고 생각했다.

이제 장야친은 15년간 몸담았던 MS를 떠나 중국의 바이두로 둥지를 옮겼다. 최근 바이두는 세계 시장화의 속도를 높이고 있다. 그 세 가지 이유 중 첫째는 중국 인터넷 회사의 발전이 일정 단계에 이르러 반드시 해외로 진출해야 하기 때문이다. 그는 "아무리 중국 시장이 거대해도 바이두의 최종 희망은 현지 중국 회사가 아닌 세계의 바이두가 되는 것"이라고 말했다. 둘째, BAT바이두, 알리바바, 텐센트를 비롯한 글로벌 10대 IT 기업 중 네 곳이 중국 회사로, 바이두는 유망한 해외 브랜드를 보유한 후 세계화를 고려할 수 있기 때문이다. 셋째, 자국 내 인터넷 업계는 경쟁이 대단히 치열하기 때문이다. 중국은 국외보다 경쟁이 훨씬 심하다. 그는 국내의 제품, 기술, 경쟁 경험을 수출하면 적은 노력으로 많은 성과를 올릴 수 있다고 판단하고 있다.

경쟁의 최고 경지는 합작, 즉 상생이다. 상생, 즉 윈-윈은 손자의 군사 사상의 진수다. 장야친은 바이두의 세계화 여정 역시 《손자병법》의 도, 천, 지, 장, 법에서 찾으리라 본다.

제2부

경영전략의 大지도 정책

시계 · 작전 · 모공 · 군형 편의 경영전략적 지도 원칙

---

01 시계 편

시작하기 전에
계산하라

시계始計란 '시작하기 전에 계산해보라'는 말이다. 최초의 근본적인 계획, 전쟁에 대해 맨 처음 세우는 계획으로 전쟁의 총체적인 전략을 말한다. 여기서 계計란 적군과 아군의 정치, 경제, 사회, 군사, 천후, 지형, 그리고 장군의 재능 등에 이르기까지 철저히 따져보라는 것이다.

01   전쟁은 국가 중대사다

가. 백성들의 생사와 나라의 존망

손자가 말하길, 전쟁은 국가의 중대사라 했다.[孫子曰, 兵者, 國之大事] 백성들의 생사와 나라의 존망이 달려 있으니 신중히 살펴야 하는 것은 당연할 것이다.[死生之地, 存亡之道, 不可不察也] 그러므로 다섯 가지 기본 사항을 충분히 따져보고, 일곱 가지 항목을 잘 비교 검토해서 아군과 적군의 실정부터 정확히 파악해야 한다.[故經之以五事, 校之以七計, 而索其情]

손자는 첫 문장에서 전쟁에 대한 철학을 뚜렷하고 명쾌하게 밝혔다. 현재 세계 각국이 평화를 유일한 최고의 가치로 삼고 전쟁을 피하는 방법을 찾는 이유도 결국 전쟁이란 사생지지死生之地와 존망지도存亡知道라는 것을 잘 알고 있기 때문이다. 그런데도 각 국가마다 군비를 늘리는 데 혈안이 되어 있다. 예링의《권리를 위한 투쟁》이란 책에서도 그 까닭을 찾아볼 수 있다.

> "법의 목적은 평화이고 그것을 달성하는 수단은 투쟁이다. 법은 투쟁을 피할 수 없다. 법의 생명은 투쟁이다. 모든 국민의, 국가 권력의, 계급의, 개인의 투쟁이다."

즉, 법의 목적은 평화다. 이 평화에 이르는 수단은 투쟁의 형태를 취한다는 것이다. 그리고 '이 세상이 존재하는 동안 투쟁은 계속된다'고 했다. 오늘날 정치적·경제적 세계는 언제나 경쟁과 전쟁 속에서 살아가고 있다.

나. 씨앗을 뿌리는 재창업의 정신

"요즘 사업하기 참 어렵습니다"라는 말을 자주 듣는다. 한때는 한국 기업들이 원가절감 측면이나 어마어마한 시장 규모를 믿고 중국에 진출했는데 방향을 돌려 다시 한국으로 들어오거나 인건비가 싼 동남아시아 등 다른 국가로 향하고 있다. 처음에는 중국을 단순히 원가절감의 수출 거점 지역으로 고려했던 기업들이 많았다. 그러나 인건비 상승, 세금 우대 폐지, 중국 내 기업들의 품질 향상으로 인한 경쟁력 상실 등으로 많은 외국 기업들이 중국 시장에서 떠나고 있다. 반면 처음부터 중국 시장을 적극 공략해왔던 기업들은 이제 어느 정도 자리를 잡아가고 있다. 이는 중국 시장의 환경 변화에 따른 '살아남기 전략'으로 잘 대처하고 있기 때문이다.

이제 '다시 씨앗을 뿌린다'는 대의명분을 세워 '재창업한다'는 각오로 또 한 번 일어서야 하지 않을까? 글로벌 시대를 살고 있는 지금, 《손자병법》을 통해 비즈니스 전략, 그 지혜를 찾아야 한다고 새삼 깨닫게 된다.

중국에는 많은 병법서가 있다. 그중 손꼽히는 것으로 손자, 오자, 위료자, 삼략, 육도, 36계 등이 있다. 이러한 병법서들의 특징은 한마디로 '위기관리 사상'이라는 것이다. 이들 병법서에서 말하고 있는 것은 한결같다. '어떻게 하면 전쟁에서 승리할 수 있을까?', '어떻게 하면 패하지 않는 전쟁을 할 수 있을까?', 즉 전쟁 승리의 원리 원칙을 다루고 있다. 전쟁은 국가나 조직 또는 비즈니스 세상에서 그 흥망성쇠가 걸려 있는 문제다. 만약 패한다면 국가나 조직, 기업도 멸망하거나 도태되는 상황이 올지도 모른다.

그렇다면 우리는 어떻게 대응해야 할까? 많은 병법서가 바로 그 지혜를 말하고 있다. 위기관리의 노하우를 말하고 있다고 해도 틀리지 않을 것이다. 그 많은 병법서는 검술이나 격투기 안내서가 아니다. 병법서가 전제로 하는 것은 바로 '조직관리'다. 조직을 어떻게 장악할까? 어떻게 하면 조직을 효율적으로 운영할 수 있을까? 이것이 대전제인 것이다.

다. 존재 이유는 CEO의 경영철학

기업의 CEO는 어깨가 무겁다. 그들의 존재 이유는 '경영철학' 확립이다. 거기에는 다음과 같은 비전과 사업 계획이 필요하다.

"왜 해외 시장에 진출하는가?"

"해외 비즈니스의 필요와 의의는 무엇인가?"

"자사의 해외 진출 정책 가운데 각국의 비즈니스 역할은 무엇인가?"

이러한 기본적인 질문에 대답하지 않고는 해외 시장 비즈니스의 근거가 모호해진다. 예컨대 풍부한 자원을 투입해도 효과적으로 돌아가지 않고, 기대한 성과도 얻을 수 없다. 다시 말해 존재 이유가 명확하지 않으면 해외 사업을 진행하는 의의도 뚜렷하지 않고, 장래 비전과 방향성이 불분명하기 때문에 비즈니스를 추진하는 사업 주체도 성장 에너지가 부족하게 된다.

라. 이념 없는 곳에 발전도 없다

19세기 중반에 일어난 미국 캘리포니아의 골드러시 정도는 아니지만 지금까지 중국 비즈니스에서 실패한 기업들은 중국 열풍이나 중국 투자 붐에 쫓겨 진출한 경우가 많았다. 사업체의 CEO, 경영 책임자는 자신의 머리로 생각하고 사업에 대한 리스크를 각오한 후, 해외 진출에 대한 명확한 사업 이념 또는 사상을 갖고 의사결정을 하는 것이 중요하다. 이념 없는 곳에 발전도 없다는 사실을 재인식할 필요가 있는 것이다. 이것은 비단 비즈니스뿐만 아니라 모든 조직에서 성공의 초점이 '주체성 있는 사업 이념'에 있음을 뜻한다. 사업 자체에 영혼을 불어넣지 않는다면 그 계획은 '그림의 떡'일 뿐이다.

02 전쟁 전 체크하는 5대 핵심 요소

전쟁을 시작하기 전에 군주나 장수가 반드시 살펴야 할 다섯 가지가 있다. 그것을 오사五事라고 하는데 앞에서 언급한 '도천지장법'을 말한다.[一曰道, 二曰天, 三曰地, 四曰將, 五曰法]

가. 군주와 백성이 한마음이 되는 道다

여기서 도道란 군주와 백성이 한마음이 되는 것을 말한다. 道는 백성들이 군주와 뜻을 같이하고 군주를 따르게 하여 생사조차 두려워하지 않도록 만드는 것이다. 평상시에 내정을 바르게 한다면 전쟁이 일어나도 국민은 통치자를 믿고 명령을 따르기 때문에 죽고 사는 것을 두려워하지 않고 생사를 함께할 수 있다. 따라서 군주나 장수는 자신의 백성, 자신의 부하들의 마음부터 헤아려보아야 할 것이다.[道者, 令民與上同意也, 故可與之死, 可與之生, 而不畏危也]

나. 전쟁의 시기, 타이밍인 天이다

天이란 흐림과 맑음, 추위와 더위, 계절의 변화 등 날씨를 말하는데, 이는 곧 싸우는 때를 의미한다. 전쟁은 해야 할 때가 있고, 하지 말아야 할 때가 있다. 전쟁을 어느 시기에 하는 것이 이로운지를 잘 판단해야 한다.[天者, 陰陽, 寒暑, 時制也]

다. 승리할 수 있는 지리적 요건인 地다

地란 싸우는 장소를 말한다. 거리의 멀고 가까움, 지세의 험함과 평탄함, 지역의 넓고 좁음, 지형의 유리함과 불리함을 뜻한다. 어디에서 싸워야 이길 수 있는지 지리적 요건을 잘 판단해야 한다.[地者, 高低, 廣狹, 遠近, 險易, 死生也]

라. 장수에게 중요한 조건인 將이다

將이란 전쟁을 실행하는 장수를 말한다. 장수를 뽑을 때는 상황을 바르게 판단할 수 있는 지력이 있는지[智], 부하들의 신뢰를 얻고 있는지[信], 어진 마음을 갖고 있는지[仁], 어려움을 뚫고 나갈 용기는 있는지[勇], 군기를 확보해나가는 엄격함이 있는지[嚴] 살펴야 한다. 즉, 智, 信, 仁, 勇, 嚴을 갖추었는지 확인해야 한다. [將者, 智信仁勇嚴也] 가장 중요한 항목이라고 할 수 있다.

또한 智, 信, 仁, 勇, 嚴은 리더의 능력을 분석하는 기준이 된다. 현대 사회의 기업에 비추어 보면 명석한 지혜, 직원들의 신뢰, 나눔의 인간애, 두려움 없는 용기, 엄격한 조직운영 정도로 이해할 수 있겠다. 이 다섯 가지 조건이 바로 장군의 기본 자격이다. 이 조건 중 하나만 빠져도 모든 것이 뜻대로 통솔되지 않는다. 또 그중 하나만이 유난히 뛰어나도 곤란하다. 다섯 가지 조건이 원만하게 서로 관련성을 갖고 혼연일체가 되어 하나의 인격으로 작용해야 한다.

마. 조직의 시스템인 法이다

法이란 조직의 편제, 직급, 장비와 보급 등 시스템을 말한다. 따라서 군주와 장수는 당연히 이 부분을 세밀하게 살펴보아야 한다. [法者, 曲制, 官道, 主用也]

이상의 다섯 가지를 잘 아는 장수는 전쟁에서 승리할 것이고, 모르는 장수는 패할 것이다. 따라서 이러한 조건들을 적과 비교해 정세를 면밀히 파악해야 한다. [凡此五者, 將莫不聞, 知之者勝, 不知者不勝]

바. 성공 비결은 CEO의 신념에서 나온다

수많은 사람들이 모여 있는 기업을 한 방향으로 이끌려면 원칙과 기준이 필요한데, 이것을 '핵심 가치'라 한다. 성공한 기업가는 확고한 신념인 핵심 가치를 실천하는 가운데 정립된 경영철학으로 자사의 제품과 서비스를 더욱 돋보이게 한다.

맥도널드의 창업자 레이 크록의 핵심 가치는 '과감하게, 남들보다 먼저, 뭔가 다르게'였다. 소프트뱅크 회장 손정의는 '정보혁명으로 인간을 행복하게 만드는 것'이라고 했다. 세계 최대 전자상거래 업체인 알리바바의 눈부신 성공은 '고객의 이익이 최우선이다'라는 마윈 회장의 확고한 신념의 결과물이다. 특히 해외로 진출할 경우에는 기업의 존재 이유, 법인의 경영이념, 경영자 및 종업원의 행동 지침, 이 3요소를 확실하게 정립할 필요가 있다.

[현지 법인의 기업 이념]

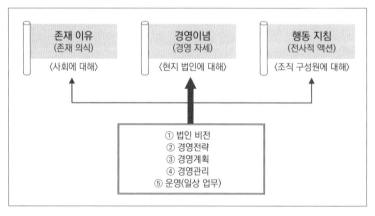

03

전쟁 전 비교 사항 일곱 가지

전쟁을 하기 전에 오사를 살폈으면 다음 일곱 가지 사항, 즉 칠계七計를 비교해 아군과 적군의 실정을 상세히 파악해야 한다.[故校之以七計, 而索其情]

가. 민심을 장악하고 있는가?

어느 나라 군주가 더 정치를 잘해서 민심을 장악하고 있는가?[主孰有道] 어느 쪽의 리더가 道를 가졌는가? 이는 CEO의 리더십을 말하는 것이다. 사업 주체인 기업의 '비전'을 빗대어 볼 수도 있다. 비전은 CEO의 꿈, 희망의 연장선상에서 발전이 기대되는 최고 수준의 기업 자세를 뜻한다.

나. 능력이 더 출중한가?

어느 쪽의 장수가 더 능력이 있는가?[將孰有能] 리더에 대한 분석은 명석한 지혜, 직원들의 신뢰, 나눔의 인간애, 두려움 없는 용기, 엄격한 조직 운영 등 리더의 능력에 대한 것이다.

다. 기상과 지형은 유리한가?

어느 나라의 기상과 지형 조건이 유리한가?[天地孰得] 어떤 상황이 유리한가? 환경에 따른 기회 분석과 자사의 강점 및 약점의 우위 분석 등에 의해 단기 및 중장기적 발전을 꾀하는 것은 기업의 핵심이다.

라. 법령이 잘 준수되고 있는가?

어느 나라의 법령이 잘 시행되고 있는가?[法令執行] 기업의 표준화, 매뉴얼화, 시스템화, 핵심 가치 등 비교 우위를 검토하고 확인해야 한다.

마. 병력과 장비는 유리한가?

어느 나라의 병력, 장비 등이 더 유리한가?[兵衆孰強] 어느 쪽의 무기와 병력이 강한가? 기업의 재무구조, 인재 구성원들의 비교 우위를 검토하고 확인해야 한다.

바. 병사가 잘 훈련되어 있는가?

어느 나라 병사가 강하고 훈련이 잘 되어 있는가?[士卒孰練] 어느 쪽이 보다 더 잘 훈련되어 있고 기술적으로 우수한지 자세하게 관찰해야 한다.

사. 상과 벌이 공정하게 실행되는가?

어느 나라가 상벌이 더 공정하게 실행되고 있는가?[賞罰孰明] 실무자들에 대한 상벌, 급여, 대우는 어느 쪽이 공정한지, 불평불만은 있는지 없는지, 있다면 어떤 문제인지 확인해야 한다.

이상 일곱 가지 항목의 피아彼我 비교 검토가 가능하다면 실전을 벌일 필요도 없이 손바닥을 들여다보듯 승패를 알 수 있다.[吾以此知勝負矣] 여기서 유의할 점은 위의 검토 내용을 귀담아듣는 사람을 장수로 삼아야 한다는 것이다. 그렇지 않은 사람을 장수로 삼는다면 전쟁에서 패할 것이므로 설혹 높은 자리에 있더라도 물러나게 해야 한다.

손자는 이처럼 전쟁을 하기 전에 '오사칠계'를 검토하는 가운데 적군과 아군의 비교 우위 분석을 통해 전쟁의 승패를 예측했다.

04 | 형세의 유리함을 이끌어내라

가. 승리를 위한 형세를 판단하라

손자는 이렇게 말했다.

> "장군이 나의 병법을 귀담아들으면 반드시 승리할 것이니 나는 이곳에 머무를 것이다. 그러나 장군이 나의 병법을 귀담아듣지 않을 때는 패할 것이므로 나는 떠날 수밖에 없다.[將聽吾計, 用之必勝, 留之. 將不聽吾計, 用之必敗, 去之]"

이러한 계책이 이롭다는 것을 알고 채택하면 그것이 하나의 형세를 형성해 외부의 도움을 받을 수 있다.[計利以聽, 乃為之勢, 以佐其外] 형세形勢란 유리한 입장에서 적을 마음대로 제압할 수 있는 기세氣勢다.[勢者, 因利而制權也] 형세는 적을 제압할 수 있는 유리함을 이끌어낸다.

기업은 해외 진출, 창업, 사업을 진행하고 있을 때 앞서 검토한 SWOT 분석을 통해 상대적 우위성을 찾고 리스크에 대한 진단과 함께 대응책을 마련해서 기업의 성공 방정식을 이끌어내야 한다.

나. 상대적인 경쟁력 우위 SWOT 분석

앞서 살펴본 칠계와 같이 사업 진출을 할 때는 자사의 상대적 우위는 무엇이 있는지 SWOT 분석을 통해 시장성을 사전에 적극 검토할 필요가 있다. 가령 해외에 진출하는 경우, 그 지역에 대한 SWOT 분석이 필요하다. 각 국가와 지방마다 언어, 문화와 적용 법규가 많이 다르기 때문에 현지에 맞는 전략이 필요한 것이다. 따라서 해외에 진출하는 비즈니스는 전략적 우위성 분석이 매우 중요하다. 시장의 거시적인 매력도와 자사의 상대적 경쟁력(우위성)을 분석하여 어디에서 싸워야 이길 수 있는지 잘 판단해야 한다.

- SO: 자사의 강점이 될 수 있는 사업 기회는 무엇인가?
- WO: 자사의 약점으로 사업 기회를 어이없이 날려버리지 않으려면 무엇이 필요한가?
- ST: 자사의 강점으로 위협을 회피할 수 없는가?
- WT: 약점과 위협이 겹쳐 최악의 사태가 발생하는 상황을 막을 방법은 무엇인가?

SWOT 분석		내부 환경 [경영자원]	
		강점 [Strengths]	약점 [Weaknesses]
외부환경	기회 [Opportunities]	SO 최대의 기회	WO
	위협 [Threats]	ST	WT 최대의 위협

SWOT 분석은 사업 전략을 구축할 때 검토하는 것이다. 사실 전략이란 목표 달성을 위해 기업이 '종합력'을 어떻게 발휘해나갈 것인지를 뜻한다. 그래서 전략적 우위성 분석을 통해 사업 전략을 디자인하는 것이다.

다. 덩샤오핑의 흑묘백묘론과 실용주의

기업경영은 쉽지 않다. 요즘처럼 경제 상황이 좋지 않을 때는 더더욱 그렇다. 더욱이 글로벌 경영은 전문 경영인이나 회사의 CEO에게 한층 어려운 과제다. 사람이든 기업이든 진짜 실력은 위기의 순간에 나타난다. 저성장 시대에도 '흑자경영'으로 주목받는 기업이 존재한다. 그렇다면 잘되는 기업은 무엇이 다를까?

글로벌 산업 트렌드와 경쟁 양상을 주시하고 현장을 정확히 파악하는 '현장경영론'이 강조되는 시대다. 여기에 필수적인 것이 바로 '실용주의'다. 20세기 실용주의의 대표적인 영웅을 꼽는다면 14억 중국 대륙을 먹여 살리기 위해 개혁과 개방을 서슴지 않았던 덩샤오핑을 들 수 있다. 사실 산시성에서 전해 내려오는 고사지만, 이제는 덩샤오핑이 한 말로 더 유명한 "검은 고양이든 흰 고양이든 쥐만 잘 잡으면 된다"는 '흑묘백묘론黑猫白猫論'에 그의 철저한 실용주의 노선이 잘 나타나 있다. 털 색깔이 검든 희든 쥐를 잘 잡는 고양이가 최고라는 의미로, 자본주의든 공산주의든 '궁극적으로 중국 인민을 잘살게 하면 그것이 제일'이라는 이 말은 덩샤오핑이 중국 발전 전략을 수립하고, 융통성 있는 정책을 채택하는 데 근본적인 논리를 제공해주었다.

1966년, 마오쩌뚱과 그의 주축 세력은 계급투쟁만을 최상의 방법이요, 진리로 여겼다. 그 결과, 중국은 10년간 역사상 가장 끔직하고 처절한 '문화혁명'이라는 긴 터널을 지나야만 했다. 여기서 덩샤오핑의 흑묘백묘론에 입각한 실용주의는 그에게 신성한 '생존 법칙'과도 같았다. 이는 실천과 실질을 추구하는 전략의 핵심으로, 무엇보다도 '결과와 성과'를 중요시하는 전략이었다. 덩샤오핑은 이 파격적이고도 창조적인 실천만이 바람 앞에 등불 같은 중국 인민을 잘살게 할 수 있는 핵심 전략이라고 생각했다.

기업 혹은 조직을 운영하는 CEO라면 덩샤오핑처럼 다시금 총체적으로 '흑묘백묘론적 실용주의'를 경영전략 측면에서 검토해볼 필요가 있다. 위기 상황에서 현장경영론에 입각한 재창업 정신으로 과감한 실용주의적 체질 개선과 구조 개혁, 수익 다각화 등을 통해 '드라마틱한 반전'을 이끌어낼 수 있을 것이다.

05 정치와 비즈니스 궤도 정신

가. 병법은 궤도 속임수다

오늘날 정치와 비즈니스 현장은 전쟁터처럼 치열하다. 정치적·경제적 이익을 위한 경쟁은 때로는 흡사 피 흘리는 전쟁처럼 잔혹하다. 허를 찔러 무방비 상태이거나 속아서 궁지에 빠진 사람과 조직을 기회의 대상으로 이용하는 것을 쉽게 볼 수 있다. 그래서일까? 손자는 '궤도'에서 '적을 속이고 허를 찌르는 것'을 중요시했다. 손자는 "병법은 궤도詭道다. 상대방을 속이는 도道다"라고 단정하기도 했다.

나. 궤의 승리 병법 열네 가지

'궤詭'란 속임 혹은 기만이라는 뜻으로, 열네 가지 승리의 병법을 말하고 있다. 단, 그 전제 조건은 이 계략들을 상대가 절대 눈치채서는 안 된다는 것이다. 손가자 말한 '궤'는 다음과 같다.

① 상대방 안심작전: 능력이 있으면서 없는 것처럼 보여라. [能而示之不能]
② 기만 작전: 무력을 사용할 수 있으면서 없는 것처럼 하라. [用而示之不用]

③ 가까운 목표 공격 작전: 가까운 곳을 노리되 먼 곳을 노리는 것처럼 하라. [近而示之遠]

④ 먼 목표물 공격 작전: 먼 곳을 노릴 때는 가까운 곳을 노리는 것처럼 하라. [遠而示之近]

⑤ 심리 작전: 이익으로 상대를 유혹하라. [利而誘之]

⑥ 유인 작전: 혼란하게 한 뒤 그 틈을 공격하라. [亂而取之]

⑦ 방어 작전: 상대가 강하면 물러나 대비하라. [實而備之]

⑧ 만용 금지 작전: 상대의 전력이 강할 때는 피하라. [强而避之]

⑨ 심리 전술, 격동지계激動之計: 상대가 쉽게 분노하면 부추겨라. [怒而撓之]

⑩ 교만 작전: 자신을 낮춰 상대를 교만하게 하라. [卑而驕之]

⑪ 피곤 작전: 상대가 쉬려 하면 피곤하게 하라. [佚而勞之]

⑫ 이간질 작전: 상대가 단결하면 분열시켜라. [親而離之]

⑬ 기습 작전: 방비가 없을 때 공격하라. [攻其無備]

⑭ ⑭틈새 작전: 상대의 허를 찔러 공격하라. [出其不意]

다. 걸프전, UN의 '성동격서'

지금도 1990년대 걸프전에서 다국적군의 '성동격서聲東擊西', 즉 동쪽을 치는 척 상대를 교란한 뒤 실제로는 서쪽을 공격한 전술을 잊을 수 없다. UN은 1991년 1월 15일까지 쿠웨이트에서 이라크가 철군할 마지막 기한을 정했다. 이 기한을 넘기면 다국적군은 즉각 출전하게 되어 있었다.

이라크군을 현혹할 목적으로 미군은 언론 매체를 통해 UN이 규정한 기한은 개전일이 아니라고 거듭 천명했다. 또 "미국의 지상 병력은 아직 전쟁을 치를 준비가 되어 있지 않다"며 허위 정보를 유포했다. 바로 '할 수 있어도 못하는 것처럼 보이고 군대를 사용하지 않을 것처럼 보이는' 책략으로 이라크군을 속인 것이다. 철군 시한을 20시간 앞두고 미군은 이라크를 향해 기습 공격을 시작했다.

당시 이라크 측은 본래 다국적군이 쿠웨이트 연안에 상륙할 것으로 예상했는데, 미군은 오히려 이를 역이용했다. 그들은 해안 지역에 17,000명의 군대를 집결시켜 수시로 상륙 작전을 벌일 것처럼 가장했다. 서방 언론들도 헛소문을 유포해 미군이 대규모 상륙 작전을 계획하고 있다고 보도했다. 이라크군은 이 소문을 믿고 정예군을 해안 지역에 배치해 삼엄한 경계 태세를 갖췄다.

1991년 2월 24일 새벽, 미군은 지상전을 감행했다. 예상과 달리 해안에 상륙하지 않고 사막을 가로질러 쿠웨이트 서부 지역에서 이라크 남부 지역으로 진군했다. 그들은 연안 지역에 주둔한 이라크군의 퇴로를 차단한 뒤 남북으로 협공을 펼쳤다. 이라크군은 패배를 인정할 수밖에 없었고, 양측은 휴전을 결정했다. 미군은 속도전과 기발한 '궤도'의 전략으로 승리를 얻어냈다.

라. 펩시와 코카콜라의 전쟁

손자의 궤도 전략으로 '고객 가치관에 대한 기준의 대변혁'이라는 성과를 거둔 인물이 있다. 펩시콜라에서 최고경영책임자를 지낸 로저 엔리코로, 바로 '콜라의 전쟁'을 통해서였다.

펩시콜라는 최대 라이벌인 코카콜라에 대해 이른바 기습 공격을 계속해온 회사다. 1975년 '펩시의 도전'이라고 하는 TV 광고가 미국 댈러스에서 방송된다. 화면에는 상점가에서 사람들에게 아무 표시가 없는 두 종류의 콜라를 내놓고 맛을 감별하도록 한 블라인드 시음 테스트 장면이 등장한다. 그 결과는 모두를 놀라게 했다. 참가자 대다수가 코카콜라가 틀림없다고 믿었는데, 포장을 뜯고 보니 펩시를 선택한 것이었다. 대부분의 사람들은 펩시 맛이 더 부드럽고 달콤해서 좋다는 반응을 보였다.

이러한 전략을 두고 궤도라고도 말하지만, 이는 그 이상의 중요한 변화를 가져왔다. 대중과 업계가 콜라를 선택하는 기준이 크게 달라진 것이다. 그동안 콜라를 마실 때 많은 사람들은 습관적으로 코카콜라를 선택했다. 음료수 하면 코카콜라, 게다가 미국을 대표하는 음료수가 코카콜라라는 이미지와 전통적인 관념에 길들여진 탓이었다. 브랜드가 우선이었고, 맛은 선택 기준에 들지 않았다. 이러한 펩시의 자극적인 광고는 사람들로 하여금 '맛'을 기준으로 콜라를 선택한다는 '가성비 cost-effectiveness 의 가치'에 눈을 뜨게 했다.

또 한 번 엔리코가 불시에 코카콜라의 허를 찌른 한 수는 1983년 광고에 마이클 잭슨을 등장시킨 것이다. 먼저 놀라운 것은 그 계약금이었다. 당시 대스타인 롤링 스톤스의 계약금이 50만 달러 정도였는데, 마이클 잭슨 측은 그 열 배인 500만 달러를 요구했다. 엔리코는 두 말 없이 이에 동의한다. 이 파격적인 결단은 감히 다른 회사에서는 쉽게 내릴 수 없는 결정이었다.

광고 내용을 보면, 거리를 메운 10대들이 마이클 잭슨의 히트곡인 '빌리 진' 리듬의 '펩시 컨벤션'이라는 음악에 맞춰 춤을 춘다. 그리고 꼬마 한 명이 등장해 한 손에 펩시 캔을 들고 마이클 잭슨의 대표적 춤동작인 문워크를 선보인다. 미국의 미래 세대들이 펩시를 선택한다는 신선하고 강렬한 메시지였다. 야심 찬 펩시의 공격은 놀라운 결과를 가져온다. '만년 2등'이던 펩시콜라가 시가총액과 매출과 순익에서 코카콜라를 앞서면서 시장 우위를 선점하게 된 것이다.

마. 플러스적인 궤도 정신

병법에는 "상대방이 예상하지 못한 허점을 공격하는 것이 바로 전쟁의 오묘함이며 예측할 수 없는 규칙이다"라는 말이 있다. 실제로 전쟁에서 승리의 비결은 예상치 못한 기습에 있다. 일찍이 한비자는 "전쟁에서의 속임수를 싫어하지 않는다"고 밝힌 바 있다. 전쟁에서 상대방을 속이는 전술은 비열한 짓이 아닌 통상적 책략인 것이다. 역대 유명한 전략가나 리더들은 이를 상투적으로 사용해왔지 않았던가.

그러나 비즈니스 세계에서 라이벌 기업을 기만하고 고객을 속이는 마이너스적인 궤도 행위를 계속한다면 결국 상거래 신용을 잃게 되고 시장에서 도태될 수밖에 없다. 이는 최근 우리 사회에서 화두가 되고 있는 '오너 리스크'에서도 찾아볼 수 있다. 기업이 지속적으로 성장하기 위해서는 '정도경영'을 바탕으로 플러스적인 궤도 정신의 지혜를 발휘하고, 고객,

구성원, 파트너, 지역사회 등이 함께 윈-윈 하는 '상생의 경영철학', 공유 가치를 창출하는 '사회 공헌 활동'을 실천하는 것이 무엇보다 중요하다.

06 감히 후퇴할 용기가 있는가?

가. 승산이 없으면 싸우지 마라

"승산 없는 전쟁은 하지 마라."

"무리한 전쟁은 피하는 것이 철칙이다."

이는 항상 명심해야 할 것들이다. 전쟁을 치르기 전에 군사 작전 회의에서 이미 승리할 것이라고 확신하는 것은 이길 수 있는 조건과 항목을 계산했을 때 적보다 승산이 많기 때문이다. [夫未戰而廟算勝者, 得算多也] 반대로 승리하지 못할 것이라는 결론은 적보다 승산이 적기 때문이다. [未戰而廟算不勝者, 得算少也]

승산이 많은 쪽은 실전에서도 승리하고, 승산이 적은 쪽은 실전에서도 패배한다. 하물며 승산이 없다면 어찌 되겠는가. [多算勝, 少算不勝, 而況於無算乎]

나의 이러한 비교와 검토에 의해 전쟁의 승산을 관찰한다면 이미 승패를 예견할 수 있다. [吾以此觀之, 勝負見矣] 전쟁을 시작하기 전 회의에서 승산의 예측은 오사와 칠계를 기준으로 판단해야 한다. 바로 여기서 "승산이 없다면 싸우지 마라", 이것이 《손자병법》의 기본 사상임을 알 수 있다.

나. 전진과 후퇴의 골든타임

전쟁에서 승산이 많은 쪽은 승리하고, 희박한 쪽은 패한다. 승산이 전혀 없다면 생각할 것도 없을 것이다. 당연한 것 아니냐고 말할지 모르겠지만 결코 그렇지 않다. 여기서 중요한 것은 '철수를 선택하는 결단력 있는 용기'다. 중국의 병법서는 격투기 안내서가 아니다. 리더라 함은 조직을 이끌고 있음을 전제로 한다. 그것은 리더가 조직을 어떻게 장악하고 어떻게 움직이는지에 따라 조직의 성패가 달라짐을 뜻한다. 이것이 리더의 숙명이다.

그렇다면 조직의 리더에게는 어떤 조건이 필요할까? 이것은 중국 병법서가 공통으로 다루고 있는 큰 주제이며, 그 가운데 하나가 바로 '용勇'이라는 조건이다. 여기서 勇이란 용기 또는 결단력을 말한다. 리더가 결단을 내려야 할 때 갈피를 못 잡고 우물쭈물한다면 정말이지 곤란하다. 이런 경우라면 대부분 리더의 자질 면에서 실격에 가깝다고 봐도 무방하다. 가령, 오자의 병법서는 "용병의 큰 재앙은 머뭇거리며 주저하는 유예猶豫가 가장 크고, 삼군三軍의 재앙은 매사를 지나치게 의심하는 호의狐疑에서 생긴다"고 했다. 군을 통솔할 때는 무엇보다도 우유부단함을 과감히 버려야 한다는 말이다.

장수가 어떤 일을 선뜻 결정하지 못하고 의심과 망설임의 호의준순狐疑逡巡으로 골든타임을 놓친다면 전군의 조직이나 체계가 흔들리고 파괴되어 멸망하고 만다. 또한 《사기》에는 "판단해야 하는데 판단하지 않으면 역으로 그 혼란을 입게 된다"는 유명한 말도 있다. 결단을 내려야 할 때

분명한 결단을 할 수 없다면 오히려 화를 초래한다는 것이다.

이 내용들은 모두 결단의 중요성을 이야기하고 있다. 그런데 결단에는 두 가지 방향이 있다. 앞으로 가는 '전진의 결단'과 뒤로 가는 '후퇴의 결단'이다. 우리는 흔히 앞으로만 전진하는 것을 勇이라 오해한다. 그런데 여기서 중요시하는 것은 오히려 후퇴의 결단력이다. 전진의 결단은 그래도 쉽다. 진정 어려운 것은 '감히 후퇴를 결단할 용기'를 내는 것이다. 노자도 "과감한 용기는 죽음을 담보로 삼고, 과감하지 않은 용기는 삶을 기준으로 삼는다"고 했다.

그렇다면 승산이 서지 않을 때는 어떻게 해야 좋을까? 일단 철수해서 전력을 온전하게 하고 다음 기회를 기다려야 한다. 기대할 승산도 없으면서 남이 가니까 전진하는 싸움은 위험하며 옳지 않다. 흥하고 망하는 것을 하늘에 맡기는 싸움은 우매한 전쟁 전략이라는 것이 손자의 인식이다.

다. 일본 은행이 크게 진 사례

1995년, 일본 다이와은행의 뉴욕 지점에서 970억 엔이라는 거액의 손실이 발견되어 세간을 놀라게 한 일이 있었다. 12년에 걸쳐 발생한 손실에 대해 당시 뉴욕 지점의 트레이더였던 이구치 도시히데는 자서전에서 손실이 발생했을 때 그것을 만회하기 위해 더 큰 손실을 만들고 결국 돌이킬 수 없을 만큼의 거액이 되어버린 그 과정을 적나라하게 기록하고 있다. 그리고 동시에 이런 지적을 하고 있다.

"모든 작전에 필수 불가결한 최저 조건은 손실 한도의 설정이다. 작게 지고 크게 이기기 위해서라도 한 번의 거래에서 자본금의 5% 이상을 리스크로 설정해야 한다. 가령 10만 달러의 자본금에서 한 번 거래할 때마다 5,000달러를 손실로 본다면 포지션에서 손을 떼는 것이 옳을 것이다. 앞으로 큰 손실이 예측될 때는 현재의 손실을 우려하기보다 빠르게 그 상황에서 도망가야 한다. 적이 진을 치고 있는 그 앞에서의 도망은 일일 계산 거래에 비법이 있다."

그러나 이구치 본인은 이것을 할 수 없었다고 고백했다. "우리는 이런 일일 계산 거래의 원칙을 이해하지 못했고, 우리의 판단인 시세 감각에 기초해 거래를 조종했다"고 술회했다. 그는 손실이 커져 마침내 4년 실형 판결을 받았으며, 다이와은행도 소추의 대상이 되었다. 결국 다이와이은행은 미국 시장에서 완전히 철수하는 참담한 결과를 맞이했다.

02 작전 편

경제력과 속전속결로
승부하라

손자는 전쟁을 하기 전에 전쟁 비용이 얼마나 소요되는지 그 '경제력의 중요성'과 함께 장기전의 어려움을 지적하면서 국력의 피해를 줄이는 '속전속결'에 대해 강조했다. 그에 따라 전쟁 전에 무기, 식량, 군수물자 등을 충분히 준비해두어야 하며, 일단 전쟁이 일어나면 속전속결을 최선의 책략으로 삼아야 한다고 역설했다.

01 전쟁은 경제력 싸움

가. 전쟁은 코스트 싸움이다

전쟁은 최대의 낭비다. 경제를 파탄시키고 국민의 생활을 빈궁케 한다. 위정자는 이 엄중한 현실을 직시하고 냉정하게 전쟁에 돌입할지를 판단해야 한다. 예나 지금이나 전쟁은 경제력, 즉 코스트 싸움이다. 과전쟁에는 돈이 필요하다. 아이들 불꽃놀이와는 다르다는 것을 명심해야 한다. 전쟁을 치른다면 승리하는 것이 우선이지만 그 수렁에 빠지는 장기전은 피해야만 한다.

지금으로부터 약 2,500년 전인 손자 시대도 마찬가지였다. 손자는 전쟁에 대해 이렇게 말했다.

"전쟁이라고 하는 것은 전차 1천 대, 수송차 1천 대, 병사 10만의 대군을 동원해 천 리나 되는 먼 거리라도 식량을 수송해야 한다.[馳車千駟 革車千乘, 帶甲十萬 千里饋糧] 따라서 내외의 경비, 외교 사절 접대, 군수물자 조달, 차량 및 병기의 보충 등에 1일 천금이 필요하다. 이것이 마련된 후라야 비로소 10만의 대군을 동원할 수 있다.[則內外之費賓客之用, 膠漆之材, 車甲之奉, 日費千金, 然後十萬之師擧矣]"

이 모든 것은 당시 전쟁 규모를 바탕으로 산출한 인재, 자재, 경비의 견적이다. 여기서 우리가 얻어야 할 것은 무엇일까? 위의 문장에서 賓客之用(빈객지용)이란 대목이 눈에 띈다. 당시에 외교 사절 접대비를 매우 중요하게 취급한 것으로 그 시대의 습관을 알 수 있다.

여기서는 10만 군대로 천 리나 떨어진 나라와 전쟁을 하는 데 소요되는 경비를 구체적으로 산출하고 있다. 전쟁 전에 무기, 식량, 군수물자 등을 충분히 준비해야 한다는 점을 강조한 손자는 옛날이나 지금이나 전쟁은 경제력 싸움이고, 일단 전쟁이 벌어지면 속전속결을 최우선으로 삼아야

한다고 역설했다. 그리고 다음과 같이 전쟁은 신중하게 결정해야 한다고
지적했다.

"전쟁은 막대한 비용이 들고 인력을 소모하는 것이니 섣불리 해서는 안
된다."

뿐만 아니라 "전쟁은 이기는 것도 중요하지만 장기간에 걸쳐 오래 끄는
것은 옳지 않다"고 분명히 말했다.

나. 시장 확보도 경제력 싸움

비즈니스도 마찬가지다. 특히 해외 시장 진출 시 CEO는 투자에 소요된
코스트 대비 수익성 전망을 철저히 계산하고 설계해야 한다. 즉, 코스트
의식을 강하게 가져야 하는데, 이른바 '비용 대비 효과'를 항상 고려해 행
동으로 옮기는 것이 중요하다. 이것은 자금만의 문제가 아니다. 시간에
대해서도 마찬가지로 코스트 의식을 가져야 한다. 해외 시장 확보는 경
제력 싸움이라고 해도 결코 과언이 아니기 때문이다.

전 세계의 시장 환경은 그 어느 때보다 빠르게 변하고 있다. 2008년 글
로벌 금융 위기를 기점으로 저성장, 저소비가 지속되고 있다. 여기에 높
은 실업률이 일상화되어가는 '뉴노멀 시대'가 거시경제의 새로운 질서로
자리 잡고 있다. 이런 상황에서 당신은 어떻게 해외 시장에 진출할 것인
가? 디테일한 분석과 만반의 준비가 필요하다.

다. 글로벌 시장에 진출하라

우선 글로벌 시장의 진출 형태는 그 목적에 따라 다음과 같다.

① 수출생산거점 형태란 풍부한 노동력과 저임금을 기본으로 한 세계 공장으로서의 진출을 말한다.

② 시장입지 형태란 해당 국가의 거대한 시장을 목표로 한 진출을 말한다.

③ 연구개발 형태란 신속한 연구개발을 목표로 한 진출을 말한다.

④ EMSElectronic Manufacturing Service 형태란 전자 기기의 수탁 제조를 하는 기업이 해당 국가에서 위탁가공을 활용해 진출하는 것을 말한다.

⑤ 조달거점 형태란 해당 국가를 부품 또는 원재료 조달의 장으로 삼는 진출을 말한다.

⑥ 제휴 형태란 해당 국가의 현지 기업과 제휴하는 진출을 말한다.

이 가운데 구체적인 자본 지출이 뒤따르는 경우는 ①부터 ③까지의 형태지만 기타 다른 형태도 사업 내용에 따라 경제력이 필요하다.

02 전쟁의 기본은 속전속결

가. 속전속결과 속도경영

전쟁에서 '신속한 승리'처럼 귀중한 것은 없다. "빠르게 이기는 법을 습득하지 않으면 안 된다"고 손자는 충고하고 있다. 모든 준비를 갖추고 전쟁을 치른다 해도 싸움이 오래 지속되면 병사들은 지치고 사기가 떨어져 적의 성을 공격해도 쉽게 함락할 수 없다. 게다가 오랫동안 전쟁을 치르면 국가의 재정이 궁핍해진다.[久則鈍兵挫銳, 攻城則力屈, 久暴師則國用不足]

이처럼 군사들의 사기가 떨어지고 나라의 재정이 바닥나면, 그런 틈을 타서 다른 나라가 침략해올 수 있다.[夫鈍兵挫銳, 屈力殫貨, 則諸侯乘其弊而起] 그렇게 되면 아무리 뛰어난 장수가 있다 해도 적을 막아내기 힘들다.[雖有智者, 不能善其後矣] 따라서 비록 치졸하게 군대를 운용하더라도 전쟁을 빨리 끝내야 한다.[故兵聞拙速, 未睹巧之久也]

아직까지 전쟁을 장기화해서 국가에 이익이 되었던 적은 없었다.[夫兵久而國利者, 未之有也] 그러므로 용병에 따르는 손해를 철저히 알지 못하는 자는 용병에서 얻어지는 이익도 완전히 안다고 할 수 없다.[故不盡知用兵之害者, 則不能盡知用兵之利也]

나. 베트남 전쟁의 큰 교훈

다시 말하지만 아무리 강대국이라도 전쟁이 길어지면 결국 백성들의 삶은 고단해지고, 국가 재정이 궁핍해져 쇠퇴의 길로 접어들 수밖에 없다. 대표적인 예로 8년에 걸쳐 벌어진 '베트남 전쟁'을 들 수 있다. 우리는 그 전쟁에서 큰 교훈을 얻을 수 있다. 바로 속전속결이다.

글로벌 비즈니스는 그 환경이 점점 더 급변하고 있다. 이제 미래 사업의 경쟁력은 스피드 경영, 즉 속도경영에 있다. 해외 진출에 대한 판단은 결국 사업성이 있는지가 관건이다. 우리는 이제 현장에 답이 있다는 우문현답의 논리로 현장에서 정확한 진단과 빠른 답을 내놓아야 한다.

다. 덩샤오핑의 혜안과 결단력

불굴의 리더 덩샤오핑은 1978년 중국의 개혁개방을 선언했다. 그로부터 14년이 지난 1992년, 당시 89세였던 그가 우창, 선전, 주하이, 상하이를 시찰하면서 개혁개방의 '지속'과 경제성장의 '가속'을 재창한 '남방 순회강연'은 유명한 일화로 남아 있다.

당시 중국은 아직 천안문 사태의 색채가 농후한 데다 보수파가 대두하고 있었으며, 개혁개방의 선두에 섰던 광둥성 경제특구도 그 자체가 존속하기 어려울 정도였다. 이런 상황에서 덩샤오핑은 개혁개방에 반대하는 보수파의 주장을 물리치고, 경제특구의 재활성화를 위해 개혁개방 노선의 '지속'을 과감히 표명했다. 이 혜안과 결단력 등은 리더들에게 시사하는 바가 매우 크다.

라. 하이얼의 속전속결 전략

20여 년 동안 허약 체질로 도산 직전에 있던 중국의 중소기업이 세계 최대의 가전 메이커로 변신한 경우도 있다. 바로 하이얼이다. 그중에서도 전 세계 하이얼 중간관리자들의 연회석상 토론회가 있었을 때의 일화는 특히 널리 알려져 있다. 당시 토론회 현장은 공상과 상상 등 기발한 아이디어의 대격돌을 통해 하나하나가 창조라는 '불꽃'으로 불타올랐다. 이

때 미국 하이얼무역회사의 총재 마이클도 제품 구상을 내놓았다. 서랍이 달린 2층 냉장고였다. 미국에서 하이얼 냉장고를 판매하던 중 많은 소비자들이 일반 냉장고는 너무 깊어서 물건 꺼내기가 매우 불편하다는 의견을 내놓았기 때문이다. 고객과의 소통 과정에서 위층은 와식, 아래층은 시랍 달린 냉장고를 만들면 문제를 해결할 수 있지 않을까 하는 결론에 도달한 것이다.

여기서 놀라운 것은 냉장고 사업부에서 마이클의 구상을 알고 네 명의 연구원들이 즉시 공정을 설계하고, 철야 근무로 17시간 만에 샘플 냉장고를 제작한 것이다. 뿐만 아니라 그들은 고객의 상상을 초월하는 2세대 제품까지 만들어냈다. 그날 저녁 피로연에서 이 샘플들은 빨간색 비단 천을 두르고 회의장에 나타나 사람들의 탄성을 자아냈고, 긴 시간 동안 열렬한 박수를 받았다.

17시간 만에 고객의 건의를 샘플로 제작하는 '속전속결의 스피드'가 시사하는 바는 결코 작지 않다. 무엇보다도 중요한 것은 단순히 사고팔고의 문제가 아니라, 소통 과정 중에 함께 발전할 수 있는 관계를 구축했다는 점이다. 이처럼 우리도 모두 함께 전 세계 고객을 위해 고민하고, 소비자들의 생활의 질을 향상시킬 수 있도록 문제의 해결 방안을 적극 검토해야 한다.

하이얼이 급성장할 수 있었던 요인으로는 전략적인 사고, CEO 장루이민 총재의 자질과 리더십, 스피디한 경영전략(품질 및 브랜드 전략, 외국 자본 이용 전략, M&A에 의한 내자의 개선 전략 등), 매니지먼트 오퍼레이션 시스템과 인사 시스템 등이 있다. 그렇다. 신속히 반응하고, 즉시 행동하라! 기업 문화의 융합을, 서로 간의 창조를 소중히 여겨야 한다. 이것이 바로 '큰 상인의 길 大商之道'인 것이다. 속도경영을 통해 끊임없는 변화인 혁신Innovation, 경영 목표인 성장Target, 새로운 경제 질서의 기준인 안정New Normal을 토대로 지속적으로 성장하는 기업의 꿈을 그려야 할 것이다.

03 식량은 현지에서 조달하라

가. 적지에서 자급자족하라

손자가 말하길 "모자라는 물자와 식량은 적지에서 자급자족하라"고 했다. 전쟁의 승패를 결정하는 열쇠 중 하나는 식량과 물자의 보급 능력이다. 이것은 과거에도 그랬고 현대에도 변치 않는 진리다. 용병을 잘하는 장수는 군사들을 두 번 징집하지 않으며, 군량을 전선에 세 번 보급하지 않는다.[善用兵者, 役不再籍, 糧不三載] 용병을 잘하는 장수는 군사들을 징집하는 데에도 실수가 없으며 군비도 낭비하지 않는다는 뜻이다. 군수물자는 국내에서 조달하지만 식량을 비롯한 물자는 적의 것을 빼앗아 충당함으로써 국가 재정의 낭비를 최소화할 수 있다.[取用于國, 因糧于敵, 故軍食可足也]

전쟁으로 인해 국가가 빈곤해지는 것은 군수물자를 멀리까지 운반해야 하기 때문이다. 원정군에게 물자를 공급하면 국민의 생활 물자가 결핍되어 빈곤해질 수밖에 없다.[國之貧于師者遠輸, 遠輸則百姓貧] 군대가 주둔하는 주변은 대량 조달로 물자 부족 현상이 일어나 물가가 오르고, 물가가 오르면 국민들의 재산이 줄어들고 부담이 증가해 국가 전체가 빈곤해진다. [近于師者貴賣, 貴賣則百姓財竭]

중앙정부의 힘이 다하고 국가 재정도 바닥난 데다 내국민들의 재산이 고갈되는 상태가 되면 나라 안의 십들이 텅 비게 되고 가정 경제도 무너져 국민들의 재산이 70%가 소모된다. [財竭則急于丘役, 力屈財殫, 中原內虛于家, 百姓之費, 十去其七]

또한 국가의 경상비도 60%가 수레와 말, 갑옷과 투구, 활과 화살, 창과 방패 등 전쟁 물자를 보충하고 수선하는 데 소진된다. [公家之費, 破車罷馬, 甲冑矢弩, 戟楯蔽櫓, 丘牛大車, 十去其六] 그래서 지혜로운 장수는 식량과 물자를 적지에서 조달하는 것이다. 적에게 빼앗은 쌀 한 포대는 아군의 쌀 20포대와 같고, 적에게 빼앗은 말먹이 한 석이 아군의 말먹이 20석과 맞먹는 효과를 얻을 수 있다. [故智將務食于敵, 食敵一鍾, 當吾二十鍾, 其稈一石, 當我廿石]

나. 초한의 전쟁과 보급 문제

진시황제 사후에 천하를 쟁취한 자는 바로 초나라의 항우와 한나라의 유방이었다. 이 둘 간의 전쟁을 '초한 전쟁'이라고 한다. 4년이나 계속된 이 전쟁에서 처음에는 항우 측이 압도적으로 우세했다. 유방 측은 언제나 우수하고 강한 항우 군단에 걸어채여 쫓겨 다니기만 했다. 그러나 끈질기게 버티고 전선을 견지하는 사이, 점차 형세가 역전되어 갔다. 그리고 마침내 항우를 사면초가의 상태로 몰아넣고 멸망시켰다.

유방이 역전한 원인은 무엇일까? 몇 가지 원인을 들 수 있겠지만 그 하나가 바로 보급 문제였다. 유방은 패할 때마다 후방으로부터 식량과 물자, 병사를 보급받아 전선을 지켜나갈 수 있었다. 보급을 담당한 이가 바로 소하라는 재상으로, 그는 그 공로를 인정받아 전후 논공행상에서 으뜸가는 공신으로 인정받게 되었다.

초한 양측의 중간 지대에 오창이라는 곳이 있었는데, 여기는 진나라 시대부터 식량 창고로 불릴 만큼 막대한 식량이 집적된 곳이었다. 처음에는 항우 측이 장악하고 있었지만 얼마 안 되어 유방은 항우의 방심을 틈타 이곳을 집중 공격해 손쉽게 탈취했다. 그 결과, 유방 측은 넉넉한 식량을 확보한 반면 항우 측은 식량 부족에 시달리게 되었고, 전력이 급격하게 떨어지게 되었다.

다. 제갈공명의 패전 원인은?

제갈공명도 보급 문제에 큰 어려움을 겪었던 사람이었다. 제갈공명은 다섯 차례나 대군을 이끌고 원정을 시도했지만 다섯 번 모두 철퇴를 할수밖에 없어 목적을 달성하지 못했다. 제갈공명에 대한 정사正史의 《삼국지》를 쓴 진수라는 역사가는 이에 대해 "제갈공명이라는 인물은 임기응변의 전략전술에 별로 자신이 없지 않았겠느냐?"는 의문을 던졌다.

그의 말처럼 분명 전략전술에 문제가 있었을지도 모른다. 그러나 제갈공명의 가장 큰 패전 원인은 보급의 문제였다. 제갈공명의 촉한에서 전쟁하기 좋은 위령魏領은 '촉의 벼랑길'이라고도 불리는데, 이 절벽 위의 다리와 같은 좁은 길은 한 사람이 통과하기도 쉽지 않았기 때문에 당연히 물자 운반은 더더욱 곤란했다.

물론 제갈공명이 손을 놓고 있던 것은 아니었다. 운반 수단을 고안하거나 적지에서 둔전을 실시하는 등 보급 문제의 해결을 꾀했지만 결국 그 약점을 극복할 수 없었다. 이처럼 어떤 명장도 보급이 지속되지 않는다면 전쟁에서 승리할 수 없다.

손자가 "적지에서 식량을 해결하라"고 한 것은 그것이 자국의 재정적 부담을 줄이는 확실한 방법이었기 때문이다. 그러나 그것의 가능 여부는 상황에 따라 다를 것이다. 따라서 위정자인 군주는 이 같은 현실들을 진지하고 냉정하게 인식한 후 전쟁에 돌입할 것인지 말 것인지를 판단하지 않으면 안 된다. 해외 비즈니스 역시 마찬가지다.

04 승리의 배수 법칙 시너지

가. 포상은 더 강한 승리를 부른다

적병을 죽이기 위해서는 적개심을 불러일으켜야 하듯이 적의 물자를 탈취하기 위해서는 재물을 상으로 주어야 한다. [故殺敵者, 怒也, 取敵之利者, 貨也] 적의 전차 열 대 이상을 노획한 병사에게는 우선적으로 상을 내리고, 빼앗은 적의 전차는 아군의 전차부대에 편성해서 아군의 깃발을 달고 이용하며, 사로잡은 병사들은 잘 대우해서 우리 편으로 만들어야 한다. [故車

戰, 得車十乘已上, 賞其先得者, 而更其旌旗, 車雜而乘之, 卒善而養之] 이것이 바로 적에게 승리해 강함을 더욱 증가시키는 길이다.[是謂勝敵而益強]

나. 손자의 1+1=4 개념 전략

손자는 여기서 1+1=4의 개념을 주장했다. 탈취하고 사로잡은 적의 물자와 병력을 역으로 이용하라는 것이다. 가령, 아군이 적의 전차 열 대를 격파하고 적병 100명을 죽였을 경우, 적의 손실은 전차 열 대와 병사 100명이 된다. 그에 따라 아군도 적병을 물리친 것 외에 돌아오는 이익은 없다.

그러나 적으로부터 전차 열 대를 빼앗아 아군의 전차대에 편입시키고, 적병 100명을 사로잡아 잘 대우해 아군 병사로 삼으면 아군의 전력은 전차 열 대와 병사 100명만큼 증강된다. 결국 적의 전력은 손실분의 두 배가 커지고, 아군의 전력은 두 배로 증강된다.

이것이 바로 하나를 얻어 네 배의 효과를 거두는 1+1=4의 개념으로, 빼앗고 사로잡은 적의 물자와 병력을 역으로 이용하는 전략을 설명하고 있다. 결론적으로 '승적익강勝敵益強', 즉 '적에게 승리해 강함을 더하는 것'이라 했다.

다. 절대와 상대적 가치의 양립

시장에는 두 가지 가치가 필요하다. 바로 '절대적 가치'와 '상대적 가치'다. 그러나 많은 회사들이 두 가지를 양립시키지 못한다. 보통은 자기만족을 위해, 상품을 위한 상품을 개발하는 데 눈이 멀어 있다. 시장의 상대적 가치가 얼마나 중요한지를 망각한 CEO들이 있다. 고객들이 얼마나 이 상품을 필요로 하는지, 시장에서 얼마나 이 상품을 필요로 하는지, 시장에서 얼마나 경쟁력이 있을지는 신경도 쓰지 않은 채 자기 마음에만 들면 된다는 식이다. 이는 사업이 어느 정도 궤도에 오른 회사가 저지르기 쉬운 실수이기도 하다.

반면 자사 상품의 절대적 가치 창조는 뒷전으로 미룬 채 시장 경쟁에만 열을 올리는 CEO도 있다. 그들은 자사만이 만들 수 있는 특화된 상품을 개발하기보다 시장에서 적절히 통할 수 있는 상품으로 안정적인 매출을 올리려 한다.

정도의 차이는 있겠지만 대부분의 CEO들은 이 두 가지 중 어느 한쪽의 패턴만을 택한다. 물론 둘 다 중장기적으로는 결국 실패할 수밖에 없다. 당장의 이익을 앞세우다가는 자사만의 특화된 전략을 세울 수 없고, 특화된 전략만 생각하다가는 가져가야 할 이익을 놓칠 수 있기 때문이다.

지금 당신은 절대적 가치와 상대적 가치, 어느 쪽에 신경 쓰고 있는가? 양쪽 모두의 가치를 높이려고 노력하고 있는가? 당신의 회사가 제공하는 두 가지 가치를 다시 한번 점검해보기 바란다.

관용의 리더십, 공칠과삼

가. 장수는 백성의 수호자다

전쟁은 승리가 중요할 뿐 오래 끄는 것이 중요한 게 아니다.[故兵貴勝, 不貴久] 전쟁을 아는 장수야말로 국민의 생사와 운명을 쥐고 있는 자이며, 국가의 안위를 결정하는 주재자인 것이다.[故知兵之將, 民之司命, 國家安危之主也]

나. 타이타닉 호 선장의 리더십

타이타닉 호나 버큰헤드 호의 선장이 진정한 리더가 될 수 있었던 가장 큰 이유는 배가 침몰하는 위기 상황에서 선장에게 요구되는 가장 중요한 '원칙과 가치'를 지키고, 이에 따라 행동했기 때문이다. 이처럼 원칙을 세우고 이에 따라 행동하는 모습을 보일 때 리더는 권위가 선다. 아무리 평등과 수평적 소통이 중요해진 시대라고 하지만 리더로서 말과 행동에 권위가 없다면 부하들을 통솔하기란 거의 불가능에 가깝다.

리더는 부하들과 동고동락하는 것도 좋지만 자신만의 원칙을 지키며 어느 정도 심리적인 선을 유지하는 것이 필요하다. 원칙과 가치를 지키는 것은 권위를 위해 감수해야 할 고통인 동시에 부하들과 다른 존재라는 자부심의 원천이기도 하다.

다. 세월호 선장의 리더십?

세월호의 선장은 리더로서 이 중요한 책임을 모두 망각했다. 승객들을 어떻게 탈출시킬 것인지 의사결정을 내리고 앞장서서 실행하기는커녕 자기 한 몸 보전하기에 급급했다. 애초에 승무원들과 차별화된 자신만의 원칙이나 자부심도 없었다. 결국 그는 리더라기보다 단순한 고용인이었다.

엄려스러운 점은 리더십의 부재가 비단 이 세월호만의 문제가 아니라는 것이다. 직원과 부하들에게 온갖 비윤리적 방법을 동원해 성과만 높이려는 CEO, 자리 지키기에만 급급해 사명감은 고사하고 영혼도 없이 눈치나 보고 자기 실속만 차리려는 CEO 등은 모두 자격 미달이다.

라. 마오쩌둥의 공칠과삼 정치

세계의 지도자들 가운데 덩샤오핑만큼 수많은 역경과 위기를 겪으며 정상에 오른 인물도 드물 것이다. 그가 살아온 인생 역정은 역사 그 자체라 해도 과언이 아니다. 덩샤오핑은 수차례 정치적 좌절을 맛보았다. 1933~1935년 1차 실각 및 복권, 1966~1973년 2차 실각 및 복권, 1976~1977년 3차 실각 및 복권만 봐도 인생이 마치 파도를 타는 듯하다. 그러나 그때마다 그는 오뚝이처럼 다시 일어나 중국을 오늘날의 강대국으로 발돋움시키는 초석을 마련했다.

마오쩌둥이 신중국을 건국한 선구자적 인물이라면 덩샤오핑은 신중국을 재건국한 영웅이자, 지금의 강대국 중국을 만든 장본인으로, 오늘날까지 '작은 거인', '불멸의 지도자'로 칭송받고 있다. 마오쩌둥과 덩샤오핑은 정치적으로 중화인민공화국의 건국 동지였다. 그러나 마오쩌둥은 문화대혁명 과정에서 덩샤오핑을 주사파로 몰아 퇴출한다.

그 후 1973년 12월 마오쩌둥은 정치국 회의에서 덩샤오핑을 다시 전면 복권한다. 당시 덩샤오핑은 마오쩌둥의 제의에 따라 공산당 정치국과 군사위원회의 위원, 국무원 제1부총리로 등용된다. 마오쩌둥은 그를 평가하는 자리에서 "덩샤오핑의 일생을 볼 때 잘한 것이 7이고 잘못한 것이 3이다"라고 말했다. 그동안 쌓아온 공적이 과오보다 더 크므로 공적으로 과오를 덮어줄 것을 당원들에게 건의하는 포용의 리더십을 발휘한 것이다.

마. 덩샤오핑, 포용과 관용의 리더십

지난 세월의 핍박과 역경을 생각해보면 덩샤오핑이 용서를 하기까지는 결코 쉽지 않았을 것이다. 그러나 그는 보복의 정치보다 상생의 정치, 용서의 리더십을 발휘했다. 정적들에 대해 피의 숙청이나 처단을 결정하기보다는 관대하게 용서해주었다.

마오쩌둥 사후에 덩샤오핑 역시 '공칠과삼'을 언급하며 마오쩌둥 격하운동을 미연에 방지했다. 덩샤오핑은 "마오쩌둥이 만년에 과오를 범했지만 전 생애를 통해 볼 때 중국 공산당 혁명의 아버지로 그 공로가 과오보다 훨씬 많기 때문에 공적이 먼저이고 과오는 그다음이다"라고 평가했다. 마오쩌둥에 대해 복수를 하거나 격하하는 것이 아니라 공적을 치하해 과거 애증의 역사를 매듭지었다.

이렇게 덩샤오핑은 인민들의 가슴 깊숙이 자리 잡은 마오쩌둥 정신과 사회주의를 정치적으로는 계승하면서 경제적으로는 시장경제를 받아들여 지혜롭게 중국식 '사회주의 시장경제'를 이끌어냈다. 여기서 그의 두 체제 간에 '조화로운 리더십'을 발견할 수 있다. 그리고 그는 이를 통해 마침내 개혁개방의 씨앗을 뿌려 오늘날 14억 중국 인민을 먹여 살리는 기틀을 다졌다. 최종 결성자였던 마오쩌둥과 덩샤오핑에게서 '리더의 자세와 역할'을 볼 수 있는 이유다.

03 모공 편

싸우지 않고
이기는 전략을 써라

손자는 최상의 전략은 싸우지 않고 이기는 것, 즉 군사를 동원하지 않고 승리하는 것이라고 했다. 또한 설사 싸우더라도 적의 전략에 대응해 유연하게 견실한 전략을 취해야 한다고 기본 원칙을 말했다.

01 전쟁 없는 승리가 최선이다

가. 싸우지 않고 이겨라

손자는 "무릇 용병법이란 '적국'을 보전한 채로 이기는 것이 최선책이고, 적군과 싸워서 이기는 것은 차선책이다. 또한 적의 '군단'을 보전한 채로 이기는 것이 상책이지, 적군과 싸워서 이기는 것은 차선이다"라고 말

했다. [孫子曰, 凡用兵之法, 全國爲上, 破國次之, 全軍爲上, 破軍次之]

아울러 "적의 '여단'을 보전한 채로 이기는 것이 상책이지, 적군과 싸워서 이기는 것은 차선이다. 적의 '소대'를 보전한 채로 이기는 것이 상책이지, 적군과 싸워서 이기는 것은 차선이다"라며[全旅爲上, 破旅次之, 全卒爲上, 破卒次之, 全伍爲上, 破伍次之] "따라서 백전백승만이 최선의 병법이 아니며, 싸우지 않고 적군의 군사력을 굴복시키는 것이 최상의 병법이다"라고 말을 이었다. [是故百戰百勝, 非善之善者也, 不戰而屈人之兵, 善之善者也]

또한 손자는 "군사를 동원하지 않고 책략이나 외교를 통해 적군의 항복을 받아내는 것이 최선의 방법이지, 군사를 거느리고 적국을 침공해 적군의 영토를 점령하는 것은 차선책"이라고 역설하며 다음과 같이 결론을 내렸다.

> "백전백승이 최선이 아니다. 싸우지 않고 이기는 것이 최선이다."

명언이 아닐 수 없다. 백 번 전쟁에서 백 번 승리했다 해도 최선책이라고 말할 수 없다. 전쟁을 하지 않고 적을 항복시키는 것이 최선책이다.

나. 일본군의 항복과 비참한 승리

제2차 세계대전에서 일본군이 항복하면서 전쟁이 끝났을 때, 중경에서 항전을 계속해온 중국의 국민정부 고관들은 승리를 기뻐하면서도 비참한 승리라고 한탄했다. 국토와 산업이 대부분 파괴되어 빈손으로 재출발해야만 했던 그들 입장에서 비록 승리는 했지만 재건의 어려움을 생각하면 마음이 무거웠기 때문이다.

손자는 그런 이유 때문에 최상의 용병술로 적의 의도를 사전에 파악해 외교 교섭으로 봉쇄하는 것을 꼽는다. 그 뒤를 이어 두 번째로 적의 동맹 관계를 끊어버려서 고립시키는 것을, 세 번째는 무력으로 적군을 치는 것을 꼽는다. 그리고 마지막 최하급의 방법으로 적의 성을 공격하는 것을 든다. 따라서 부득이한 경우를 제외하고는 가능한 한 성을 공격하는 일은 피해야 한다. 왜냐하면 성을 공격하는 경우 아군도 막대한 피해를 입기 때문이다.

다. 사마중달과 제갈공명의 전쟁

옛날부터 명장들은 언제나 '싸우지 않고 이긴다'는 병법을 마음에 두고 지혜로써 무모한 전쟁을 피해 왔다. 그 예로 제갈공명의 라이벌이었던 사마중달이 있다.

사마중달은 소설 《삼국지》에서는 제갈공명의 교묘한 전략 앞에 농락 당하는 무능한 무장으로 묘사되고 있지만 이것은 픽션에 지나지 않는다. 실상의 사마중달은 무능한 무장은커녕 전략에 관해서는 제갈공명 못지 않은 지모智謀의 소유자였다. 사마중달은 제갈공명을 맞아 싸울 때 기본 전략이 '싸우지 않고 이긴다'였다. 그는 철저히 싸움을 피하고 어떤 도발에도 반응하지 않았다.

그는 보급 곤란이라는 제갈공명 측의 약점을 확실하게 읽고 있었다. 내

버려두면 상대는 철수할 수밖에 없었다. 그런 상대와 전쟁을 하면 설령 이긴다 해도 아군 역시 손해를 면할 수 없었다. 사마중달은 그런 섣부른 전쟁 방식은 어리석은 계책이라고 생각했던 것이다.

그래서 사마중달은 제갈공명과의 대결을 거의 대립으로 일관했다. 이것은 사마중달의 전략이라고 해도 좋을 것이다. 그 결과, 제갈공명은 오장원 전투에서 중도에 쓰러지고 말았다. 그렇게 해서 결국 사마중달은 순조롭게 작전의 목적을 달성했던 것이다.

라. 라이벌 기업의 인수합병

글로벌 비즈니스 전쟁에서 '싸우지 않고 이긴다'는 병법론으로는 기업의 인수합병M&A, 해외 현지 기업과의 합작 등이 있다. 가령, 라이벌 기업을 인수해버리면 전쟁을 하지 않고 업계를 제패하는 것이 가능하다. 또한 해외 파트너가 토지, 건물, 노동력 등을 제공하고, 내 쪽에서 자금, 기술, 설비 등을 제공하거나 혹은 파트너와 함께 공동출자로 개발경영을 하는 방법을 생각할 수도 있다.

국제 교류에서 기업의 인수합병은 세 가지 단계가 있다. 첫째는 큰 물고기가 작은 물고기를 먹는 것이다. 기업 인수의 주요 형식은 대기업이 소기업을 합병하는 것이다. 둘째는 빠른 물고기가 느린 물고기를 먹는 것이다. 이러한 추세는 자본이 기술에 다가가서 신기술을 가진 기업이 전통 산업을 합병하는 것이다. 셋째는 상어가 상어를 먹는 것이다. 여기서 '먹는다'는 것은 일방이 다른 일방을 공격하는 것이 아니라 각 기업이 갖고 있는 특징의 '강강연합'을 말한다.

02 전쟁 없이 승리하는 지혜

가. 최후 수단인 성 공격의 재앙

최고의 전쟁 방법은 사전에 적의 의도를 깨뜨리는 것이고, 차선은 적의 동맹 관계를 분단시켜 고립시키는 것이다. 그다음이 적군을 공격하는 것이다. 그리고 가장 낮은 병법이 성을 공격하는 것이다. 성을 공격한다는 것은 부득이한 경우로 최후의 수단에 지나지 않는다.[故上兵伐謀, 其次伐交, 其次, 其下攻城, 之法爲不得已] 성을 공격하려면 철저한 준비가 필요한데, 공격과 방어를 위한 장비를 갖추려면 3개월이 걸리고, 적을 공격하기 위해 흙산을 쌓는 일이 또한 3개월이 걸리기 때문이다.[修櫓轒轀, 具器械, 三月而後成, 距闉, 又三月而後已]

만약 장수가 노여움을 이기지 못하고 준비가 덜 된 상태에서 병사들에게 적의 성을 공격하게 하면 군사의 30% 이상을 잃고서도 뜻을 이루지 못할 것이다. 이것은 무모한 공격이므로 스스로 재앙을 부른다.[將不勝其忿, 而蟻附之, 殺士卒三分之一, 而城不拔者, 此攻之災也]

나. 손자의 승리 병법 네 가지

손자는 다음 네 가지 승리하는 병법을 순위별로 제시했다.

① 벌모伐謀로서 적의 작전을 사전에 알아내 그것을 훼방하고 깨뜨리는 것이다.

② 벌교伐交로서 외교를 봉쇄하는 것이다.

③ 벌병伐兵으로서 무력으로 적군을 공격하는 것이다.

④ 공성攻城으로서 적의 성을 공격하는 것이다.

손자는 공성전攻城戰, 즉 성을 공격하는 것과 같은 최하급의 병법은 가급적 사용하지 말아야 하고, 용병을 잘하는 장수라면 싸우지 않고 승리하는 병법을 모색하라고 역설하고 있다.

다. 지략으로 적을 굴복시켜라

용병을 잘하는 자는 적을 굴복시켜도 결코 싸움에 의한 것이 아니고, 적의 성을 함락해도 결코 성의 공격에 의한 것이 아니며, 적국을 무너뜨려도 결코 장기전에 의한 것이 아니다. [故善用兵者, 屈人之兵而非戰也, 拔人之城而非攻也, 毀人之國而非久也] 반드시 적의 국토나 전력을 보전한 채로 승리하는 병법으로 천하를 다툴 뿐이다. 그러므로 군을 피폐화하지도 않으며 이익을 온전한 상태로 남겨두고 승리한다. 이것이 지략을 사용해 적을 공격하는 원칙인 모공謀攻이다. [必以全爭于天下, 故兵不頓利可全, 此謀攻之法也]

전쟁에서 적을 정면으로 공격하면 아군 역시 많은 희생이 따르기 때문에 용병에 뛰어난 장수는 싸우지 않고 적을 아군 쪽으로 끌어들여 굴복시키고, 적의 성을 함락하되 군사를 동원해 공격하는 병법을 사용하지 않으며,

적국의 영토로 침입해 적군을 무찔러도 결코 장기전을 펴지 않는다는 점을 손자는 항상 강조하며 지략을 사용해 적을 굴복시켜야 한다고 말했다.

라. 클라우제비츠의 《전쟁론》

프러시아의 장군 클라우제비츠는 그의 저서 《전쟁론》에서 '전쟁은 다른 수단에 의한 정치의 연속'이라는 뜻으로 이렇게 말했다.

- 전쟁이란 완전한 정치 도구이고, 여러 정치적 관계의 계속이며, 다른 수단을 갖고 하는 정치의 실행이다.
- 전쟁은 수단이고, 목적은 정치적 의도다. 그래서 어떠한 경우에도 수단은 목적을 떠나서 생각할 수 없다.

손자는 목적 또는 수단이라는 단어를 사용하고 있지 않지만 클라우제비츠보다 이미 2,000년 전에 똑같은 인식을 갖고 있었다.

---

03 역전 승리를 잡기 위한 병법

가. 손자의 전투 방식 여섯 가지

용병의 상책은 아군이 적의 열 배라면 포위하고, 다섯 배라면 일제히 공격하며, 두 배라면 병력을 나눠서 공격하는 것이다. 적과 병력이 같다면 잘 싸워야 하고, 적보다 병력이 적으면 방어하며, 열세면 피해야 한다.[故用兵之法, 十則圍之, 五則攻之, 倍則分之, 敵則能戰之, 少則能守之, 不若則能避之] 적보다 적은 수의 병력으로 맞선다면 적에게 포로가 될 수밖에 없기 때문이다.[故小敵之堅, 大敵之擒也]

(1) 열 배라면 포위하라

아군 병력이 적보다 열 배 이상이면 굳이 싸울 필요 없이 포위하라.[十則圍之] 싸우지 않고도 적을 굴복시킬 수 있기 때문이다.

(2) 다섯 배라면 공격하라

아군 병력이 적보다 다섯 배 우세하면 정면으로 공격하라.[五則攻之] 이 정도 병력이면 싸워도 큰 손실 없이 승리할 수 있기 때문이다.

(3) 두 배라면 분산시켜라

아군 병력이 적의 병력보다 약간 우세하다면, 가령 두 배가량일 경우 병력을 나눠서 공격하라.[倍則分之] 적을 분산시키고 흐트러뜨려 놓은 후 공격하면 승리할 수 있기 때문이다.

(4) 비슷하다면 싸워라

아군 병력이 적과 비슷하다면 최선을 다해 싸워야 한다.[敵則能戰之] 용감히 싸우는 쪽이 승리하기 때문이다.

(5) 적으면 방어하라

아군 병력이 적보다 적으면 물러나 방어에 최선을 다하라.[少則能守之] 부족한 병력으로 싸우면 이겨도 손실이 너무 클 수밖에 없기 때문이다.

(6) 열세라면 피하라

아군 병력 등 모든 면에서 적보다 열세라면 싸움 자체를 피해야 한다.[不若則能避之] 싸워봤자 승산이 없기 때문이다.

손자는 여기서 병력이 크게 우세해도, 크게 열세여도 싸움을 하지 말라는, 즉 싸우지 말고 이기라는 상당히 합리적이고 유연한 사고를 당부하고 있다.

나. CEO의 자신감과 자만심

"이대로도 괜찮아."

"지금 상태가 계속될 거야."

CEO가 이렇게 생각하는 순간 그 회사는 내리막길을 걷기 시작한다. 웬만큼 궤도에 올랐다 싶었는데 어느 날 갑자기 문을 닫는 회사들이 있다. 그중 가장 큰 이유가 바로 CEO의 자만심 때문이다. 자신감은 가져도 좋다. 당당하게 일하는 자세도 중요하다. 그러나 자신감과 자만심은 분명히 다르다.

자신감은 지속적인 노력과 성장을 낳지만 자만심은 나태와 몰락을 낳는다. 재미있는 사실은 이런 이야기를 꺼내면 대부분의 CEO들이 자신은 그렇지 않다며 펄쩍 뛴다는 것이다. 초심을 잃지 않는 CEO들이 얼마나 많은지 아느냐며, 자신감과 자만심을 혼동하는 게 아니냐고 묻는다.

그러나 자만하기란 무척 쉽다. 화려함과 안락함에 빠지기도 무척 쉽다. 우물 안 개구리로 있기는 무엇보다 쉽다. 그들이 자만에 빠지는 대부분의 이유는 CEO에게 곧이곧대로 직언을 해줄 만한 사람이 없기 때문이다. 혼자 생각하고 판단하고 행동하다 보면 자신도 모르게 자기만의 세계에 빠져들기 쉽다. 문제는 이런 상태를 오랫동안 눈감아줄 만큼 시장 상황이 만만하지 않다는 것이다. 만만하지 않기 때문에 경제가 발전하고 사회가 한층 성장해가는 것이다. 그러니 괴롭더라도 자신의 자만심과 마주해야 한다. 자만심과 끊임없이 싸워라. 이 또한 CEO가 해야 할 중요한 일이다.

다. 하이얼, 돈 빌려 명절을 쇠다

하이얼은 오늘날 세계적으로 강력한 브랜드 영향력을 가진 가전제품 그룹이 되었다. 그러나 1984년에는 147만 위안의 부채만 있는 작은 공장에 불과했다. 1984년 12월, 장루이민 등 새로운 임원들은 하이얼의 전신인 청도전기 냉장고 공장으로 발령을 받았다. 그 한 해 동안만 이 공장은 이미 세 차례나 임원이 바뀌었고, 장루이민은 네 번째로 부임한 공장장이었다. 부임한 때가 마침 연말이었다. 설 명절을 쇠야 하는데 돈이 없어서 월급도 주기 어려웠다. 그러니 설날 선물은 더더욱 생각할 수가 없었다.

이렇게 파산에 직면한 작은 공장인지라 은행 대출은 더 이상 생각조차

할 수 없었다. 장루이민은 설 명절을 어떻게 보낼 것인가 고민하던 끝에 부근 대산촌의 대대大隊를 생각하게 되었다. 그때 농촌은 도급제를 시행하는 중이라 돈이 좀 있었다. 장루이민이 대산촌 지부 당서기를 찾아가 몇 번이나 소통한 끝에 마침내 음력 12월 27일, 이 공장에 돈을 빌려주기로 했다. 그때 공장 재무과장은 바람막이도 없는 삼륜차에 앉아 찬바람을 맞으며 5km나 떨어진 이촌신용조합으로 갔다. 돈을 인출해 모든 직원에게 월급을 주고, 다섯 근씩 갈치를 사서 나눠 주었다.

직원들은 동분서주하면서 서로에게 이를 알렸다. 사람들의 얼굴에는 웃음꽃이 피어났고, 새로 부임한 임원이 근로자들에게 관심을 갖는다는 소문이 바로 퍼져나갔다. '이렇게 모두를 위해 돈을 빌려 설 명절을 보낼 수 있게 해주었으니, 우리도 힘을 합쳐 돈을 벌어서 갚아보자'는 정신을 갖게 됐다.

제아무리 좋은 기업이라도 재창업의 어려운 첫걸음이 있었을 것이다. 어떤 시기라도 격려로 직원들의 사기를 높이고, 이익을 보장하며, 직원들의 적극성과 재창업 정신을 북돋는 것은 매우 중요하다. 직원들의 개인적 이익을 기업 목표에 포함시켜 기업의 이익이 최대치에 도달하면 직원들에게도 이익을 최대로 보장한다는 사실을 알게 해야 한다. 그러면 직원들은 무의식적인 자각을 통해 결국 기업의 이익을 위해 최선을 다해 노력하게 된다. 그 사건 이후 하이얼은 "안 하려면 하지 말고, 하려면 꼭 1등을 해야 한다"는 재창업 정신으로 미래를 향해 전진했다.

가. 유능한 인재를 쓰는 리더

장수는 군주를 보좌하는 사람이다. 장수가 보좌를 잘하면 나라는 반드시 강해지고, 군주와 틈이 벌어지면 나라는 약해진다. [夫將者, 國之輔也. 輔周則國必强, 輔隙則國必弱]

어느 시대나 군주와 보좌역인 장군의 관계는 어렵다. 게다가 옛날에 장군은 유사시 실전 부대를 이끌고 전장에까지 나갔다. 창끝이 적을 향하고 있는 동안은 좋지만 언제 어느 때 기분이 바뀌면 이쪽으로 쳐들어올지 몰랐다. 군주에게는 언제나 그런 불안이 따라다녔다.

그렇다고 군주가 일일이 작전에 참여하는 것 역시 현장을 맡은 장군 입장에서는 용인하기 어려웠다. 어느 정도 독단적인 전행권이 부여되지 않는다면 유능한 장군도 실력이 없어지고. 그렇게 되면 군주 입장에서도 손해였다. 이를 통해 리더에게 유능한 인재를 사용할 줄 아는 능력이 중요하다는 것을 알 수 있다.

나. 군주의 경계 사항 세 가지

손자는 군자가 삼가야 할 행동으로 다음의 세 가지 를 들었다. [軍之所以患于君者三]

첫째, 군이 공격해서는 안 되는 것을 모르면서 공격 명령을 내리고, 군이 퇴각해서는 안 되는 것을 모르면서 퇴각 명령을 내리는 것이다. 이는

군대를 운용하는 것이 아니라 옭아매는 것이기 때문이다.[不知三軍之不可以
進而謂之進, 不知三軍之不可以退而謂之退. 是謂縻軍]

둘째, 군의 특성도 내부 사정도 모르면서 군사 행정에 간섭하는 것이
다. 병사들이 갈피를 잡지 못하기 때문이다.[不知三軍之事, 而同三軍之政, 則軍士
惑矣]

셋째, 군대의 임기응변의 작전을 모르면서 군대를 지휘하는 것이다. 그
러면 병사들은 의심에 빠지기 때문이다.[不知三軍之權, 而同三軍之任, 則軍士疑矣]

손자는 이 세 가지 경우를 들고 나서 "군주가 군 내부에 혼란과 불신감
을 주게 되면 그에 편승해 다른 나라의 침략을 받기 쉽고, 적에게 승리를
바치는 것이나 다름없다"고 말했다.[三軍旣惑且疑, 則諸侯之難至矣, 是謂亂軍引勝]
그렇기 때문에 군주와 장군의 관계는 군주가 도량이 있을 것, 장군이 유
능할 것, 그리고 양자가 깊은 신뢰 관계로 결합되어 있을 것, 이 세 가지
가 갖춰졌을 때 가장 이상적이라고 피력했다.

군주가 반드시 유능할 필요는 없다. 손자는 유능한 인재를 길러 신뢰하
고 업무를 맡기는 것, 그것이 군주의 임무라고 말했다.

다. 사업 방해 요인 세 가지

사장이나 총괄 대표, 공장장, 영업부장들 사이에 의견이 일치하지 않을
때는 다음과 같이 사업을 방해하는 세 가지 요인이 발생한다.

첫째, 시장 흐름이나 사내 사정을 보았을 때 대내외적으로 사업을 확장
할 시기가 아닌데도 주주총회에 제시할 자료를 만들기 위해, 인적 관계에

의한 사업 범위 확장을 위해 숫자 팽창을 요구하는 경우다. 이것은 현장의 실정을 잘 모르는, 또 평상시 간섭하지 않던 CEO 사이에서 가끔 벌어지는 일이다.

둘째, 사업을 확장할 시기인데 포기를 지시하는 경우다. 사업이 궤도에 올라 있고, 이에 따라 석극적으로 기반 굳히기를 위해 증원, 확장, 증산 등이 필요할 시기인데도 이유 없는 불안감 혹은 제3자의 말에 솔깃해져서 포기를 지시하는 경우도 있다.

셋째, 책상 위에서 통계 수치만으로 정책을 만드는 경우다. 현장 업무를 잘 모르면서 책상에 앉아서 전 직장이나 과거의 경험만으로 정책을 편다는 것은 참으로 위험천만한 일이다. 문제 해결 방법은 현장에서 찾고 현장에서 시작해야 한다. 따라서 구성원들의 실전 능력 배양을 우선시해야 한다. 문제의 해답은 현장에 있다. 현장에서 답을 찾아라! 현장으로 가라!

05 승리를 위한 필수 조건 다섯 가지

가. 승리 예측 비결 다섯 가지

이미 말한 바와 같이 '승산 없는 전쟁은 하지 않는다'는 것이 손자의 대전제다. 전쟁에서 승리를 예측할 수 있는 다섯 가지 비결을 알아보자.[故知勝者有五]

(1) 승산이 있을 때만 싸워라

싸워야 하는지 말아야 하는지를 아는 자가 승리한다. [知可以戰與不可以戰者勝] 전쟁을 시작할 때는 먼저 여러 각도에서 쌍방의 전력을 검토해야 한다. 그리고 승산이 있다고 판단되는 경우에 비로소 전쟁에 나서야 한다. 어떻게 검토해도 승산이 없다면 결단코 전쟁을 피해야 한다. 이러한 판단을 정확히 내리는 자가 승리한다는 것은 당연한 결론이다.

그러나 과거에 많은 전쟁 지도자들은 이런 당연한 것을 실행하지 않고 무모하게 전쟁에 돌입했다. 당연한 것을 당연한 것으로 행하는 것이 의외로 어려운 것 같다. 지도자는 항상 머리를 맑게 유지해야 하며, 냉정한 판단력을 잃어서는 안 된다.

(2) 병력에 따른 최고의 방법을 찾아내라

많은 병력과 적은 병력의 운용에 정통한 자는 승리한다. [識衆寡之用者勝] 결국 병력에 따라 적절히 대응할 전쟁 방법을 찾아내야 하는 것이다. 중소기업은 중소기업만의 장단점을 살린 전쟁 방법이 있다. 대기업과 똑같은 방식으로는 승리할 수 없다.

(3) 장수와 병사가 한마음으로 임하라

장수와 병사의 뜻이 같으면 승리한다. [上下同欲者勝] 공통의 목표를 기본으로 할 때 조직이 전사적으로 탄탄하게 만들어지는 법이다. 성장하는 기업인지, 확실한 회사인지 아닌지는 접수처나 콜센터의 대응만 봐도 알 수 있다. 직원 한 사람 한 사람이 의욕에 불타고 일을 척척 잘해내며 철저하게 대응한다면 위의 방침이 말단까지 침투해 있다고 봐도 좋다. 조직에서 그렇게 깔끔하게 정리된 해결책이 나오도록 하는 것은 최고 간부의 책임이다.

(4) 만반의 준비를 갖춰라

만반의 준비를 갖춘 뒤 미처 준비하지 못한 적과 맞서 싸우는 자가 승리한다.[以虞待不虞者勝] 여기서 虞(우)란 준비라는 의미다. 결국 만전의 태세를 튼튼히 하고 적의 허점을 틈타는 자가 승리한다. 만전의 태세도 준비하지 않고 무리한 전쟁을 감행한다면 필패를 각오해야 할 것이다.

(5) 장수의 전권을 허용하라

장수가 뛰어난 능력을 발휘하도록 군주가 간섭하지 않는다면 승리한다.[將能而君不御者勝] 즉, 장수가 유능해서 군주가 지휘권에 간섭하지 않는 것이 곧 승리의 지름길이다.

이 다섯 가지가 손자가 전쟁에서 승리할 수 있는 비결이라고 언급한 것이다.[此五者,知勝之道也] 이 다섯 가지 항목은 현대에도 들어맞는 부분이 적지 않다.

나. 사업화 저해 요인 다섯 분야 체크

사업화 가능성을 검토 및 평가하기 위한 리스크 사전 타당성 조사FS; Feasibility Study의 체크 항목에는 다음의 다섯 분야가 있다.

① 정치 사회 정세의 저해 요인에서 정치와 사회 면
② 거시적 경제 정세의 저해 요인에서 경기와 금융 면
③ 미시적 경제(시장) 정세의 저해 요인에서 업계와 판매 면
④ 경합 타사 정세의 저해 요인에서 경쟁업자와 경쟁 제품 면
⑤ 자사 내 저해 요인에서 경영 방침, 운영 능력, 반대 세력 면

다. 문제점 및 장애 요소 발견과 해결책

사업을 전개할 때는 문제점과 장애 요소를 발견하고 해결책을 찾아야 한다. 사업 구성 요소의 밸런스 체크로 인프라 항목과 오퍼레이션 항목이 있다. 인프라 항목으로는 자금, 토지, 설비, 기술, 인재, 인허가 등 여섯 가지 요소가 있고, 오퍼레이션 항목으로는 연구개발, 구매·생산, 판매·물류, 자금 회수·경리, 정보 시스템, 기획 관리, 총무·법무, 인사 노무 관리 등 여덟 가지 요소가 있다.

그리고 이어서 투자 채산성을 평가해야 한다. 사업 전망의 체크 요소로는 매상 고수익률, 투자수익률ROI; Return on Investment, 회수 기간PBP; Pay Back Period, 순현재가치 NPV; Net Present Value, 내부수익률IRR; Internal Rate of Return 등이 있다.

06   상대를 알고 나를 알라

가. 지피지기면 백전백승이다

손자는 말했다.

① 적을 알고 나를 알면 백 번 싸워도 위태롭지 않다. [知彼知己, 百戰不殆]
② 적을 모르고 나만 알면 한 번 이기고 한 번 패할 것이다. [不知彼而知己,
  一勝一負]
③ 적도 모르고 나도 모른다면 싸울 때마다 반드시 패할 것이다. [不知彼
  不知己, 每戰必敗]

그렇다. '지피지기면 백전불태'다. [知彼知己, 百战不殆]

나. 백전백승의 기업 전략을 세워라

기업은 자기와 상대를 충분히 알아야 백전백승할 수 있다. 자기와 상대를 이해하는 주요한 목적은 완전한 승리 확보에 있다. 다시 말해 전승을 얻으려면 충분한 조사가 없는 상태에서 무모하게 진행하지 말아야 한다는 뜻이다.

무모한 행진은 행군 작전의 함정이자 기업 발전의 킬러다. 기업이 무모한 행진을 하지 않기 위해서는 관리자가 우선 전략 목표를 정할 때 심사를 잘해서 그 목표가 실제에 부합해야 하며, 결코 허무한 목표가 기업의 무모한 행진을 재촉해서는 안 될 것이다.

상대편이 갖추고 있는 조건, 그 강약을 잘 알고 자기편의 실력을 충분히 헤아린 뒤에 싸운다면 소위 백전백승할 수 있으므로 조금도 위태로움이 없을 것이다. 이에 반해 자기 실력은 알고 있지만 상대에 대한 조사와 판단이 불충분해서 그 비교 검토가 허술할 때는 이기기도 하고, 지기도 한다. 이보다 더 안 좋은 상황으로 계산이 부족해 상대편에 대한 것도 모르고 자기편에 대한 것도 모르는 상태라면 싸울 때마다 패할 수밖에 없다.

다. 정보의 중요성을 강조한 빌 게이츠

기업의 성공 여부는 정보에 달려 있다. 너무나 잘 알려진 빌 게이츠는 MS의 창업자 중 한 사람이다. 세계 최고의 억만장자 자리를 차지하고 있는 인물로도 유명하다. 그는 자서전에서 다음과 같이 '손자'의 말을 인용한 바 있다.

> "2,500년 전 중국의 병법가 손자는 '정보는 전쟁에서 절대 필요한 것으로 군대가 어떤 행동을 할 때마다 그 정보에 의한다'고 말했다. 손자가 말한 것처럼 승리는 정확한 정보와 시기를 얻은 병법을 장악한 사령관을 웃게 한다."

빌 게이츠는 자사의 업무 상태와 기업 경영에서 '정보'의 역할을 강조했다. 이것은 손자의 지피지기 정신을 그대로 중용한 것이다. "지금부터 기업의 성공 여부는 모두 정보에 의해 결정된다"고 그는 단언했다.

이른바 일류라고 불리는 기업들은 자신들의 조직이나 경쟁 기업, 고객, 시대 상황을 알기 위해 많은 노력을 쏟고 있다. 또한 '상대방과 자기를 정확하게 아는' 기업이 압도적인 우위에 설 수 있다고 많은 경영 서적들은 지적하고 있다.

자기를 정확히 아는 것은 극히 어려운 것이다. 더욱이 조직인 경우에 현장의 나쁜 정보가 맨 윗선까지 전해지기란 쉽지 않다. 그런 의미에서 '불쾌한 진실이 마음씨 좋은 거짓말보다 낫다'는 이야기도 있다.

많은 사람들은 말한다.

"빌 게이츠는 자신의 잘못을 인정할 줄 안다. 이에 감동했다. 다른 사람의 행동이나 기술이 자기보다 낫다는 것을 알면 그는 적극 받아들인다."

"그는 반론을 좋아한다. 'No'라고 말할 줄 아는 사람을 빌 게이츠는 존경한다."

손자와 빌 게이츠의 공통점은 바로 올바른 정보에 대한 끈질긴 집념이 아닐까 싶다. 이러한 자세가 있었기 때문에 MS는 자사 최대의 위기를 극복한 것이다.

04 군형 편

먼저 유리한 고지를 점령하라

전쟁에서는 싸우지 않고 이기는 것이 최상의 방법이다. 그러나 부득이 전투를 해야 한다면 우선 패하지 않을 만반의 태세인 '불패의 형세'를 만들어놓고 적의 빈틈을 공략해 '현재의 승리'라는 흐름을 만들어야 한다.

01 만반의 준비 태세 전법

가. 적이 이기지 못하게 하라

손자는 말했다.

"옛날에 전쟁을 잘하는 자는 먼저 적이 이기지 못하도록 만반의 수비 태세를 갖춰놓고, 그 후 적에게 빈틈이 생기기를 기다려 싸웠다.[孫子曰, 昔之善戰者, 先爲不可勝, 以待敵之可勝] 적이 이길 수 없는 것은 아군에 달려 있고, 아군이 이길 수 있는 것은 적에게 달렸다.[不可勝在己, 可勝在敵] 따라서 전쟁을 잘하는 자는 적이 이기지 못하게 할 수는 있어도, 반드시 적을 이기기는 어렵다.[故善戰者, 能爲不可勝, 不能使敵必可勝] 그래서 승리를 미리 예측할 수는 있지만 승리를 만들기는 어렵다.[故曰, 勝可知, 而不可爲]"

싸움이란 보통 도검이나 포화를 사용해 결전하는 것이라고 생각한다. 그러나 그것은 낮은 수준의 이야기다. 가장 중요한 것은 바로 태세다. 상대로부터 침범을 당하지 않도록 태세를 여러모로 검토해 어디서 밀고 들어온다고 해도 한 치의 오차도 없이 잘 준비해야 한다. 즉, 완전무결한 태세가 갖춰진 후에야 비로소 싸워야 하는 것이다. 여기서 태세는 무기나 방비, 병사 배치뿐만 아니라 식량, 무장, 탄약 보급로, 기구 정비, 목적의 철저함과 일치, 의사소통 등 이제까지 열거해온 여러 조건을 포함한다. 무엇보다 먼저 이쪽 태세를 정비해야 하며, 다음으로 상대의 태세를 충분히 조사해 손금 보듯 샅샅이 알아야 한다.

이 두 조건이 완료되었다고 해서 바로 싸움에 들어가서는 안 된다. 서로 간의 태세에 불균형이 생길 때까지 기다려야 한다. 적을 '허무는 것'보다 '붕괴'를 기다려야 한다.

나. 집행 가능한 목표의 설정

목표는 반드시 집행 가능한 것이어야 한다. 집행할 수 없는 목표는 장식품일 뿐이다. 작업은 목표를 실현하기 위해 필수다. 목표는 반드시 작업성이 있어야 한다. 반드시 구체적인 작은 목표와 업무 안배로 전환할 수 있어야 한다. 따라서 목표는 업무의 구체적 안배라 할 수 있다.

목표가 없을 때는 사람은 게을러지고 막막함을 느낀다. 그러나 목표를 정해놓고 일정한 기간 내에 임무를 완성해나간다면 그 목표는 자신 있는 집행력을 갖게 한다.

기업의 전략 기획은 전략 이론에서 묘사한 좋은 모델을 그대로 인용하는 것이 아니라 자기의 상황에 맞춰 재정비하는 것이다. 기업의 발전은 누각 건축과 같이 견고한 기초 위에 한층 한층 엄격하고 질서 있게 진행해야 하며, 매 단계마다 열심히 해야만 부실 공정이 나타나지 않는다.

다시 말하지만 목표는 반드시 집행할 수 있는 것이어야 한다. 기업의 전략 목표는 공허한 책략이나 기획이 아니라 기업 발전에 부합하고 기업 이익을 만족할 수 있는 과학적인 결정이어야 한다.

또한 전략 기획은 반드시 기업의 실제 상황에 따라 진행해야 한다. 전략 목표는 기업의 화려한 그림이나 위대한 사업 계획으로 그쳐서는 안 된다. 만약 단순한 전략 이론과 사례로 기업을 발전시킨다면 그것은 지면상 전략을 논하는 것일 뿐 최종적으로는 실패에 이르게 된다.

다. 기업 목표에서 주목할 점 다섯 가지

기업 목표에서 주목할 점은 '어떻게 완성할 것인가'다. 그렇기 때문에 다음의 다섯 가지 명확한 요소가 있어야 한다.

① 측량 가능 표준
② 항목 책임자
③ 평가 표준
④ 평가 시간
⑤ 평가자

기업 목표는 이 다섯 가지 요소가 있어야 집행할 수 있다. 그렇지 않으면 모든 것은 신기루에 불과할 것이다.

02 완전한 승리의 기본 원칙

가. 만반의 준비 태세 전법

아군과 적군의 전력을 비교해 아군이 열세라고 판단될 경우에는 수비 태세로 들어가고, 우세라고 판단되면 공격하는 것이 용병의 원칙이다. 즉, 승리하기 어려우면 수비를 하고, 승리할 수 있으면 공격을 하라는 것이다.[不可勝者, 守也, 可勝者, 攻也] 수비는 병력이 부족할 때 하는 것이고, 공격

은 병력이 여유 있을 때 하는 것이다.[守則不足, 攻則有餘]

수비를 잘하는 자는 땅속 깊이 숨은 듯 보이지 않고, 공격을 잘하는 자는 높은 하늘 위에서 내려다보듯 적의 움직임을 파악한다.[善守者, 藏于九地之下, 善攻者, 動于九天之上] 이렇게 자신을 보호하면서 완전한 승리를 거두는 것이 전쟁을 잘하는 것이다.[故能自保而全勝也]

이렇게 아군에 아무런 피해가 없이 승리를 거두는 것이 바로 '완전한 승리'이자 훌륭한 장수다.

나. 성공하는 리더의 유형 네 가지

(1) 분석가형 리더

분석가형analyst style 리더는 작은 것에도 관심을 가지며 상세한 내용까지 알고 싶어 한다. 이 유형은 융통성이 부족하고, 독단적인 면이 있으며, 무슨 일이든 증명해보라고 요구한다. 사실 자체만을 믿고 구체적인 내용을 중요하게 여기는 유형이다.

(2) 감독자형 리더

감독자형task master style 리더는 한마디로 운동 감독이나 교사 같은 사람이다. 한 가지에 집중하며 그 일에 매우 저돌적이다. 자율보다 통제를 중요하게 여기고, 단기적인 목표에 관심을 갖는 유형이다.

(3) 예술가형 리더

예술가형artist style 리더는 즉흥적이고 충동적인 면이 많으며, 겉치레를 중시하면서도 모험가 기질이 있다. 나무를 보기보다는 숲을 보는 스타일로 전체를 염두에 두고 큰 그림을 보는 유형이다.

(4) 좋은 친구형 리더

좋은 친구형good buddy style 리더는 동료나 직원을 친구처럼 대하고 아껴주며, 타인의 감정을 존중한다. 따라서 공감대가 잘 형성되어 열정을 고취하는 데 적합한 유형이다.

이 네 가지 유형 중 당신은 어떤 유형인가? 성공하는 리더가 되기 위해서는 이 네 가지 유형을 모두 겸비해야 한다. 상황에 따라 각각 다른 스타일의 리더십을 발휘해야 효과를 거둘 수 있기 때문이다.

우리가 살아갈 미래는 지금보다 복잡하고, 빠르게 변하며, 훨씬 다양한 사회가 될 것이다. 따라서 그 상황에 가장 적합한 리더십을 발휘해야 한다. 결국 훌륭한 리더는 상황에 맞춰 적절한 리더십을 발휘하는 사람이다.

다. 덩샤오핑의 철저한 자기관리

사람들은 고난이나 역경이 찾아오면 마음의 병을 얻는 경우가 많다. 심지어는 마음의 병이 심해져서 신체적인 질병으로 발전할 때도 있다. 덩샤오핑의 지인 중에서 진의라는 사람이 있었다. 그는 중화인민공화국의 개국공신으로 인민해방군의 최고 원수까지 지낸 인물이었다. 진의 역시 덩샤오핑과 함께 문화혁명 세력으로부터 숱한 비판과 공격을 받았다. 그 과정에서 그는 끝없이 분노하고 번민하다가 결국 암으로 세상을 떠나고 말았다.

그러나 덩샤오핑은 유배 생활 당시 70세를 넘긴 고령이었지만 극심한 고난을 겪으면서도 결코 동요하지 않았다. 위기 상황을 그대로 받아들이고 의연하게 건강을 지켜 나갔다. 유배 생활 동안 매일 반복되는 힘든 노동도 운동이라 생각하고 적극적으로 임하면서 새벽에 일찍 일어나 냉수마찰 등으로 심신의 건강을 챙겼다. 그와 더불어 유일한 벗이었던 책을 통해 지식을 키우고 사고를 넓히며 정서를 단련시켰다. 또한 산책과 사색을 통해 생각의 힘을 키우고 과거와 현재, 미래에 대해 심사숙고하며 앞으로의 계획에 대한 밑그림을 그려나갔다.

여기서 중요한 것은 그가 93세까지 건강하게 장수하면서 자신의 뜻한 바를 꾸준히 이뤄나갔다는 점이다. 이 얼마나 계획성이 투철하고 뛰어난 인물인가. 철저한 자기관리를 하면서 덩샤오핑은 자신의 몸이 온전히 자기 것이 아니라 중국 인민들의 것이라 여겼다. 그 결과, 자신에게 닥친 세 차례 유배를 극복한 것은 물론 마침내 중국의 개혁개방을 이끌어내 진정한 리더의 참모습을 보여주었다.

가. 모두가 예측하는 승리는 승리가 아니다

모든 사람이 승리할 것이라 예측하는 승리는 최선의 승리라 할 수 없다.[見勝不過衆人之所知, 非善之善者也] 또한 승리한 것을 천하의 모든 사람이 칭찬한다면 그 역시 최선이 아니다.[戰勝而天下曰善, 非善之善者也] 이것은 가벼운 깃털을 들어 올렸다고 해서 힘이 세다 하지 않고, 해와 달을 본다 해서 눈이 밝다 하지 않으며, 천둥소리를 듣는다 해서 귀가 밝다 하지 않는 것과 같다.[故擧秋毫不爲多力, 見日月不爲明目, 聞雷霆不爲聰耳]

나. 이기도록 해놓고 싸워라

옛날부터 전쟁을 잘한 자들은 누구나 알고 있고 누군가 해야만 하는 일을 했기에 원하는 바를 성취한 것이다. 이른바 전쟁을 잘하는 자는 이기기 쉽도록 만들어놓고 승리를 거두었다.[古之所謂善戰者, 勝于易勝者也] 그런 이유로 승리를 거뒀다고 해서 명성을 얻는 것도 아니었고, 용맹하다는 칭찬을 받는 것도 아니었다. 그에 따른 포상도 없었다.[故善戰者之勝也, 無智名, 無勇功]

만약 누군가가 전쟁을 할 때마다 틀림없이 승리한다면 그것은 한 치의 어긋남도 없이 반드시 승리할 수 있는 조치를 미리 취해 적이 패배할 수밖에 없도록 만들어놓아 모든 상황이 쉽게 풀렸기 때문이다.[故其戰勝不忒, 不忒者, 其所措必勝, 勝已敗者也] 그러므로 용병을 잘하는 자는 애초에 아군이 패할 기회를 적에게 주지 않고, 적이 패할 수 있는 기회를 놓치지 않는다. [故善戰者, 立於不敗之地, 而不失敵之敗也] 승리하는 군대는 이처럼 먼저 이길 수 있는 상황을 만들어놓은 후에 전쟁을 하고, 패하는 군대는 먼저 싸움을 벌이고 나중에 승리를 구한다. [是故勝兵先勝 而後求戰, 敗兵先戰而後求勝]

다. 타이타닉 호의 방향키를 돌려라

타이타닉 호가 침몰하리라 예측한 사람은 아무도 없었다. 그러나 타이타닉 호는 첫 항해에서 처참한 최후를 맞고 말았다. 배의 구조에 문제가 있었던 것도, 승무원이 자신의 임무를 소홀히 한 탓도 아니었다. 바로 눈앞에 다가오는 빙산을 보지 못했기 때문이었다.

CEO에게 남은 마지막 일은 바로 이러한 빙산을 발견하고, 그것을 피할 수 있도록 방향키를 돌리는 것이다. 또는 처음부터 안전한 바다로 나아가도록 방향을 잡는 것이다. 즉, 자사에 가장 유리한 방향을 결정하는 것이라 할 수 있다.

2016년을 뜨겁게 달군 이세돌 9단과 인공지능 알파고의 대국을 기억할 것이다. 전 세계적으로 4차 산업혁명 시대가 도래했다. 소비자의 이성, 감성, 공감에 호소하던 시대를 지나 기업과 사회, 기업과 소비자가 함께 하는 공동가치창출CSV; Creating Shared Value 경영 시대도 이미 시작되었다.

이제 우리에게는 과감한 혁신을 통해 4차 산업혁명의 파고를 넘겠다는 의지가 필요하다. 각 기업들이 생존을 건 혈투를 진행 중이다. 거대한 흐름 속에서 '승자가 될 수 있는지' 여부는 우리에게 달려 있다. 치열한 경제 전쟁에서 승리하기 위해 CEO는 미래를 예측하고, 사회를 간파할 수 있어야 한다. 미래를 보고, 방향키를 돌려야 하며, 열정의 DNA를 되살려야 한다.

04 승리할 태세를 갖춰라

가. 평소의 다스림과 법질서

전쟁에 능한 자는 늘 도를 닦고 법을 보존해 승패를 다스릴 수 있는 능력을 갖춰놓는다. 즉, 전 국민을 단결시킬 수 있는 훌륭한 정치를 행하고, 군대 편성 등 군법을 잘 지켰다. 따라서 승패를 자유롭게 움직일 수 있었다.[善用兵者, 修道而保法, 故能為勝敗之政]

병법에서 중요한 다섯 가지는 첫째가 도度, 둘째는 양量, 셋째는 수數, 넷째는 균형稱, 다섯째는 승리勝다.[兵法一曰度, 二曰量, 三曰數, 四曰稱, 五曰勝] 지형에 맞는 작전을 세우고, 작전에 따라 병력을 동원하며, 병력을 적절히 나누고, 세력의 균형을 유지하도록 하면 그에 따라 승패가 결정된다.[地生度, 度生量, 量生數, 數生稱, 稱生勝] 그러므로 승리하는 군대는 큰 저울로 가벼운 것을 재는 것처럼 적을 상대하고, 패하는 군대는 가벼운 저울로 무거운 물건을 재는 것처럼 어렵게 싸운다.[故勝兵若以鎰稱銖, 敗兵若以銖稱鎰]

결국 전쟁에서 승패의 원인은 다른 것에 있지 않고 바로 '평소의 다스림과 법질서'에 있다고 했다. 따라서 평소의 다스림에 늘 마음을 써야 하고 법을 보존하는 데 힘써야 한다. 결과보다 과정을 더 중시하는 손자의 성향을 알 수 있는 부분이다.

나. 전쟁 승패의 요인 다섯 가지

승리하는 자의 전법을 보면 마치 천 길 계곡에 가두어둔 물을 단번에 쏟아내듯 적을 몰아쳐 승리를 거둔다. 이를 일컬어 형세라고 한다.[勝者之 戰民也, 若決積水於千仞之谿者, 形也] 그렇다면 승리할 태세를 갖춰놓기 위해서 는 무엇을 어떻게 해야 할까? 가장 기본으로 돌아가야 한다.

승패의 요인은 다음과 같이 다섯 가지가 있다.

① 영토의 크기인 '국력'
② 자원의 생산량인 '경제력'
③ 인구의 많고 적음인 '인구'
④ 군사력 우열의 '비교'
⑤ '승리'

이것이 충족되어야 전쟁에서 승리할 수 있다. 이렇듯 모든 것을 다 갖춰놓았기에 승리할 수밖에 없는 군대 조직은 전력이 당연히 압도적으로 우세할 수밖에 없다.

다. 3년 후에도 웃을 수 있도록

CEO에게는 두 가지 시간이 있다.

① 오늘의 수익을 창출하기 위한 시간
② 미래의 수익을 창출하기 위한 시간

회사가 자리를 잡지 못한 시기는 ① > ②가 된다. 회사가 궤도에 오를수록 ① < ②가 되어야 한다. CEO가 미래의 수익을 창출하는 시간에 투자할수록 성공의 지속적인 성장력은 강해지기 때문이다. 많은 CEO들이 사업이 어느 정도 궤도에 올라도 눈앞의 이익을 내는 데만 급급해 한다. 그래서 성공이 지속되지 못한다. 성공을 지속하는 수장이 되려면 미래를 보며 살아가야 한다.

오늘의 수익을 창출하는 일, 오늘 고객에게 만족스러운 서비스를 제공하는 일은 모두 직원에게 맡겨야 한다. CEO가 해야 할 일은 3년 후에도 웃을 수 있는 이유를 오늘 만드는 것이다. 당신은 3년 후를 진지하게 바라보고 있는가? 오늘의 수익 창출에만 시간을 쓰고 있지는 않은가? 3년 후에도 살아남을 수 있는 이유를 오늘 만들어라.

제3부

경영전술의 大운용 원칙

병세 · 허실 · 군쟁 · 구변 · 행군 · 지형 · 구지 편의 전술적 운용 방법

05 병세 편

완벽한 지휘 체계와
전술이 필요하다

'병세 편'에서는 전투의 실제적인 요령인 군대의 편제와 지휘 계통, 임기응변, 허실 그리고 기세의 중요성을 다루고 있다. 먼저 군대는 완벽한 지휘 체계와 더불어 장수의 기, 정, 허, 실 등의 전술이 결합해야 맹렬한 기세로 적을 공격해 승리할 수 있다.

01 지휘명령 체계는 조직의 등뼈다

가. 조직의 통솔 방법 네 가지

많은 조직과 병사를 통솔하면서도 마치 소수의 병사처럼 잘 다스릴 수 있는 방법은 부대를 잘 나누는 것인데, 이것을 분수分數,편제라 한다. [孫子曰,

凡治衆如治寡, 分數是也] 많은 병력을 동원해도 적은 병력처럼 잘 움직이게 하려면 긴밀한 신호와 연락 체계가 필요한데, 깃발과 징이나 북을 이용해 신호를 하고 연락을 주고받는 것이다. 이것을 형명形名, 지휘이라 한다.[鬥衆 如鬥寡, 形名是也]

군대가 적을 맞아 패하지 않는 방법은 원칙적인 전술과 변칙적인 전술을 잘 운용하는 것인데, 이것을 기정奇正, 원칙과 변칙이라 한다.[三軍之衆 可 使必受敵而 無敗者 奇正是也] 적을 공격할 때 돌로 계란을 치듯이 하는 방법은 나의 충실함으로 적의 허술함을 치는 것인데, 이것을 허실虛實이라고 한다.[兵之所加, 如以碬投卵者, 虛實是也]

손자는 조직 통솔의 병법에서 중요한 네 가지 요소를 이렇게 분수, 형명, 기정, 허실로 나누고 있다.

(1) 분수

손자는 조직 통솔 병법의 네 가지 요소 가운데 가장 먼저 군사의 편제를 꼽았다. 기업에서 많은 조직을 한두 사람처럼 다스리기 위해서는 조직을 효과적으로 편성해야 한다. 즉, 분수가 잘되어 있다면 아무리 많은 대규모 조직이라도 한두 사람 관리하듯 일사불란하게 다스릴 수 있다.

(2) 형명

형形은 시각적인 전달 수단이요, 명名은 청각적 전달 수단이다. 즉, 형은 깃발이나 연기 같은 것을 말하고, 명은 북이나 징 소리 같은 것을 말한다. 이른바 기업 조직의 지휘 계통을 뜻한다. 형명을 활용하면 다수의 조직을 마치 소규모 조직을 움직이듯 신속하게 움직일 수 있다. 결코 소홀히 해서는 안 되는 부분이다.

(3) 기정

대군을 이끌고 적과 만났을 때 절대로 패하지 않는 전법으로는 기도奇道와 정도正道를 교묘하게 쓰는 수밖에 없다. 이는 사업 경영이나 선전 등에서도 필요하다. 그러나 그때그때 임시방편적인 행동이 전부는 아니므로 기와 정을 조화롭게 아울러 써야 할 것이다.

(4) 허실

단단한 돌로 계란을 치면 확률 백 퍼센트 깨진다. 나의 충실함으로 상대의 빈틈을 칠 수 있다면 결코 적에게 패할 일은 없을 것이라는 게 《손자병법》의 핵심 가운데 하나다.

나. 지휘명령 시스템을 확립하라

손자에 따르면 전장은 사지死地라고 한다. 사지로 향하는 군대가 제각기 갈라져 정신이 없다면 전쟁을 할 수 있겠는가. 그렇게 되면 어떤 명장이 통솔한다고 해도 승리할 수 없을 것이다. 그래서 명장이라고 하는 사람들은 예외 없이 똘똘 뭉쳐 하나로 구성된 조직을 만드는 것을 중요시해왔다. 그렇게 하기 위해서는 형명, 즉 지휘명령 시스템이 확립되어야 한다.

군대뿐 아니라 어떤 조직이든 그 기능을 다하기 위해서는 지휘명령 시스템이 확립되지 않으면 안 된다. 조직이 작은 단위는 그나마 낫다. 조직이 비대해지면 책임 구분이 모호해지고, 정작 중요한 지휘명령 시스템이 녹슬어간다. 그렇게 되면 조직 통합도 이루지 못하고, 유사시에 대응 대세도 취할 수 없게 된다.

다. 자립형 팀 조직을 만들어라

흔히 CEO라면 대단히 뛰어나야 한다고, 하나에서 열까지 뭐든 잘해야 자격이 있다고 생각한다. 물론 대부분의 CEO들이 경험도 풍부하고 다양한 능력을 갖춘 것은 사실이다. 그러나 만능일 수는 없다. 특별히 두각을 드러내는 분야도 있겠지만 소질이 없는 분야도 있다. 서툴고 어려운 일은 아무리 기를 쓰고 해봐야 큰 가치를 창출할 수 없다. 그래서 팀을 만드는 것이다.

사람은 저마다 모두 다르다. 그 차이를 적절하게 조합해서 최고의 상태를, 최고의 팀을 만들어내야 한다. 그것이 바로 팀을 구축하는 묘미다. CEO는 자립형 팀을 지향해야 한다. 구성원 하나하나가 스스로 생각하고, 스스로 판단하고, 스스로 행동해서 스스로 성과를 만들어내는 그런 팀 말이다.

정석과 응용을 조합하라

가. 원칙과 변칙의 조화로움

전쟁을 하는 방법은 정正과 기奇의 두 가지 조합으로 이루어지지만 그 변화는 무한하다. 전쟁에서는 적과 원칙正으로 맞서고, 변칙奇으로 승리해야 한다.[凡戰者, 以正合, 以奇勝] 적을 마주해 상대할 때는 원칙에 입각해 자기 자신을 충실하게 갖춰놓고, 변칙이나 임기응변 등의 기책으로 적의 빈틈을 공격하면 승리할 수 있다.

변칙을 잘 운용하는 자는 작전이 천지처럼 무궁하고 강이나 바다처럼 다함이 없다.[故善出奇者, 無窮如天地, 不竭如江河] 기정奇正에 뛰어난 사람은 천지의 움직임처럼 그 조화가 무궁무진하고, 깊은 강물처럼 마르지 않는다. 끝난 듯 보였다가 다시 시작하는 것이 해와 달이 떴다가 지는 것 같고, 죽은 듯 보였다가 다시 살아나는 것이 마치 봄이 지나면 여름이 오는 것과 같다.[終而復始, 四時是也, 死而復生, 日月是也] 기정의 변화도 마찬가지로 일월과 사계절의 운행처럼 끝없이 돌고 또 돈다.

음악에서 소리音는 다섯 가지에 지나지 않지만, 사람은 그 5음의 변화가 만들어내는 소리는 다 들을 수가 없다.[聲不過五, 五聲之變, 不可勝聽也] 우리가 듣는 소리는 궁宮, 상商, 각角, 치緻, 우羽에 불과하지만, 사람은 그 변화가 만들어내는 소리는 다 들을 수가 없다.

빛깔色도 5색에 지나지 않지만, 사람은 그 다섯 가지 색이 만들어내는 변화는 다 볼 수가 없다.[色不過五, 五色之變, 不可勝觀也] 색은 청홍황백흑靑紅

黃白黑 5가지에 불과하지만, 사람은 그것이 만들어내는 변화를 모두 볼 수 없다.

맛味도 시고酸, 맵고辛, 짜고鹹, 달고甘, 쓴苦 다섯 가지에 불과하지만, 사람은 그 다섯 가지 맛이 만들어내는 변화를 다 맛볼 수 없다.[不過五, 五味之變, 不可勝嘗也]

전쟁의 전략전술도 마찬가지다. 원래는 기와 정 두 가지이지만, 그 기정이 만들어내는 변화는 끝이 없다.[戰勢不過奇正, 奇正之變, 不可勝窮也] 그 기법과 정법이 만들어내는 변화는 이루 헤아릴 수 없을 정도로 무궁무진하다. 기와 정이 서로에게서 비롯되는 것은 끝없는 순환과 같으니, 어느 누가 그 끝을 알 수 있겠는가.[奇正相, 如循環之無端, 孰能窮之哉]

원래 싸움 병법에는 기와 정 두 가지밖에 없다. 하지만 이 두 가지를 서로 조화하고 배합해 만들어내는 전략전술은 마치 끝을 찾을 수 없는 순환고리와도 같다. 정석이 변칙이 되고 변칙이 정석이 되어 끝없이 변화하니, 누가 그 끝을 알 수 있겠는가.

나. 약자가 살아남기 위한 비법

약자가 강자를 이기기 어려운 것은 전쟁이나 비즈니스의 기본 원칙이다. 그럼 약자가 살아남는 비법은 없을까?《손자병법》에는 다음과 같이 약자를 위한 두 가지 대책이 나와 있다.

첫째, 좁은 범위에 자신의 힘을 집중시키는 것이다. 범위를 넓게 갖고 있는 라이벌과 비교해 그 한 가지만은 우위에 서는 것이 가능하다. 전쟁에 빗대어 말한다면 상대방을 분할해서 작아진 개개의 적을 각개격파하는 것이라고 할 수 있다. 비즈니스에서는 틈새 전략과 한 점 승부의 '집중' 전략이 여기에 속한다.

둘째, 거대한 상대가 생각하지 못한 틈새를 만드는 것이다. 이것이 시대의 변화를 주도할 수도 있다. 변화한 시대에 라이벌이 주의하지 못했거나 주의했어도 거대한 몸집 때문에 방향 전환을 하지 못하고 적절히 대응하지 못한 경우, 그것은 비집고 들어가기 좋은 틈새가 된다. 만약 시대의 변화를 스스로 만들었거나 가속화가 가능하다면 그 틈은 더 큰 약점이 된다.

다. 기린맥주의 시장 점유율 반전극

위와 같은 모든 기법과 정법의 변화 요소를 모아 경영학적 상식으로는 이해가 가지 않는 시장 점유율 반전의 주인공이 된 기업이 있다. 바로 기린맥주다. 아사히맥주는 실적이 가장 낮았을 때 그 점유율이 10%였다. 이 업계에서 선두를 차지하던 기린맥주는 63%를 자랑했다. 그 차이가 여섯 배를 넘어 상식적으로는 반전이 불가능해졌다. 기린맥주가 이렇게 거인이 되고, 아사히맥주가 추락한 원인은 사실 손자가 말하는 상황들이 얽힌 것이다.

제2차 세계대전이 끝난 직후, 연합국 최고사령부의 '경제력 집중 배제법'에 의해 대일본맥주라는 회사는 2개로 분할되었다. 그렇게 해서 만들어진 것이 아사히맥주와 삿포로맥주다. 그 결과, 기린맥주와 함께 맥주

업계는 이렇게 해서 3대 회사가 대립하는 상황이 되었다.

아사히와 삿포로는 창업 초기부터 회사 분할이라는 큰 핸디캡을 갖고 있었다. 뿌리가 같은데 서로 지지 않기 위한 경쟁의식이 강한 탓에 그들은 쓸모없는 에너지 낭비에 빠져들게 되었다. 그 틈에 제3자로 있던 기린맥주가 시상을 60% 이상 섬유해 선두가 되었던 것이다. 양자 간의 경쟁적인 진흙탕 싸움이 기린맥주에게 더없이 좋은 기회로 작용한 것이다.

라. 약자 아사히맥주의 재반전

아사히맥주의 재역전을 연출한 나카조 다카노리 명예고문은《손자병법》을 처음으로 사업 전략에 활용한 인물이었다. 1990년 아사히맥주·음료 지점의 주임이었을 때, 그는 당시 초대 회장인 야마모토 타메사부로로부터 "회사의 기본 확장 대책을 강구해서 가을 전국 지점장 회의에 제출하시오"라는 지시를 받고 '좋은 맥주'는 어떤 것인지를 탐구했다. 그때 그는 다음과 같이 재미있는 수법을 사용했다.

> "나는 모든 인맥을 동원해 기린맥주, 삿포로맥주, 그리고 그때 맥주 시장에 진입하기 시작한 타카라맥주에 대해 총 17명의 기술자들과 만나서 똑같은 질문을 했다. 그러자 모두 하나같이 '맥주는 생으로 마시는 것이 정확하다고 하지 않습니까'라고 답했다. '정확하다'는 것은 '가장 맛있다'는 뜻이었다."

지금이야 맥주하면 생맥주를 당연시하지만 그 당시만 해도 그렇지 않았다. 맥주는 거의 병이나 캔에 담아 밀봉하고 가열 살균했다. 아직 여과 기술이 불완전해 가열하지 않으면 완전 살균이 어렵고, 생맥주는 상품 회전율이 높은 여름 한때만 시장에 나오고 있었다.

나카조 고문은 바로 여기서 빛을 보았다. '여과 기술만 확립한다면 정말 맛있는 생맥주를 주류로 할 수 있지 않을까?' 하고 생각한 것이다. '생'으로 공략한다면 기린맥주는 대항할 준비가 안 되어 있었을 테니 공격하기 좋다고 여긴 것이다. 나카조 고문은 그렇게 집중해야 할 사안을 '생'으로 확정했다. 아사히맥주의 도약에 '슈퍼 드라이'라는 간판이 사용되었지만 실제 그 본질은 '가열'로부터 '생'으로의 전환이었다. 이를 통해 나카조 고문은 한 편의 멋진 드라마를 만들어냈던 것이다.

이처럼 '경쟁사로부터 정보를 얻는' 수법으로 역전극을 연출한 주인공이 또 한 사람 있다. 바로 히구치 히로타로 아사히맥주 전 회장으로, 아사히맥주 입사 때 이 역전극을 사용했다. 1986년 스미토모은행에서 아사히맥주 고문으로 전직하는 단계에서 "기린맥주와 삿포로맥주에 비해 '아사히맥주는 왜 안 되는 것입니까?'라는 질문을 기린맥주의 고니시 회장에게 던졌다. 그는 즉석에서 '품질 제일 때문'이라고 답변했다. 그래서 "품질 제일의 근본은 무엇입니까?"라고 재차 묻자 "원재료에 돈을 아끼지 않는 것입니다. 당신네 경우는 좀 더 좋은 원재료를 사용해야 합니다"라고 했다. 당시 삿포로맥주의 가와이 코지 회장과 타카쿠와기 사장도 솔직하게 "당신들에게는 오래된 맥주가 많은 것 같은데, 맥주에서 중요한 점은 늘

신선해야 한다는 것입니다. 신선한 회전이 필요합니다"라는 조언을 해주었다.

이 두 가지 문제는 바로 아사히맥주가 그 당시 추락을 계속해 '약자'가 된 원인이었다. 그렇게 얻은 조언으로 아사히맥주는 역전의 열쇠를 쥐게 된다. 그리고 이러한 조언을 진솔하게 받아들여 실행한 결과 재반선에 성공한다. 기린맥주와 삿포로맥주가 만약 아사히맥주의 급성장을 미리 알았더라면 그런 행위는 하지 않았을 것이다. 이것은 상대방을 방심하게 만들어 '상대를 알고 자기를 아는' 수법이라고 할 수 있다. 이 수법은 의외로 다양한 방면에 응용이 가능하다.

03 전쟁의 핵심은 신속한 과감성이다

가. 맹렬한 기세와 신속한 절도

전투가 벌어졌을 때 '기세는 험하고 거세게, 절도는 짧고 민첩하게' 하는 것이 무엇보다 중요하다. 세차게 흐르는 물이 돌을 뜨게 하는 것은 기세가 있기 때문이고,[激水之疾, 至于漂石者, 勢也] 세차게 흐르는 물의 힘은 돌을 떠내려가게 할 정도로 강하다. 이것을 '기세'라고 한다.

사나운 매가 바람처럼 날아와 일격에 먹이의 뼈까지 쪼아 부수는 것은 절도節度가 있기 때문이다.[鷙鳥之擊, 至于毀折者, 節也] 사나운 매는 눈 깜짝할 사이에 새의 목을 부수고 날개를 꺾는다. 이것을 '절도'라 한다.

전쟁을 잘하는 자는 맹렬한 기세와 신속한 절도가 있다.[是故善戰者, 其勢險, 其節短] 기세는 석궁의 시위를 바짝 당긴 것처럼 세차고, 절도는 석궁의 방아쇠를 당긴 것처럼 빠르다.[勢如張弩, 節如機發] 전투가 벌어졌을 때 적을 향해 덮치는 기세는 강한 쇠뇌의 시위를 당긴 것처럼 팽팽히 해야 하고, 적과 맞부딪쳤을 때 절도는 쇠뇌의 방아쇠를 당기는 순간처럼 짧고 빠르게 해야 한다는 것이다. 그래야 전투가 어지러워져 혼란하더라도 흐트러지지 않고 싸울 수 있으며, 진형이 혼돈에 빠지더라도 패하지 않는다.[紛紛紜紜, 鬥亂而不可亂也, 渾渾沌沌, 形圓而不可敗也]

전쟁터에서의 전투, 시장에서의 상품 제조 및 마케팅은 모두 시간과의 싸움이요, 속도와의 전쟁이다. '주저하지 말고 신속하게 행동하라'는 말의 핵심은 '속도'에 있다. 러시아의 유명한 장군인 수바로프는 '신속한 행동'을 전쟁의 핵심 요소로 여겼다. 그는 "1분이 싸움의 결말을 결정하고 1시간이 전쟁의 승패를 결정하며 하루가 제국의 운명을 결정짓는다"고 말했다.

나. 덩샤오핑의 과감한 철도 개혁

1973년 2월, 두 번째 실각 후 복권한 덩샤오핑은 국가 경제를 재건하라는 마오쩌둥의 지시를 받는다. 다시 개혁의 칼자루를 쥐게 된 것이다. 1975년 그는 우선 국가 경제의 동맥인 철도 개혁을 시도한다.

중국 중원 지구 철도 가운데 가장 중추적인 역할을 담당하는 곳은 쉬저우 철도국이다. 이곳은 파벌성이 강한 문화혁명 세력의 거목들이 기득권을 장악해 덩샤오핑의 지시를 따르지 않고 파괴적인 시위와 개혁 반대 운동을 매우 거세게 벌인 곳이었다. 쉬저우 지역은 덩샤오핑의 개혁에 최대 걸림돌이자 넘어야 할 큰 장애물로 개혁의 성공을 가름하는 중요한 시험대였다.

복권 후 최초로 실행하는 철도 개혁이 성공하지 못하면 그는 리더십에 치명적인 손상을 입고 향후 산더미 같은 개혁마저도 추진하기 어려울 수 있었다. 쉬저우에서 철도 개혁을 놓고 문화혁명 세력과 또다시 한판 승부를 벌여야만 했다. 1975년 3월, 덩샤오핑은 그의 측근 가운데 대표적 인물인 철도부 장관 완리에게 개혁 업무 팀을 인솔해 쉬저우 현장에 주둔하면서 철도국 문제를 해결하라고 지시했다.

팀은 현장에서 일정 기한 내 파벌성이 심한 지도자들을 대상으로 개선을 요구했으며, 따르지 않을 경우 해직이나 좌천을 통보했다. 또한 무력 투쟁과 노동 파업을 전개하거나 생산과 운송 시설을 파괴하는 자들에게는 법적으로 단호하게 조치했다. 아울러 심각한 파벌성 해결을 지시하고, 군중집회를 통해 이번 개선 조치가 지역 및 국가의 경제를 회복시키는 애국의 길임을 재차 강조했다.

그 결과 한 달 만에 20개 주요 지역 철도국에 대대적인 개혁 조치가 감행되었고, 3개월이 지난 6월 말에는 철도 개혁이 마무리되는 성과를 거두었다. 문화혁명 7년 동안 감히 시도하지도 이루지도 못했던 일들이 덩샤오핑의 두 번째 복권 이후 단 3개월 만에 이루어진 것이다. 당시 전국의 20개 주요 철도국은 1975년 상반기에 목표액을 이미 달성했고, 석탄과 석유 등 국가 에너지 운송량은 처음으로 계획된 목표량을 초과 달성했다.

덩샤오핑이 국가적으로 큰 프로젝트를 추진할 때에는 언제나 보수파와 기득권 세력의 반발에 따른 견제와 압력이 거셌다. 그럴 때마다 그는 언제나 목적은 명확하게, 입장은 동요 없이 과감하게 실천에 옮겼다. 그 결과, 그는 실적과 성과를 중시하는 창조적 개혁자가 될 수 있었다.

다. 첫 행동이 빠르다, 곧 속도경영이다

CEO는 지속적인 성공을 목표로 해야 한다. 그렇지 않으면 회사의 안정이나 성장을 기대할 수 없다. 그렇다면 어떤 사람이 지속적으로 성장할까? 지속적으로 성장하는 사람의 주된 특징 가운데 하나가 바로 '첫 행동이 빠르다'는 점이다. 성장을 계속하는 사람은 잘 알고 있다. 미래는 오직 행동으로만 만들어진다는 것을, 행동이 쌓이고 쌓여 비로소 자신이 꿈꾸는 미래가 도래한다는 사실을 말이다.

그들은 이 또한 잘 알고 있다. 시간은 유한하다는 것을, 인생은 한번 가면 되돌아올 수 없는 여정이라는 것을. 그래서 그 누구보다 빨리 행동한다. 당신은 민첩함이 몸에 배어 있는가? 이제는 속도경영이 답이다. 그래서 전쟁이 벌어졌을 때 '기세는 험하고 거세게, 절도는 짧고 민첩하게' 하는 것이 무엇보다 중요한 것이다.

가. 강력한 조직의 열쇠 세 가지

손자는 다음과 같이 말했다.

"군사들이 혼란에 빠지는 것은 다스림에서 비롯되고, 군사들이 겁내고 있음은 용기에서 비롯되며, 전투력이 약한 것은 힘에서 생기는 것이다.[亂生于治, 怯生于勇, 弱生于強] 군대가 질서 있게 다스려지는가 아니면 어지러운가는 군대의 편성인 수數와 밀접한 관계가 있고, 군사들이 용감한가 아니면 겁쟁이인가는 세勢의 문제이며, 강함과 약함은 군대의 형形의 문제다.[治亂, 數也, 勇怯, 勢也, 強弱, 形也]"

양쪽 군대가 뒤얽혀 난전이 되어도 자기 군대의 대오를 흩뜨려서는 안 된다. 걷잡을 수 없는 혼전이 되어도 적에게 틈탈 기회를 줘서는 안 된다. 전쟁에는 상대가 있다. 상대도 지력을 짜내 아군의 틈을 파고들 것이다. 따라서 언제나 정석대로 유리한 전쟁만을 할 수 있는 건 아니다. 상황이 불리하게 되었을 때나 난전, 혼전이 벌어졌을 때 덜커덕 무너져버리는 조직에서는 말할 것도 없다. 그런 때 한 사람 한 사람이 전투 정신을 발휘해 견지하는 조직이야말로 정말로 강한 조직이다. 그러한 강력한 조직을 만드는 열쇠 세 가지가 바로 수數, 세勢, 형形이다.

(1) 數

數란 지휘명령 계통을 확립해 정확한 조직관리를 하는 것이다. 그럼으로써 강한 통제력이 생겨 그 어떤 난국과 맞닥뜨렸을 때에도 정연하게 행동할 수 있다. 이 내용은 앞에서 언급한 바와 같이 손무가 부인 부대를 훈련시킨 것이 훌륭한 사례라고 할 수 있다.

(2) 勢

勢란 기세를 말한다. 압도하는 분위기라고 해도 좋겠다. 손자는 이렇게 말했다.

> "세차게 흐르는 물이 돌을 뜨게 하는 것은 그 기세가 있기 때문이다. 사나운 매가 사냥감을 일격에 산산조각 내는 것은 일순간의 순발력을 갖고 있기 때문이다."

그것처럼 격렬한 여세를 몰아 일순간의 순발력을 발휘하는 것이 전쟁을 잘할 수 있는 방법이다. 조직 내부에는 용감한 자도 있고 겁쟁이도 있다. 조직에 기세가 없다면 용감한 자까지 겁쟁이가 되어 버린다. 조직에 기세가 있다면 겁쟁이까지 용감해지고, 전군이 한마음이 되어 전쟁을 할 수 있다. '용감함은 기세가 있다'고 하는 말은 그러한 발상이라고 해석된다.

(3) 形

形이란 즉 태세를 말한다. 이는 유리한 태세를 만들어야 한다는 뜻이다. 자기 나름대로의 방식이라고 해도 좋을 것이다. 불리한 태세에 빠지고, 상대방의 방식대로 전쟁을 하게 되면 어쩔 수 없이 갖고 있는 힘을 충분히 발휘할 수 없게 된다. 그렇게 되면 아무리 전쟁에 능숙한 자라 해도 고전을 면치 못할 것이다.

반대로 유리한 태세 구축에 성공하면 약한 조직도 약점을 극복할 수 있고, 강한 조직은 갖고 있는 힘을 충분히 발휘해 전쟁을 할 수 있다. 이와 같이 통제력, 기세, 유리한 태세의 세 가지 요건을 만들어갈 수 있을지는 리더의 수완에 달려 있다고 해도 무리가 아닐 것이다.

나. 상대를 다 이겨놓고 싸워라

용병에 뛰어난 장군은 적이 움직일 수밖에 없는 태세를 만들어 유리한 먹이를 뿌려놓고 유인한다. 전쟁에서 유인을 잘하는 자는 적에게 어떤 군형軍形을 보여주어 반드시 아군을 따라오게 만들고, 적에게 유리한 것처럼 보이도록 연출한다. 그렇게 해서 걸려들기를 기다렸다가 공격해 실을 얻는다.[故善動敵者, 形之, 敵必從之, 予之, 敵必取之, 以利動之, 以實待之]

전쟁을 잘하는 자는 자기 군대의 형편을 은근슬쩍 드러내 적을 끌어들인다. 가령 미끼가 될 만한 것을 내던져 적을 꾀어내기도 하고, 적에게 이익이 되는 상황을 보여주어 내가 원하는 쪽으로 움직이게 한다. 이렇게 끌어들여 움직이게 해 적을 잘 다루어 공격하면 아군은 자연히 강한 전투력을 발휘하게 되고 그 기세가 상승하게 되는데, 이것이 바로 군형의 위력이다. '이겨놓고 싸운다'는 말과 일맥상통한다고 하겠다.

전쟁이든 교섭이든 반드시 상대가 있게 마련이다. 상대를 요리하기 위해서는 먼저 이쪽 방식대로 다뤄야 한다. 이쪽에서 원하는 방향으로 유도해 그 위에서 천천히 요리를 해야 한다. 이것이 전쟁에 뛰어난 자가 싸우는 방법이다. 이 방법은 전쟁뿐 아니라 외교나 비즈니스 등의 교섭과 설득에서도 그대로 응용할 수 있다. 부드러운 대화법의 접근 방식은 인간관계의 모든 면에서도 유효하다.

다. 기초관리의 칼날 OEC 관리법

기업 경영에서는 이해관계자와의 양호한 관계 구축이 매우 중요하다. 자본 출자자인 주주는 배당에 관심이 있고, 상품과 서비스를 받는 고객은 가격과 품질을 중요시하며, 종업원은 임금과 고용 관계가 중요하다. 지역사회는 지역에 대한 공헌이, 거래처는 그 대가가, 행정은 납세가 중요하다.

그중에서도 기업을 받쳐주는 것은 종업원으로, 인적 자원 관리가 첫 번째로 중요하다. 전사가 한 덩어리가 되어 경영을 해나가기 위해서는 각 조직에 귀속되어 있는 직원들이 자기 조직의 기능과 역할을 항상 가슴에 새기고 그 책임을 스스로 다하려는 사명감을 가져야 한다.

이제 당신은 다시 재도약과 비전을 완수하기 위해 예리한 'OEC 관리법'

의 칼날을 갈아야 한다. OEC 관리법을 실천하기 위해서는 개념 정립이 필요하다. OEC 관리법은 매 건에 대해 전면적O; overall으로 매일E; everyday, 매 사람E; everyone, 매 건에 대해E; everything 통제C; control하고, 정리C; clear하는 것이다.

"그날 일은 그날 끝내고 그날 정리하고 날마다 진보한다."[日事日毕, 日清日高] 이것이 바로 OEC 관리법의 주요 목적이다. 어떤 것이 쉽지 않은 일인가? 간단하지만 꼭 해야 하는 일을 매일 잘해내는 것은 쉽지 않다. 어떤 것이 대단한 일인가? 모두가 인정하는 아주 간단한 일이라도 열심히 잘해내면 대단한 것이다. 그날 일은 그날 끝내고, 매일 그 전날보다 1%씩 발전하면, 70일 후에는 두 배를 발전할 수 있다.

OEC 관리법에서 '그날 일은 그날 끝내고 매일 진보하는 정신'은 변하지 않지만 그 형식은 계속 변화한다. 예컨대 창업 초기에는 대부분 인력으로 수량을 체크하고, 리스트를 작성해 하루 단위로 일을 끝냈지만 정보화의 발전으로 지금은 직접 스캔해서 수량을 확인하고 컴퓨터로 통계를 시스템화하여 하루가 매시, 매분, 매초로 나눠진다. 즉, 정보화로 하루하루를 통제 정리하는 것이다.

20세기 초, 미국의 기계기사였던 테일러가 고안한 '과학적 관리법'에서 출발한 포드와 도요타의 재창신再創新에서 보듯 기업관리의 전문화, 구체화, 질량화 등 기업들의 기초관리는 계속 발전하고 있다. 우리가 잊지 말아야 할 것은 기업관리의 첫 번째는 바로 '기초관리를 잘하는 것'이라는 점이다.

가. 장수는 기세에서 승리를 찾는다

전쟁을 잘하는 장수는 무엇보다도 먼저 '기세'로 승리를 얻으려 할 뿐 결코 병사를 책망하지 않는다. 전쟁을 잘하는 자를 선발해 임무를 맡긴다.[故善戰者, 求之于勢, 不責於人, 故能擇人任勢]

전쟁을 할 때 장수는 병사를 통나무나 돌 굴리듯 한다. 통나무나 돌은 평평한 곳에 두면 안정되어 가만히 있지만 경사진 곳에 두면 굴러간다. 모가 난 곳에서는 서지만 둥근 곳에서는 굴러간다.[任勢者, 其戰人也, 如轉木石, 木石之性, 安則靜, 危則動, 方則止, 圓則行] 그러므로 싸움을 잘하는 군대의 기세는 둥근 돌을 천 길이나 되는 산 위에서 굴리는 것과 같으니, 이것이 곧 전투의 기세다.[故善戰人之勢, 如轉圓石于千仞之山者, 勢也]

천 길 절벽 위로부터 굴러 내려오는 바위의 위력, 그 기세를 과연 누가 막을 수 있겠는가.

나. 힘을 두 배, 세 배의 기세로 만들어라

일에는 기세라는 것이 있다. 전쟁에도 기세가 있다. 손자는 바로 그 기세를 타고 싸우라고 말했다. 왜일까? 기세를 타고 싸우면 뜻밖의 힘이 발휘되기 때문이다. 손자는 기세에 대해 이렇게 말한다.

"기세를 타면 병사는 비탈길을 내려가는 통나무와 돌처럼 뜻밖의 힘을 발휘한다."

기세를 타지 않는다면 하나의 힘은 어디까지나 그 하나에 지나지 않는
다. 기세를 타게 되면 그것이 두 배도 되고 세 배도 된다. 그렇기 때문에
어떻게 기세를 만들어나갈지 방도를 마련하는 일은 장수의 큰 의무가 아
닐 수 없다. 그 어떤 경우든 기세를 잘 타면 승리의 확률이 높아진다고 볼
수 있다. 옛날부터 전쟁을 잘하는 장수는 "승리를 사람에게서 찾지 않고
기세에서 찾는다"고 했다. 군주가 인재를 골라 군대를 맡기는 것도 이 때
문이다.

다. 하이얼의 국제화와 현지화

1984년, 하이얼 총재 장루이민이 처음 출국해 독일에서 합작을 위한 미
팅을 했다. 한 독일 친구가 말하길 "독일 시장에서 제일 잘나가는 중국 상
품은 폭죽"이라고 했다. 장루이민은 이 말을 듣고 마음이 아팠다. 그는
"우리 중국은 영원히 선조의 4대 발명품으로 먹고살아야 하는가?"라고 스
스로 반문했다.

이때부터 그는 국제시장에 진입할 꿈을 갖게 되었다. 우리가 만든 상
품이 독일 시장, 더 나아가 세계 시장에서 베스트셀러가 되게 하리라 다
짐했다. 이것이 바로 "하이얼은 중국에서 만든다"는 동기부여의 계기가
되었다. "국제 브랜드가 있어야만 중국이 강대해질 수 있다"고 생각한 것
이다.

1990년대 초 하이얼은 '국내 생산해서 국내 판매, 국내 생산해서 해외 판매, 해외 생산해서 현지 판매'라는 자신감으로 각각 3분의 1을 점하는 글로벌 마케팅 모드를 설계했다. '3분의 1 원칙'은 국제화 및 현지화가 핵심이었다. 이것의 가장 큰 특징은 지역 리스크를 피하고, 지역 경제 우대 정책을 적극적으로 향유한다는 것이었다. 가령, 미국에서 디자인, 생산, 판매하는 '삼위일체'와 직접 토지를 매입해 공장을 세우는 방식, 유럽에서는 합병하는 방식, 합작해서 기지를 만드는 형태 등이었다. 이러한 방식은 각각의 장점을 상호 보완해주었다. 그리고 마침내 하이얼은 국제 경제의 리스크를 사전에 방어할 수 있는 능력을 갖춘 세계적인 기업으로 성장하게 되었다.

'싸우지 않고 이긴다'는 국제화의 길을 가려면 기업의 인수합병, 합작 등에 대한 자신만의 적극적인 창신 모드가 있어야 한다. 이 모드는 시장과 기업의 구체적인 실제 상황을 함께 결부해 결정해야 한다.

06 허실 편

실함을 피하고
허점을 공격하라

허실이란 빈틈과 견실함을 말하는데, 손자는 모든 사물이나 현상에는 허와 실이 있다고 보았다. 여기서는 전쟁에서 주도적인 작전의 원칙과 적의 실實을 피하고 허虛를 공격하며, 적의 형세 변화에 따라 전술을 달리해 승리를 거두는 방법에 대해 분석할 것이다.

01 상대의 전의를 없애는 전술

가. 상황 발생 전에 대처하라

손자가 말하길, 무릇 싸움터에 먼저 도착해 적을 기다리는 자는 편하고, 뒤늦게 싸움터로 달려가는 군대는 피로하다고 했다. [孫子曰, 凡先處戰地

而待敵者佚, 後處戰地而趨戰者勞] 그러므로 전쟁을 잘하는 장수는 적을 자신의 뜻대로 다스리지 결코 적에게 휘둘리지 않는다.[故善戰者, 致人而不致於人]

내가 원하는 곳으로 적을 오게 하려면 그들이 유리한 것처럼 만들어주면 된다.[能使敵人自至者, 利之也] 적으로 하여금 이쪽으로 오지 못하게 하려면 그들이 불리한 것처럼 만들면 된다.[能使敵不得至者, 害之也] 적이 편히 쉬려고 하면 끌어내서 피로하게 만들고, 배가 부르면 굶주리게 하고, 안정되어 있으면 동요하도록 만들어야 한다.[故敵佚能勞之, 飽能飢之, 安能動之]

손자는 "아군의 실로서 적의 허를 찌르는 것이 작전의 요령이며, 전술에는 절대적인 것이 없으니 상황에 따라 임기응변으로 변화를 꾀하라"고 이르고 있다.

나. 주도권 장악이 승리의 지름길

상대를 이쪽의 방식대로 끌고 가는 것, 결국 주도권을 장악하는 것이 승리의 지름길이다. 주도권을 장악하기 위해서는 '선수필승先手必勝'을 명심해야 한다. 먼저 수를 써서 포석하고, 특히 쌍방의 쟁점 지역에 반드시 먼저 도착하지 않으면 안 된다. 손자는 이렇게 말한다.

> "적보다 먼저 싸움터에 나가서 상대를 맞아 공격하면 여유를 갖고 전쟁을 할 수 있다. 반대로 적보다 늦게 전장에 도착하면 힘든 전쟁을 하게 될 것이다."

여기서는 여유를 갖고 전쟁을 한다는 것에 큰 의미가 있다. 마음에 여유가 있다면 판단력도 맑아지고, 모든 사태에 냉정하게 대처하는 것이 가능하다. 이것이 먼저 도착하는 이점이라고 할 수 있다.

그런데 먼저 도착하지 않으면 주도권은 장악할 수 없는 것일까? 그렇지 않다. '앞선 자가 뒤처진다'는 경우도 있지 않은가. 손자는 다음과 같이 말했다.

> "적에게 작전행동을 일으키기 위해서는 그렇게 하면 유리하다고 믿게끔 해야만 한다. 반대로 적의 작전행동을 말리기 위해서는 움직이면 불리하다고 믿게 하는 것이다. 따라서 적의 태세에 여유가 있으면 수단을 부려 바쁘게 뛰어다녀 지치게 해야 한다. 적의 식량이 충분하면 보급로를 끊어 굶주리게 해야 한다. 적의 준비가 만전을 기하고 있다면 계략을 이용해 어지럽혀야 한다."

주도권을 장악하기 위한 대책은 얼마든지 있다. 마오쩌둥도 이렇게 말했다.

> "모든 전쟁에서 적과 자기편은 서로 주도권 쟁탈전에 힘을 다 쏟는다. 주도권은 즉 군대의 자유권이다. 군대가 주도권을 잃고 수동적인 입장에 몰리게 되면 그 군대는 행동의 자유를 잃고 적에게 당하고 만다."

적과 대전한다면 먼저 주도권을 장악해야 한다. 요리법은 다음에 천천히 생각해도 좋다.

다. 불안이라는 급소를 만들어라

손자는 '이利', '해害', '급소急所'라는 세 가지를 잘 조종해 적이 생각 대로 움직이게 하면 주도권을 장악할 수 있다고 했다. 기업뿐 아니라 개인에게도 급소나 약점이 존재한다. 컨설턴트의 세계에는 그러한 급소를 공략하는 노골적인 수법 중 하나로 '위협적인 마케팅'이라는 것이 있다. 그 방법은 아주 간단하다. 경영 컨설턴트가 방문해 한 발짝 들어서자마자 "이 기업은 틀렸어!"라고 큰 소리로 외치는 것이다. 틀린 부분을 발견하지도 않았는데 먼저 큰 소리로 그렇게 외침으로써 상대방을 공연히 불안하게 만드는 것이다.

어떤 CEO라도 한두 가지 불안감은 갖고 있게 마련이다. 당연히 CEO는 컨설턴트가 자사의 약점을 알아차렸거나, 자기가 주의하지 못한 약점이 있지 않을까 하는 마음에 불안감이 증폭된다. 또한 CEO로부터 그렇지 않다는 반발을 들으면 "생각하고 있는 일이 있죠?"라고 유도해 스스로 말하게 한다. 그런 뒤 그 불안감을 부추기고 유도해 목적한 대로 자신의 수익으로 연결하는 것이다.

CEO의 불안을 더욱 크게 하는 수법도 있다. 유명한 컨설턴트인 루이스 피널트Lewis Pinault에 따르면, CEO의 불안을 거대한 수익으로 연결시키기 위해 이런 방법도 쓴다고 한다.

"비즈니스 분석 단계에서 규명된 클라이언트의 악몽을 들어, 그것을 보다 더 나쁘지 않게 한다거나 또는 보다 더 복잡하게 하는 것이 여기에서 중심적인 전략이 된다. 될수록 많은 서류를 작성하고 디스플레이하며, 가능한 한 차트를 작성해 벽에 붙이고, 그것이 회의실 벽을 메울 수 있도록 하는 것이 주요한 활동이 된다."

그들은 불안과 악몽의 대처에 손이 많이 간다는 것을 강조해서 높은 요금을 받는 것이다. 물론 모든 경영 컨설턴트가 이렇게 악질적인 방법을 사용하는 것은 아니다. 그러나 일부는 CEO가 갖고 있는 '내심의 불안감'이라는 급소를 공격해 생각한 대로 움직이도록 획책하는 유형이 분명히 있다.

02 전장에서 급소를 공격하라

가. 공격할 때는 허를 찔러라

공격할 때 적의 전력이 미치지 못하는 곳으로 진격하고, 공격할 때 역시 적이 생각지 못한 곳을 공격하는 것이 바로 불의의 진격이요, 공격이다. 군사가 천 리를 행군해도 가로막는 적군이 없는 곳으로 진군하기 때문이다. [出其所不趨, 趨其所不意. 行千里而不勞者, 行于無人之地也]

공격하면 매번 점령하고 탈취할 수 있는 것은 적군이 지키고 있지 않은 곳을 치기 때문이다. 수비하면 반드시 지킬 수 있는 것은 적이 공격하지 않는 곳을 지키기 때문이다. [攻而必取者, 攻其所不守也. 守而必固者, 守其所不攻也] 그러므로 공격을 잘하는 장수는 아군이 수비하는 곳을 적이 알지 못하도록 하고, 수비를 잘하는 장수는 적이 어느 곳을 공격해야 할지 모르게 해야 하는 것이다. [故善攻者, 敵不知其所守. 善守者, 敵不知其所攻]

미묘하고 미묘하도다. 이런 군대는 형태가 보이지 않는 무형의 경지에 이른다. 신비하고 신비하도다. 이런 군대는 소리가 들리지 않는 무성의 경지에 이른다. 그렇기 때문에 백전백승해 적을 내 손안에서 다룰 수 있는 것이다. [微乎微乎, 至於無形, 神乎神乎, 至於無聲, 故能爲敵之司命]

아군이 공격해도 적군이 반격하지 못하는 것은 허를 찌르기 때문이며, 아군이 퇴각해도 적군이 추격해 오지 못하는 것은 나의 행동이 빨라서 뒤쫓지 못하기 때문이다. [進而不可禦者, 衝其虛也, 退而不可追者, 速而不可及也] 따라서 싸우고자 할 때는 반드시 적군이 지켜야만 하는 곳을 공격해서 참호 속에 있는 적들이 어쩔 수 없이 나오도록 해야 한다. [故我欲戰, 敵雖高壘深溝, 不得不與我戰者, 攻其所必救也] 반대로 싸우고 싶지 않으면 적군의 진로를 엉뚱한 방향으로 틀어지게 해서 땅에 선만 긋고 있어도 싸움을 걸어오지 않도록 해야 할 것이다. [我不欲戰, 劃地而守之, 敵不得與我戰者, 乖其所之也]

승리의 원인을 생각해보면 간단하다. 공격하는 아군을 막지 못하는 것은 적군이 그 빈틈을 공격당했기 때문이요, 아군이 물러나는데 적군이 추격하지 못하는 것은 신속함이 아군보다 못하기 때문이다.

나. 비즈니스의 급소를 노려라

현재 컴퓨터 제조사로 세계에서 세 손가락 안에 드는 델컴퓨터는 1984년, 대학생이었던 마이클 델이 소비자가 원하는 형식의 컴퓨터를 한 대씩 조립해 직접 판매한다는 아이디어로 창업한 회사다. 일반적으로 판매되는 컴퓨터는 이미 만들어진 모양에 만족할 수밖에 없었지만 델은 플로피디스크 드라이브가 하나면 되는지 두 개가 필요한지, 또는 플로피디스크 드라이브와 하드디스크 드라이브가 모두 필요한지를 고객의 주문에 따라 만들어 판매했다. 이렇게 해서 고객은 자기만의 필요에 꼭 맞는 제품을 갖는 것이 가능해졌다. 고객이 희망하는 대로 컴퓨터가 조립된 것이다. 이 방법이 소비자의 높은 지지를 얻어 델은 10년도 안 되어 세계를 대표하는 컴퓨터 생산 업체로 자리매김했다.

이와 관련해 델의 수법은 '마케팅의 아버지'라 불리는 필립 코틀러의 논리, 즉 적을 고객으로 바꾼 것에 착안했다는 점에서 《손자병법》과 겹치는 면이 있다. 물처럼 유연하게 소비자가 원하는 형태를 자유자재로 적용해 정확히 만들어 판매했다는 점이 바로 그렇다.

그런 델이 '부드러움이 능히 억센 기운을 누른다'는 유도 작전 전술을 펼친 적이 있다. 이는 손자가 말하는 '급소'를 공략하는 수법으로, 델이 공략한 급소는 경쟁사가 부당하게 높은 가격으로 수익을 내고 있는 분야였다. 그는 이에 대해 다음과 같이 기록하고 있다.

"1990년대 중반에 일부 라이벌 기업이 이익의 반 이상을 서버 분야로 이

전하고 있음이 명확히 드러났다. 그리고 그들의 서버는 우수한 제품이었지만 그들은 수익성이 낮은 사업을 지원하기 위해 원래 수준에 비해 고가로 제품을 판매했다. 가장 중요한 고객에게 나머지 원가를 부담시키고 있었던 것이다. 이것은 믿기 어려운 큰 기회였다. 경쟁사가 부당한 가격으로 판매하는 수단을 빼앗는 동시에 우리의 서버 사업을 늘리게 되었다."

1996년 9월, 델은 새로운 서버 제품 시리즈를 가장 저렴한 가격에 시장에 내놓았다. 델의 시장 점유율은 폭발적으로 확대되었다. 이 공격적인 진출로 델은 서버 시장의 약 20%를 점유하며 업계 2위를 차지했다. 이를 통해 델은 서버 분야에서 경쟁사의 이익을 낮추는 것은 물론 노트북이나 데스크톱 등 서로 경쟁하는 다른 분야에서도 그들의 가격 결정 능력을 약화시켰다.

다. 망원경과 현미경을 가졌는가?

사업이 어느 정도 궤도에 오르면 CEO들이 하나같이 하는 말이 있다. 이제부터 시야를 확장해서 큰 그림을 그려보겠다는 것이다. 그런 이유로 회사를 떠나 바깥으로 눈을 돌리거나 자신이 잘 모르는 분야에 관심을 쏟는다. 물론 그것이 나쁜 건 아니다. 그러나 망원경만 들여다보면 당신도 모르는 사이에 회사가 조금씩 무너질 수 있다.

반면에 CEO가 현미경만 들여다보는 경우에도 어느 날 갑자기 회사가 단숨에 사라질 수 있다. 외부의 리스크에 신경 쓰지 않다가 속수무책으로 당하는 것이다. 멀리 보는 사람은 가까운 곳에 발이 걸려 넘어진다. 가까운 곳만 보는 사람은 먼 곳에 있는 적에게 공격을 받는다. 쉽지는 않지만 CEO라면 이 두 가지 모두를 볼 수 있어야 한다. 그런데 대부분의 리더들은 망원경이나 현미경 가운데 하나만 갖고 있다. 그래서 성공을 지속하기 어려운 것이다.

발밑만 보느라 혹시 멀리 있는 위험을 놓치고 있지는 않은가? 끊임없이 이를 점검해야 한다. 곤충의 눈으로 발밑을 보고 새의 눈으로 먼 곳을 응시해야 한다. 계속해서 성공하는 CEO는 곤충의 눈과 새의 눈 모두를 가지고 있다. 그래야 나무도 보고 숲도 볼 수 있다.

03 아군은 충실하되 적은 허하게

가. 아군의 집중과 적군의 분산

손자는 '나는 충실하되 적은 허하게 하려면 어떻게 하는 것이 좋을까?'에 대해 다음과 같이 명쾌하게 답하고 있다.

아군의 집중과 적군의 분산에 대한 전술이다. 전쟁에 능한 자는 적군의 형세는 노출되게 하되, 아군의 형세는 드러내지 않는다. 즉, 아군은 집중하고 적군은 분산시킨다. [故形人而我無形, 則我專而敵分]

아군은 하나로 집중하고 적군은 열로 분산하면 이는 곧 열로 하나를 공격하는 셈이 된다. 예컨대 아군의 병력이 3만이고 적의 병력이 10만이라 해도, 그 10만을 열 곳으로 분산시키면 각 1만씩이 되니, 아군 3만으로 적 1만씩 격파하는 것이다. 그러니 아군은 많고 적군은 적어진다.[我專爲一, 敵分爲十, 是以十攻其一也, 則我衆而敵寡] 즉, 많은 병력으로 분산되어 적어진 적과 싸운다면 쉽게 이길 수 있다.[能以衆擊寡者, 則吾之所與戰者約矣]

아군이 어느 곳을 공격할지 모르게 하면, 적은 이곳저곳을 방비할 수밖에 없다. 즉, 방어하는 지역이 많아지면서 분산될 수밖에 없다.[吾所與戰之地, 不可知. 則敵所備者多] 적군이 병력을 배치해 지켜야 할 곳이 많아지면 싸울 상대가 적어지는 것과 마찬가지다.[敵所備者多, 則吾所與戰者寡矣]

그러므로 적이 전방을 지키자면 후방의 병력이 적어지고, 후방을 지키자면 전방의 병력이 적어진다.[故備前則後寡, 備後則前寡] 또 왼쪽을 수비하면 오른쪽이 약화하고, 오른쪽을 수비하면 왼쪽이 약화하며, 이곳저곳 모든 곳을 지키고자 하면 모든 곳의 병력이 약화한다.[故備左則右寡, 備右則左寡, 無所不備, 則無所不寡] 군사력이 낮아지는 것은 여러 곳을 수비하기 위해 병력을 분산시키기 때문이며, 군사력이 많은 것은 적군을 분산시켜 놓고 지키게 하기 때문인 것이다.[寡者備人者也, 衆者使人備己者也]

이처럼 적군이 병력을 마음대로 운용할 수 없도록 전술을 사용하면 승리를 그만큼 쉽게 얻을 수 있다. 마치 제2차 세계대전 때 일본의 병법을 빗대어 비유한 듯하다. 당시 일본은 중국 대륙뿐 아니라 태평양 저편까지 전선을 크게 확대시켰다. 이로 인해 병력을 분산시킬 여력이 없어 각

개격파되었고, 군사 전략상 패배의 길을 걸었던 것은 아닐까?

나. 마쓰시타전기의 각개격파 전술

거대한 중앙집권인가, 작은 분권인가? 조직을 나누는 두 가지 방법은 많은 기업이 계속 고민하는 어려운 문제다. 일본의 마쓰시타전기도 1972년에 사업본부제를 사업부제로 전환했고, 75년에 또 사업본부제, 78년에 사업부제, 84년에 사업본부제, 그리고 94년에 또 사업부제로 전환했다. 분권과 집권 사이를 계속 오간 것이다.

기업의 사업부제라는 독립 분사의 경우는 좀 더 활력적이고 의사결정 속도가 빠르다는 유리한 점이 있다. 결재에 일일이 여러 군데 도장을 받거나 여러 사람의 승인을 받을 필요가 없기 때문이다. 그러나 동시에 작아진 조직의 동료들 간에는 문제가 생긴다. 서로 이득을 쟁취하는 방향으로 향하거나 사업부별 협조 관계를 취하기 어렵다거나 하는 폐해도 있다. 또한 회사를 분사하게 되면 인사나 경리 등 최소 세 명 이상을 충원하게 된다. 당연히 인원수도 늘려가야 한다. 경영의 효율화와는 정반대로 향할 수도 있다.

다. 3M의 각개격파 전술

미국의 3M은 각종 사무용품과 공업용 연마재, 의료용품, 전자·전기·통신 관련 제품 등 6만여 종 이상을 생산하고 전 세계 200여 나라에서 판매하는 다국적 기업이다. 그런데 3M이 이렇게 참신한 기술로 제품을 개발하는데도 불구하고 라이벌인 다른 회사가 그것들을 모방해왔다고 생각해보자. 게다가 경쟁사는 거기에 경영자원을 투입해 3M보다 더 싸게 판매할 경우 어떻게 될까?

현실적으로 수없이 일어나는 상황이지만 3M은 그들다운 대응을 취하게 된다. 3M은 대기업이지만 타사 기업이 유사품을 저가로 출시했을 경우 시장에서 점유율 경쟁을 하지 않고 바로 철수하는 방식을 택하고 있다. 오히려 3~4년 동안 틈새시장에서 독점이 가능했기 때문에 거기서 얻은 이윤과 명성에 가치를 부여하고 있다.

3M과 같이 다각화의 진전으로 세분화가 과도하게 진행되면 규모의 경제를 필요로 하는 일반 소비재에서는 잘나갈 수 없는 사례로 평가되기도 한다. 하지만 3M은 항상 사전에 나아가는 기세를 우선시해왔다. 타사를 경쟁자로 보지 않고 스스로 자신과 경쟁해온 것이라 할 수 있다. 그런 이유로 지명도 높은 회사의 이름을 지켜온 것이라고 할 수 있다.

04 목표를 가시적으로 구체화하라

가. 전투 장소와 날짜를 알아라

전투를 할 장소와 날짜를 안다면 천 리를 가서라도 적군과 싸울 수 있다. [故知戰之地, 知戰之日, 則可千里而會戰] 그러나 싸울 장소와 날짜를 모르면 좌측의 부대가 우측의 부대를 구할 수 없고, 우측의 부대가 좌측의 부대를 구할 수 없다.[不知戰地, 不知戰日, 則左不能救右, 右不能救左] 또한 전방의 병사가 후방의 병사를 구하는 것이 불가능하고, 후방의 병사가 전방의 병사를 구하는 것이 불가능하다.[前不能救後, 後不能救前]

상황이 이렇게 되면 수십 리, 가깝게는 몇 리 떨어진 아군이라도 어찌 도울 수 있겠는가.[而況遠者數十里, 近者數里乎] 이 같은 원리를 바탕으로 오나라와 월나라의 전쟁을 예측해보면 월의 병력이 아무리 많아도 승리에 아무런 도움이 되지 않는다.[以吾度之, 越人之兵雖多, 亦系益於勝敗哉] 적군의 숫자가 비록 많다고 해도 싸울 수 없게 만든다면 승리는 당연한 일이다.[故曰勝可爲也, 敵雖衆, 可使無鬪]

승리는 전술과 계책으로 만드는 것이므로 적군이 아무리 많아도 숫자가 적은 아군을 공격하지 못하도록 할 수 있다. 아군은 충실하게, 적군은 허술하게 하기 위해 사전에 반드시 전투할 장소와 날짜를 알아야 한다.

나. 덩샤오핑의 명백지 원리

덩샤오핑은 늘 문제를 해결하는데 명백지明白紙 원리를 사용해 문제의 핵심을 간파하고 풀어나갔다. 명백지란 추상적 개념의 지식을 객관적 지식으로 표현하는 것으로, 보통 언어나 그림으로 구체화하고 표현한다. 목표와 목적은 이렇게 글이나 그림으로 명확히 표현할 때 그 위력을 발휘한다. 그는 평소 깊은 사고와 사색을 통해 얻은 개념이나 생각들을 글로, 또 도표나 그림으로 체계화해서 자신의 목적과 목표를 보다 명확히 했다. 그리고 이를 바탕으로 굴하지 않고 밀고 나가 목표한 바를 반드시 이루어냈다.

조직의 성공 여부는 자신의 추상적인 생각과 개념을 얼마만큼 가시적으로 명확하게 전달해 조직의 이해와 능률을 높이느냐에 따라 결정된다. 조직의 목표는 그러한 상호 이해와 협력 속에서만 달성할 수 있기 때문이다.

기업의 전략 역시 마찬가지다. 목표를 가시적으로 구체화하면서 자신이 제시한 비전을 명명백백하게 공표하고, 이를 실천해가며 목표에서 벗어나지 않고 전진해야 한다. 그럴 때 그 전략이 실효를 거둘 수 있다.

다. 기획안은 A4 용지 한 장으로

요즘은 컴퓨터를 활용해 시각적으로 꽤 멋진 기획안을 얼마든지 작성할 수 있다. 그러나 기획의 취지는 종이 한 장으로 제출해야 한다. 물론 근거 자료는 별도로 첨부해야 한다. 기획 취지를 한 장의 종이에 정리할 수 없는 직원은 일을 맡겨도 제대로 처리하는 경우를 거의 못 보았다. 기획안에는 다음과 같은 여섯 가지 요소가 포함되어 있어야 한다.

① 문제점 열거
② 문제점들에 대한 정보 분석
③ 가장 중요한 문제점 제시
④ 문제 해결을 위한 목표 설정
⑤ 목표를 달성하기 위한 전략

⑥ 전략을 수행하기 위한 구체적인 행동

이 여섯 가지를 작성하지 못한다는 것은 기획을 성공시키기 위한 요인을 확실하게 파악하지 못하고 있다는 증거다. 따라서 이 요소들을 정확히 명시하는 데 모든 신경을 집중하는 것이 바람직하다.

05 적의 동태와 군형의 변화무쌍

가. 사전에 적의 동태를 파악하라

전투를 하기 전에는 먼저 정세를 검토하고 꼼꼼히 이해득실을 따져 계책을 세우고, 둘째로 실제 군사를 움직여 적의 동정을 파악해야 한다.[故策之而知得失之計, 作之而知動靜之理] 지형을 탐색해 아군이 유리한 곳과 불리한 곳을 파악하고, 적과 한 차례 겨뤄봄으로써 병사들의 숫자와 훈련 정도를 알아야 한다.[形之而知死生之地, 角之而知有餘不足之處] 셋째로 전쟁 지형을 사전에 충분히 파악한다. 넷째로 적의 주력군, 장소, 식량 등의 상황을 확인한다.

이렇게 군형의 극치는 무형에 이르는 것이다. 무형의 경지에 이르면 태세를 숨기고 있을 경우 깊이 파고들어온 첩자라도 엿볼 수 없으며, 적의 지혜로운 장수라도 전략을 세울 수가 없다.[故形兵之極, 至於無形, 無形則深間不能窺, 智者不能謀謨]

이러한 군형을 통해 승리해도 대부분의 병사들은 어떻게 이겼는지 알지 못한다. 몇몇 사람들은 아군이 승리한 군형을 짐작만 할뿐 장수가 구체적으로 어떻게 형세를 통제해 승리했는지는 알지 못한다.[因形而措勝於衆, 衆不能知, 人皆知我所以勝之形, 而莫知吾所以制勝之形] 그렇기 때문에 한 번 승리한 방법은 두 번 다시 사용해서는 안 된다. 적의 움직임에 따라 무궁무진한 변화를 꾀해야 한다.[故其戰勝不復, 而應形於無窮]

손자는 전쟁을 하기 전에 위 네 가지 정보를 통한 군형을 짜놓으면 아군을 충실하게 하고 적의 허점을 파고들어 소수의 군대로도 대규모 군대를 능히 물리칠 수 있다고 장담했다.

나. 적의 동태와 변화를 알아라

아군의 의도와 태세는 어디까지나 은닉해두고, 적의 의도와 태세를 알아내야만 한다. 적의 의도와 태세를 알아내는 방법은 다음 네 가지가 있다.

① 전국戰局을 검토해 아군과 적군의 우열을 파악한다.
② 넌지시 떠보아 적의 동정을 관찰한다.
③ 작전 행동으로 지형의 급소를 파악한다.
④ 정찰전을 통해 적군 진형의 강약을 판단한다.

이렇게 해서 적의 태세를 알게 되면, 아군은 무형이기 때문에 그것에 대응해 어떤 형태로든 변화할 수가 있다. 그렇게 하면 주도권을 장악해 유리한 전쟁을 할 수 있다.

여기서 손자가 말하는 무형이란 태세를 은닉하고, 자유롭게 변화한다는 두 가지 의미를 포함하고 있다. 적의 움직임을 손바닥 보듯이 알 수 있고, 아군의 움직임을 적이 눈치채지 못한다면 패할 걱정이 없다.

다. 기업 재건, 3가지 품질에서 출발

기업 재건 프로젝트의 중심은 다음과 같이 '3가지 품질3 Quality'에서 출발한다.

(1) 좋은 사원

임직원들부터 기본기를 갖추고 의식 있는 '좋은 사원Quality Worker'으로 변신한다.

(2) 좋은 회사

사장부터 말단 직원에 이르기까지 좋은 사람들이 모인 회사는 평판이 좋아 밖에서도 '좋은 회사Quality Company'로 인정받는다.

(3) 좋은 제품

좋은 회사에서는 '좋은 제품Quality Products'을 만들 수밖에 없다. 고객들은 그런 회사를 믿고, 브랜드를 믿고, 제품을 믿고, 서비스를 믿는다.

먼저 청소부터 시작한다. 청소는 성과가 드러나는 업무다. 가령 사무실 유리창을 닦으면 아주 짧은 시간에도 반짝거리는 차이를 눈으로 확인할 수 있다. 이렇게 바로 성과나 효과를 눈으로 확인할 수 있으니 금세 성취감을 느낄 수 있다. 다 같이 짧은 기간 안에 얼마나 많은 성과를 낼 수 있는지 모두가 눈으로 확인할 수 있다.

적자 기업에서 흑자 기업으로 변신하기 위해서는 구호나 다짐 정도로는 아무것도 바뀌지 않는다. 잘해보자, 정말 변해야 한다 등의 말로 정신을 속일 순 있다. 그러나 몸은 알고 있다. 몇 번이나 시도했지만 안 되었던 일, 실패할 것이 뻔한 전시 행정 등이 반복된다는 것을 말이다. 의식을 바꾸려면 먼저 몸을 움직여야 한다. 청소라는 체험은 바로 그렇게 몸에 세팅된 '실패와 좌절'을 뒤엎는 과정이다.

라. 기업 재건, 6가지 기본에서 출발

기업 재건 프로젝트의 중심은 다음과 같은 '6가지 기본6 Basic'에서 출발한다.

(1) 정리

쌓여 있는 불필요한 것들, 정신을 어지럽히고 목적을 산란하게 만드는 것들을 버리는 일이다. 재활용할 것은 철저히 다시 사용한다. 그만큼 활용할 공간과 자원이 늘어나고 낭비를 유발하던 잡음이 없어진다.

(2) 정돈

'쓰고 나면 제자리에 둔다'는 기본 원칙과 같이, 항상 누구나 쓰기 편리하고 찾느라 시간을 낭비하지 않도록 배치부터 고민하고 개선하는 프로세스 활동이다. 끊임없이 정돈을 고민하고 궁리하면 아이디어도 생겨난다. 회의 자료를 미리 배포하고 정돈된 절차에 따라 회의를 진행하면 시간도 단축되고 내용도 알차게 구성할 수 있다. 주변의 사물을 정돈하면 머릿속도 똑같이 정돈된다.

(3) 청결

청결은 수명을 길게 하는 과정이다. 청결하면 무엇이든 오래 쓸 수 있다. 고장도 덜 나고 불량률도 낮아진다. 똑같은 물건도 더 값어치를 발휘하게 된다.

(4) 단정함

마음가짐을 바로잡는 과정이다. 복장부터 단정하게 한다는 생각을 가지면 마음가짐도 달라지고 행동거지도 달라진다. 복장을 단정하게 하기 위해 자기 주변을 먼저 청결하고 단정하게 관리하는 습관도 생긴다. 격이 달라지고 같은 옷이라도 맵시가 난다.

(5) 예의

동료나 상하 간의 소통을 바로잡는 것이다. 인간관계를 풍성하게 하고 불필요한 에너지 낭비를 막는다. 원활하고 기분 좋은 의사소통이 가능해지고, 고객도 더 많이 얻을 수 있다. 회사의 품격도 높아진다.

(6) 소양

전문 분야에 대한 기본기를 높이는 것이다. 실력을 쌓고, 팀의 실적을 개선하며, 회사에 기여하고자 하는 열정이다. 그런 소양을 갖춘 직원들이 모여 있는 기업이야말로 이 사회에 꼭 필요한 조직이다. 소양을 키우는 데 집중하는 것은 장기적인 성장의 밑바탕이 된다.

기업이나 조직 운영에서 '가망 없음'이라는 딱지는 누가 붙이는가? 바로 자기 스스로 붙이는 것이다.

06 형세에 변화하는 물의 전법

가. 물의 유연성처럼 승리하라

물처럼 지형과 형태에 따라 변화하는 유연성으로 승리하라. 무릇 군의 형세는 물과 같아야 한다. 물이 높은 곳을 피해 낮은 곳으로 흘러가듯, 군의 형세도 적의 실을 피해 허를 공격해야 하는 것이다.[夫兵形象水, 水之形 避

高而趨下, 兵之形 避實而擊虛]

　물은 지형에 따라 흐름이 정해지듯이 군대도 적의 상황에 따라 승리의 방법에 변화를 두어야 한다. [水因地而制流, 兵因敵而制勝] 그러므로 물에 일정한 형세가 없듯이 군대도 일정한 형세를 유지해서는 안 된다. [故兵無常勢, 水無常形] 적군의 상황에 따라 변화시키며 승리를 거두어야 하는데, 이를 신神과 같다고 한다. [能因敵變化而取勝者, 謂之神] 이는 곧 오행, 즉 금, 목, 수, 화, 토처럼 완전한 승자가 없듯 끊임없이 돌며, 사계절, 즉 춘하추동도 고정됨 없이 언제나 변화하고, 해는 길어지기도 하고 짧아지기도 하며, 달은 차기도 하고 기울기도 한다. [故五行無常勝, 四時無常位, 日有短長, 月有死生]

　손자는 병법을 물에 비유했다. 물이 언제나 높은 곳에서 낮은 곳으로 흐르듯 적의 실을 피하고 허한 곳만을 골라 공격해야 한다는 것이다. 또한 그는 지형, 형태가 다르듯, 오행, 사시, 일월이 차고지는 것처럼 병법도 적의 형세에 따라 언제든 변화, 즉 유연성을 꾀해 승리를 얻어야 한다고 강조했다.

나. 물의 특성 세 가지

　태세는 물의 흐름과 같이 만들어야 한다. 물은 높은 곳을 피해 낮은 곳으로 흘러간다. 전쟁도 충실한 적은 피하고 허술함을 따라가야 한다. 물에는 다음과 같은 세 가지 특성이 있다.

① 일정한 형태가 없고, 그릇 나름대로 모양을 변하게 하는 유연성을
갖고 있다.

② 저항을 피해 낮은 곳으로 낮은 곳으로 흘러가는 특성을 갖고 있다.

③ 쓰임에 따라서는 암석도 분쇄하는 에너지를 가지고 있다.

손자는 전쟁을 하는 방법도 이와 같이 물의 특성에서 배운다고 말했다.

> "물에는 일정한 형태가 없듯이 전쟁에도 불변의 태세는 있을 수 없다. 적
> 의 태세에 대응해 변화하면서 승리를 쟁취하는 절묘한 용병이라고 할 수
> 있다."

군사의 움직임이란 자연 현상과 마찬가지로 당연히 가야 할 곳으로 가
야 하는데 무리하도록 강요하는 것은 좋지 않다. 손자는 병사도 살아 있
는 인간이므로 자연법칙, 사회법칙, 생활욕구 등을 충분히 존중해야 하
며, 각 개인의 판단과 행동을 자연스럽게 목적한 방향으로 이끌어가는 것
이 중요하다고 설명하고 있다.

다. 빌 게이츠, 인터넷으로 뱃머리를 돌리다

1990년대 중반경에 미국의 군사기술로부터 전용된 인터넷이 전 세계
에 폭발적으로 보급되기 시작했다. 이 흐름을 잘못 보고 있던 인물이 사
실은 빌 게이츠였다. 그는 보다 대규모적인 정보 유통이 가능한 '정보 하

이웨이'가 미래에 존재하고, 인터넷은 그것에 이르는 과도기적 수단에 불과하다고 생각했다.

1995년, 그는 시대의 흐름이 인터넷으로 향하고 있다는 것에 주목했다. 그러나 이미 인터넷 브라우저는 넷스케이프가 약 1천만 이용자를 자랑하고 있었다. 당시 그가 개발 중인 윈도95도 인터넷에 비중을 두고 있었다. 그는 즉시 전환 명령을 내렸다. MS의 전 상품을 인터넷 대응으로 돌렸다. 만약 여기서 빌 게이츠가 인터넷의 보급 정보를 알려고 노력하지 않거나 자기 비전만 고집했다면 MS는 분명 쇠퇴의 길을 걸었을 것이다.

후에 빌 게이츠는 "우리가 파산한다면 그것은 인터넷에 주목하지 않았기 때문이 아니라 인터넷에 노력을 경주하지 않았기 때문일 것이다"라고 술회했다. 그가 탁월한 선택을 내린 결과 MS는 인터넷 분야에서도 확고한 시장을 갖게 되었고, 컴퓨터 업계에서는 부동의 지위를 지킬 수 있었다.

빌 게이츠와 MS는 이렇게 시대 흐름의 변화와 경쟁사의 신기술 등을 감지하고 뱃머리를 돌려 성난 파도와 같이 목표점을 향해 돌진했다. 이것은 그가 손자의 말처럼 '물과 같이' 유연하게 경쟁사나 상황의 흐름에 맞춰 나갔음을 증명하고 있다. 빌 게이츠는 이에 대해 다음과 같이 말했다.

"20년 세월을 돌이켜보면 한눈팔지 않고 열심히 한 방향만 고집하며 달렸기 때문에 환경의 변화에 적응하지 못하고 결과적으로 패자가 되는 대기업들이 많았다. 지금부터 20년 후에 되돌아보면 똑같은 패턴을 보게 될 것이다."

그의 말대로 적응력을 잃어버리는 단계에서 기업은 추락한다. 이것이야말로 역사의 법칙이다. 시대에 유연하게 적응하기 위해 꼭 필요한 정보, 빌 게이츠는 이런 정보를 잘 활용하는 전술을 알고 있었다. 그래서 변화에 적응해 살아남을 수 있었다.

07 군쟁 편

일사불란하게
주도권을 선점하라

'군쟁軍爭'이란 군대 간의 싸움으로, 전투를 뜻한다. 그 이면
에는 유리한 형세를 만들기 위한 구체적인 다툼의 방법도 포함하고 있
다. 손자는 '군쟁 편'에서 전쟁 시 쌍방의 주력 부대가 맞붙었을 때 반드시
갖춰야 할 군대의 행동 특성이나 작전 원칙 및 그 지침을 논하고 있다.

01 상대를 방심케 한 후 공격하라

가. 유리한 형세를 만들어가라

손자가 말하길, 무릇 군대를 운용하는 방법은 장수가 군주의 명을 받아
백성을 징집해 군대를 편성하고, 군사들을 모아 화합을 이루며 군영을 만

드는 것으로, 이보다 어려운 일은 없다고 했다. [孫子曰, 凡用兵之法, 將受命於君, 合軍聚衆, 交和而舍, 莫難於軍爭] 군쟁이 어려운 것은 멀리 돌아가는 듯 보이지만 목적지까지 곧장 가야 하고, 불리하더라도 어떻게 해서든 유리하도록 만들어야 하기 때문이다. [軍爭之難者, 以迂爲直, 以患爲利]

나. 늦게 출발해서 먼저 도착하라

길을 멀리 돌아갈 때는 이익이 되는 것으로 적을 유인해 적보다 늦게 출발했더라도 목적지에 먼저 도착해야 한다. 그래야만 승리를 거둘 수 있는 훌륭한 계책이라고 할 수 있다. [故迂其途, 而誘之以利, 後人發, 先人至. 此知迂直之計者也] 일부러 멀리 돌아가 적을 안심시키고, 적보다 일찍 목적지에 도착해 불리한 것을 유리하게 변화시켜야 한다는 것이다.

이것이 바로 그 유명한 우직迂直의 계다. 여기서 '우迂'는 멀리 돌아간다는 뜻이고, '직直'은 직도라는 뜻이다. 즉 돌아가면서도 빨리 가는 전략을 말한다. 장자의 후발선지後發先至, 늦게 출발해서 먼저 이른다는 말과 일맥상통한다. 손자는 이에 대해 다음과 같이 설명한다.

> "가령 일부러 우회해서 길을 멀리 돌아가 적에게 유리하다고 믿게 하고, 적보다 늦게 출발해서 먼저 도착한다. 이것이 우직의 계로 멀리 돌아가 빨리 목적을 달성하는 계책이다."

이 경우 멀리 돌아간다는 것은 다음 두 종류가 있는데, 첫째는 거리를 멀리 돌아서 가는 것이고, 둘째는 시간을 멀리 돌아서 가는 것이다. 이는 모두가 적을 안심시켜 방심하게 만들기 위한 책략이다. 그렇게 해서 한 번에 공격하는 것이 우직의 계의 목적이다. 적의 입장에서 안심하고 방심하는 사이에 공격을 받게 되면 심리적 타격은 몇 배 더 크게 작용한다.

다. 최고 경쟁력은 열정의 불씨다

(1) 스스로 할 수 있다는 최면을 걸어라

직원들에게 "할 수 있을까?"라고 물어보라. 다들 일어나서 지금부터 "할 수 있다"를 외치자고 제안해보라. 막무가내로 일어나 가장 큰 소리로 선창을 해보라. 직원들도 어쩔 수 없이 따라 할 것이다. 열 번 정도 외친 다음 "할 수 있겠나?" 하고 물어보라. 또다시 큰 소리로 "할 수 있다"를 외쳐보라. 백 번 정도 외치고 나면 직원들의 눈빛에 '할 수 있다'는 생각이 조금씩 스며들기 시작할 것이다. 마침내 모두가 '할 수 있다'고 확신할 때 이들의 복창은 더 힘차게 계속될 것이다. 이것이 바로 CEO의 똥고집, 자기 최면이다. 사람은 의외로 아주 단순한 동물이다.

(2) 자신에게 엄격하고 혹독하라

리더는 자신의 책임에 대해 혹독해야 하고, 직원들은 자신들의 역할에 대해 혹독해야 한다. 손바닥도 마주쳐야 소리가 난다. 어느 한 손바닥이 다른 손바닥을 원망해서는 안 된다. 서로 끌어당겨야 한다. 그런 회사라야 희망이 있다. 언제나 화살은 자신에게 향해야 하고, 엄격한 기준은 자신에게 먼저 적용해야 한다. 잘나가는 회사일수록 이러한 원칙이 철저하게 적용된다.

(3) 즉각 반응하고 결과를 내라

CEO부터 말단 직원까지 모두가 열정적이고 도전적이어야 한다. 그러면 산성토인 줄로만 알았던 인재도 얼마 지나지 않아 비옥토로 바뀐다. 즉시, 반드시, 될 때까지 해야 한다. 즉각 반응하는 열정, 결과를 만드는 열정이란 이런 것이다. 시작과 끝은 언제나 '나는 할 수 있다'는 열정과 스피드여야 한다. 지금까지 인류 역사상 수많은 업적들은 모두 '할 수 있다'고 생각한 것에서 출발했다. 안갯속을 헤쳐 목표 지점에 도달한 선발 주자들은 외쳤다. "할 수 있다!"라고.

(4) 스스로 불씨가 되어라

리더는 불을 지피는 존재다. "내가 먼저 할 테니 너도 하자"고 그러면 '저 사람도 저렇게 열심히 하는데 나도 해야겠다'고 생각하는 사람들이 늘어난다. 먼저 불타오르는 사람은 CEO, 임원, 팀장이 되어야 한다. 이들이 먼저 솔선수범하지 않으면 아무것도 바뀌지 않는다.

맨 먼저 불타올라야 할 임원들이 주말마다 골프장 필드에서 나이스 샷이나 외치고, 주중에 회사에서는 "우리 회사는 제대로 된 직원이 없어. 알아서 척척 일하면 얼마나 좋아?" 하며 한탄만 한다면 곤란하다. 직원들이 움직이지 않는다면 그것은 전적으로 CEO와 리더들의 잘못이다. 열 번, 백 번 불타는 연습이 있어야 직원들의 열정에도 불이 붙는다.

02 외교를 맺어 유리하게 만들어라

가. 성급한 군쟁은 불리한 상황을 만든다

군쟁은 잘하면 아군에 큰 이익을 주지만 잘못하면 큰 손해를 입힐 수도 있다.[故軍爭爲利, 軍爭爲危] 만약 전군을 이끌고 전장에 먼저 도착해 이익을 얻으려고 경쟁한다면, 신속하고 기민하게 움직일 수가 없어 먼저 전장에 도착할 수도 없다. 군 전체를 이끌고 이익을 얻으려 경쟁하면 보급 부대는 후방에 버려지고 만다.[擧軍而爭利, 則不及, 委軍而爭利, 則輜重損]

목적지까지 빨리 도착하기 위해 갑옷을 벗어 들고, 밤을 낮 삼아 평소보다 배나 빠른 속도로 하루에 백 리를 달려간다면 모두가 지쳐 싸울 수 없기 때문에 상군, 중군, 하군의 3장군마저 적의 포로가 될 정도로 참패를 당하게 될 것이다.[是故卷甲而趨, 日夜不處, 倍道兼行, 百里而爭利, 則擒三將軍] 체력이 강한 병사는 앞서가겠지만 체력이 약한 병사는 낙오하기 때문에 겨우 10% 정도만 먼저 싸움터에 도착할 것이다.[勁者先, 疲者後, 其法十一而至]

역시 갑옷을 벗고 두 배의 빠른 속도로 50리를 달려가 싸운다면 병사의 50%만이 따라올 수밖에 없기 때문에 군대는 최고 지휘관인 상장군을 잃는 패배를 당하게 된다.[五十里而爭里, 則蹶上將軍, 其法半至] 같은 방법으로 30리 거리를 다투어 달리면 약 30%의 병사가 싸움터에 도착하겠지만 보급 부대는 뒤처지고 말 것이다.[三十里而爭里, 則三分之二至]

이와 같이 군대는 보급 부대를 잃거나, 양식이 없거나, 군비가 부족하면 패하고 만다.[是故軍無輜重則亡, 無糧食則亡, 無委積則亡]

나. 주변 외교와 정세를 준비하라

앞서 언급한 바와 같이 만약의 경우를 대비해 다른 나라 제후들과 미리 외교를 맺어두어야 한다.[故不知諸侯之謀者, 不能豫交] 산림, 험한 지세, 늪지대 등의 지형을 알 수 없으면 군대를 진군시킬 수가 없다. 반드시 주위 지리를 잘 아는 길잡이를 이용해 지형의 이득을 취해야 한다.[不知山林險阻沮澤之形者, 不能行軍, 不用鄕導者, 不能得地利]

그렇다. 한 나라를 다스리는 군주와 군대를 지휘하는 장수는 다각적인 전략을 수립하고, 검토하고, 실천에 옮겨야 할 것이다. 만약 군주가 이웃 나라가 무슨 정책을 구상하고 있는지 알지 못하면 그 나라와 결코 유리한 외교 관계를 맺을 수 없다.

장수가 산과 숲의 험준한 곳, 습지대 등 주변 지형을 알지 못하면 결코 순조롭게 군대를 행군시킬 수 없다. 길 안내인을 쓰지 않는 군대는 결코 지형의 이로움을 얻을 수 없는 이치와 같다. 그렇기 때문에 군쟁의 위태로움을 사전에 파악하고, 성급한 군쟁은 삼가야 할 것이다.

다. 52주 설계도 그림을 그려라

집을 지으려는데 건축가가 말하길 "저는 원래 설계도를 그리지 않습니다. 설계도 없이 집을 짓습니다"라고 한다면 당신은 어떻게 생각할까? 설계도 없이 집을 제대로 지을 순 없다. 그런데 실상 경영의 세계에서는 '설계도' 없이 사업을 하는 경우가 비일비재하다.

많은 CEO들이 비즈니스 설계도 한 장 없이 사업에 뛰어든다. 이러한 사실을 감안할 때 수많은 회사들이 사라져가는 것은 어찌 보면 당연하다. 비즈니스 설계도를 그리지 않는 사장의 경영은 건축 설계도를 그리지 않고 집을 짓는 것처럼 위험하고 무모하다.

당신은 새로운 집을 짓기 위해 얼마나 많은 설계도를 그리고 지웠는가? 어떤 비즈니스 설계도를 가지고 있는가? 우연히 만들어진 회사도 있다. 우연히 성공한 회사도 있다. 그러나 우연히 성공을 지속하는 회사는 없다. 지속적인 성공은 우연히 이루어지지 않는다. 지금 당장 비즈니스 설계도를 그려라. 1년 52주의 설계도를 세부화하라. 중장기 전략의 비즈니스 설계도를 그려라. 그리고 매번 뒷마무리와 평가를 잘해야 한다.

03 바람처럼 숲처럼 불처럼 산처럼

가. 풍림화산의 전술을 배워라

전쟁은 적을 기만하는 것을 기본으로 하고, 유리한 것을 따라 행동하며, 병력을 나누기도 하고 모으기도 하는 변화를 꾀하는 것이다.[故兵以詐立, 以利動, 以分合爲變者也] 따라서 빠르기는 바람風과 같이 신속하게 진격하고, 고요하기는 숲林과 같이 하며, 쳐들어갈 때는 불火처럼 드세고, 움직이지 않음은 산山처럼 진중하며, 숨으면 암혹처럼 종적을 찾기 어렵고, 움직일 때는 우레처럼 거세야 한다.[故其疾如風, 其徐如林, 侵掠如火, 不動如山, 難知如陰, 動如雷震]

전쟁에서 상대가 이쪽의 정황과 동태를 알지 못하게 속이는 것은 기본이며, 전쟁의 특징은 이로움에 따라 풍림화산처럼 움직여야 한다는 것이다. 이 풍림화산은 손자의 지피지기 백전불태知彼知己 百戰不殆와 함께 전쟁의 대명사로 통한다.

나. 혁신 속도가 승패를 결정한다

혁신은 속도다. 속도가 승패를 결정한다.

(1) 후발 주자가 정상에 오르는 비법

기업 경영에 정답은 없다. 오직 질문만 있을 뿐이다. 필자는 상항이 바뀔 때마다 적절한 질문을 하고, 그 질문에 대한 답을 구하는 과정이 경영이라고 생각한다. 기업들이 실패하는 이유를 분석해보면 리더들은 형식적으로 경영을 하고, 직원들은 보여주기 식으로만 일하기 때문이다. 이런 기업들은 영혼이 없는 것과 같다. 노자의《도덕경》에 이런 말이 나온다.

"천하의 만물은 유에서 시작되었고 유는 무에서 시작되었다.]"

보이지 않는 것이 더 중요하다는 뜻이다.

(2) 경영에 대한 답은 어디서?

역사적으로 성공한 기업들의 공통점은 '고객의 욕구를 만족시켰다'는 것이다. 포드가 대규모 자동차 조립라인을 만든 것은 빨리 차를 사길 원하는 고객의 욕구를 반영한 것이다.

포드의 효율과 속도는 중국 하이얼의 경영에서도 중요한 원칙 중 하나다. 1980년대에 고객들은 제대로 만들어진 물건을 갖고 싶어 했다. 장인정신을 강조한 도요타 등 일본 기업이 성공한 것은 이 때문이다. 도요타의 품질경영 역시 하이얼의 제1 원칙 중 하나다.

(3) CEO 당신의 혁신은?

"혁신은 속도입니다."

《손자병법》에 "세찬 물결은 무거운 돌까지도 떠내려 보낸다"는 말이 있다. 속도는 불가능을 가능하게 만든다. 반대로 속도에 경쟁력이 없는 기업은 반드시 도태된다. 요즘 같은 시대에 고객을 잡으려면 누구보다도 빠르게 제품을 만들고 고객을 만족시켜야 한다.

중국 하이얼에는 "리더에 대한 복종은 없다. 고객에 대한 복종만 있을 뿐이다"라는 말이 있다. 중국 내에서 하이얼 제품을 주문하면 대도시는

24시간 안에, 그 외 도시는 48시간 안에 배송된다. 이것이 하이얼이 생각하는 고객을 위한 혁신이다.

하이얼그룹은 2009년부터 세계 1위 자리를 지키고 있는 세계 최대의 가전제품 회사다. 본사는 중국 칭다오에 있으며 유럽 지부는 파리, 미국 지부는 뉴욕 등에 있다. 전 세계 다섯 곳에 연구개발R&D 센터를 갖고 있으며, 업계 내에서 가장 큰 것으로 알려졌다. 제조부터 물류, 유통, 판매 회사까지 전 세계에 66개의 무역 회사와 21개의 공업 단지가 있다.

하이얼의 장루이민 회장은 2015년 'Thinkers 50' 행사에서 최고 영예인 '경영 사상가상'을 수상했다. 그는 가전 시장 점유율 세계 1위로 백색 가전 기업인 하이얼그룹을 30년 이상 이끈 주인공이기도 하다. 1984년 다 쓰러져 가던 칭다오의 작은 냉장고 공장을 30년 만에 세계 정상의 자리에 올려놓은 그는 마오쩌둥의 문화혁명 시기에 한 공장의 노동자에서 세계 경영인들이 존경하는 리더가 되었다.

다. 스피드가 50%, 위기에 강해진다

강한 기업은 스피드가 50%다. 중노동이라 할 만큼의 노력이 30%다. 능력은 15%, 학력은 고작 3%, 회사 지명도라야 2%의 값어치일 뿐이다. 불황을 이기고 돈을 벌어들이는 기업의 전략은 이렇다.

"모두 현장으로 달려가라."

"남들보다 두 배로 일하라."

"주말도 없이 일하라."

"신입 사원 주제에 쉴 생각을 하다니, 해결하지 못하면 죽는다고 생각하라."

정말 강한 기업은 위기에 더욱 강해진다. 글로벌 진출 이래 최대의 불황이라는 둥 뭐든 해보려고 하는데 시장이 받쳐주질 않는다는 둥 힘겨운 상황에는 볼멘소리가 항상 뒤따른다. 노력하면 뭐하느냐는 말이 툭하면 입 밖으로 튀어나온다. CEO는 물론 직원들도 살얼음판을 걷는 심정이다.

그러나 어려울 때일수록 사람이 움직여야 한다. 여유가 있을 때는 여유자금을 융통시켜 운영할 수도 있고, 기회는 많으니 적당히 하면서 살 수도 있다. 그러나 불황에는 그럴 여유가 없다. 사람 놓고 돈 먹기다. 인재는 어려울 때 더욱 힘을 발휘한다. 누가 우리 사람인지도 어려울 때 비로소 알게 된다. 어렵다고 모두 다 죽을 순 없는 노릇이다. 누군가는 사람을 움직이고, 그 사람들은 또 자신을 움직여서 회사를 살려야 한다.

04 이익은 모두 함께 나누는 것이다

가. 포상과 분배는 공정하게

적에게 빼앗은 노획물은 병사들에게 나눠 주고, 영토가 확장되면 그 이익도 나눠야 한다. 그 포상과 분배는 마치 저울에 달아서 하듯 공평해야 한다. [掠鄕分衆, 廓地分利, 懸權而動]

이상의 우직의 계를 먼저 알고 행동으로 옮기는 자가 전쟁에서 승리할 것이니, 바로 군쟁의 법칙이요, 용병의 핵심이다.[先知迂直之計者勝, 此軍爭之法也]

나. 성과주의와 사람의 심리

서구식 기업은 성과주의 도입을 우선시하는 회사가 많다. 서구식 성과주의란 업무 성과에 따라 보수를 주어 사원들의 물욕에 직접적으로 호소하는 방식이다. 큰 성과가 있으면 큰 보수가 주어지지만 성과가 없으면 보수는 줄어들고 경우에 따라서는 해고되는 등 건조한 인사 제도다.

CEO는 인간의 심리에 대한 뛰어난 통찰력이 필요하다. 성과주의는 성과가 있으면 큰 보수를 손에 쥘 수 있고, 직원들 간에 동기부여가 되기 때문에 단기적으로 보면 효과적인 경영 기법일지도 모른다. 그러나 업적은 계속 올라가기만 하는 것이 아니다. '반드시'라고 해도 좋을 만큼 떨어지는 때가 온다.

사람의 마음이란 참으로 이상한 것이어서 업적이 올라가고 높은 보수를 받으면 곧 그것에 익숙해져 버린다. 그렇기 때문에 업적이 악화되어 보수가 줄어들면 모든 사람의 사기는 한꺼번에 저하되고 회사에 불만이 쌓이게 된다.

성과주의를 채택하면 처음에는 열심히 할수록 보수가 늘어난다며 의욕에 넘쳐 조직이 활성화될 것처럼 보여도 몇 년이 채 지나지 않아 원망이나 질투로 인해 조직은 황폐화할 수도 있다. 그렇다고 해서 무조건 모든 직원의 처우를 똑같이 해서도 안 된다. 열심히 일하는 사람과 그렇지 않은 사람이 처우가 똑같다면 이는 오히려 불평등한 것이다. 단기적인 성과로 각 개인의 처우에 극단적인 차이를 두어서는 안 된다. 하지만 모두를 위해 열심히 일하고 장기적으로 실적을 올린 사람에게는 그 실력을 정당하게 평가하여 승급이나 상여금 등에 반영해야 한다.

다. 성과급은 51대 49가 법칙이다

이익을 분배할 때는 내가 49를 갖고, 상대방에게 51을 주어야 한다. 그러면 나는 비록 1을 양보하지만 상대방은 2를 받았다고 생각한다. 조금만 양보해도 상대방은 내가 준 것보다 많이 받았다고 여기게 된다.

이는 "일을 할 때는 남보다 5%를 더하고, 성과를 나눌 때는 남보다 5%를 덜 가져라"라는 뜻이기도 하다. 맹자에 나오는 인자무적仁者無敵, 즉 '어진 사람에 대적해서 이길 수 있는 사람은 없다'는 교훈과 맥을 같이 한다. 다른 사람들과의 관계에서는 작은 손해들이 덕으로 쌓여 결국 큰 이익으로 돌아온다는 뜻이다.

---

05   일사불란한 지휘 체계를 확립하라

가. 북, 징, 깃발의 용중지법

군정의 옛 병서에 이르길, 전쟁터에서는 서로 들을 수 없으므로 징과 북을 사용하며, 서로 볼 수 없으므로 깃발을 사용한다고 했다.[軍政曰,言不相聞,故爲金鼓,視不相見,故爲旌旗] 무릇 소리 나는 징과 북, 깃발 등을 사용하는 것은 병사들의 이목을 하나로 만들기 위함이다.[夫金鼓旌旗者,所以一人之耳目也]

병사들이 하나로 통일되어 있으면 용감한 병사라도 제멋대로 홀로 진격하지 않으며, 겁쟁이 병사도 혼자 제멋대로 물러서지 않는다. 또한 적군과 아군을 구별하기 힘들 정도로 혼돈된 상태에서 적과 이리저리 엉켜 어지럽게 싸운다 해도 아군은 혼란을 일으키지 않고 싸운다. 이것이 용병의 방법이다.[民旣專一,則勇者不得獨進,怯者不得獨退,此用衆之法也]

이처럼 장수는 북과 징과 깃발의 용중지법用衆之法을 바탕으로 병사들의 생각과 행동을 하나로 통일시켜 일사불란한 지휘로 군쟁에서 유리한 상황을 만들어내야 한다.

나. 대가족주의 경영을 하라

모든 직원이 CEO다. 노사가 공통의 목적을 달성하기 위해 일사불란하게 함께하려면 한국 전통의 대가족주의를 살려 경영해야 한다. 노동자들은 자신들의 권리만 주장하고, CEO는 노동자들의 입장을 이해하려 하지도 않고 그들의 생활이나 권리를 지켜주려 하지 않을 때 노사의 대립은 시작된다. 양자 모두 자기만 앞세우고 상대에 대한 배려심이 없기 때문에 노사 간의 대립은 점차 격화될 수밖에 없다.

기업에는 개인사업자, 유한회사, 주식회사, 합자 및 합명회사 등 여러 가지 형태가 있다. 그중에 만약 '모든 직원이 CEO'인 형태의 회사가 있다면 노사 대립은 애초에 생기지 않을 것이고, 모든 이가 회사의 발전을 위해 단결하는 일사불란한 지휘체계 확립으로 최강의 집단이 될 것이 분명하다. 노사 대립으로 사내에서 온 힘을 다 써버린다면 회사의 존속 자체가 어려워질 뿐이다. 따라서 어떻게 해서든 내부 대립이 없고 노사가 하나 되어 협력할 수 있는 회사를 만들어야 한다. 결국 CEO가 노동자의 입장과 권리를 존중하고, 노동자는 CEO와 마찬가지로 회사 전체를 위해 공헌하려는 생각을 가진다면 노사 간의 대립은 저절로 사라질 것이다.

우리는 전 직원이 노사 공통의 목적을 위해 서로 협력해가는 이상적인 모델을 한국의 전통적인 '가족'에서 찾을 수 있다. 여기서 가족이란 그 구성원인 조부모, 부모, 자식들이 가정을 위해 함께 열심히 노력하는 전통적인 가족을 말한다. 부모는 자식을 생각하고, 자식은 부모를 배려하며, 가족이 훌륭하게 성장하고, 집안이 발전해나갈 때 모두가 기쁨을 느끼는 운명 공동체를 말이다. 서로 상대방을 애지중지하고, 상대방을 위해 헌신적으로 노력하는 사랑에 둘러싸인 가족 관계, 이것이 내가 의도하는 기업의 대가족주의다.

만약 회사가 하나의 대가족처럼 운명 공동체가 되어 CEO와 직원들이 서로를 이해하고 격려하며 돕는다면 노사가 함께 회사를 경영해나갈 수 있을 것이다. 또 시장의 격렬한 경쟁 속에 있더라도 회사의 발전을 위해 모두가 함께 노력할 것이다. 이와 같이 노사 모두 가족 같은 인간관계를 쌓아나가고, 한 명이라도 더 많이 함께 손을 잡고 경영에 참여할 수 있는 회사를 만들어야 한다.

다. 효과 없는 효율은 무의미하다

경영에서 가장 우선적인 것은 효율이 아니라 효과다. 효과인 성과를 내지 못하면 아무리 효율이 좋아도 소용이 없기 때문이다. 매출이 100만 원밖에 되지 않은 단계에서는 아무리 효율을 높여봐야 경영에 미치는 효과가 미미하다. 그렇기 때문에 우선 100만 원을 1,000만 원으로 만들고, 1,000만 원을 1억 원으로 만들어야 한다. 이 단계에서는 효율보다 효과가 우선순위라는 점에 유의해야 한다. 따라서 성과가 나올 때까지는 어떤 종류의 투자도 줄여서는 안 된다.

그런데 성급한 CEO들은 이 부분을 착각하곤 한다. 비용 대비 효과에 집착한 나머지 충분한 효과인 성과가 나오기 전에 효율을 운운한다. 그러면서 투자 비용을 줄인다. 이런 경영 방식으로는 자신이 원하는 성과에 도달하기 어렵다.

당신은 너무 효율에만 집중하고 있지는 않은가? 효과를 내기 전에 투자부터 줄이진 않았는가? 성과가 없는 효율은 의미가 없다. 효율적이지 않아도 좋다. 먼저 성과부터 올려라.

가. 승리의 조건 첫 번째는 기세다

야간 전투에서는 주로 횃불과 북을 많이 쓰고, 주간 전투에서는 깃발이나 연기로 병사들의 이목을 끌어 군대를 통솔한다. [故夜戰多火鼓, 晝戰多旌旗, 所以變人之耳目也] 이처럼 긴밀한 연락 체계를 가진 일사불란한 움직임이 적군의 기세를 꺾고 적장을 두려움에 떨게 할 수 있다. [故三軍可奪氣, 將軍可奪心]

아침의 기세는 날카로우나 낮이 되면 기세는 쇠퇴하고 저녁이 되면 소진된다. [是故朝氣銳, 晝氣惰, 暮氣歸] 그러므로 전쟁을 잘하는 자는 날카로운 기력은 피하고, 쇠퇴해서 휴식을 취하려 할 때 공격한다. 이렇게 싸우면 백전백승이지 않겠는가. 이것이 바로 '기세를 다스리는 것', 즉 '치기治氣'다. [故善用兵者, 避其銳氣, 擊其惰歸, 此治氣者也] 군쟁에서 이기기 위한 여러 전술 가운데 첫 번째가 바로 '기세를 이용한 싸움'이라고 할 수 있겠다.

나. 심리, 체력, 변화의 군쟁

잘 다스려진 군대로 혼란한 적을 치고, 차분한 군대로 소란스러운 적을 치는데, 이것이 바로 '심리를 이용한 싸움', 즉 '치심治心'이다. [以治待亂, 以靜待譁, 此治心者也]

전장의 가까운 곳에 도착해 멀리서 오는 적을 기다렸다가 치고, 휴식을 취한 아군으로 멀리서 달려오느라 지친 적군과 싸우면 배불리 먹은 아군으로 달려오느라 굶주린 적을 치는 것이니, 이것이 바로 '체력을 이용한 싸움', 즉 '치력治力'이다. [以近待遠, 以佚待勞, 以飽待饑, 此治力者也]

질서 정연하게 깃발을 나부끼며 오는 적과는 맞서지 말고, 당당히 진형을 갖춘 적과는 싸우지 말아야 한다. 이것이 바로 '변화를 이용한 싸움', 즉 '치변治變'이다. [無邀正正之旗, 勿擊堂堂之陣, 此治變者也]

다. 리스크와 기회는 쌍둥이 형제

CEO라면 어제의 위기에서 내일의 기회를 얼마나 상실했는지 따지느라 모든 정력을 쏟아서는 안 된다. CEO는 리스크를 기회로 전환할 수도 있으며, 기회도 위기 중에 상실할 수 있다는 것까지 볼 수 있는 혜안이 필요하다.

세상에는 절대적인 위기도 없고 영원한 기회도 없다. 리스크와 기회는 그림자처럼 항상 함께한다. CEO는 기업관리와 경영의 큰 지혜, 높은 경계를 인식할 수 있어야 한다. 경영 가치관도 변화한다. 세계는 이미 마켓 3.0 시장인 공유가치창출 시대를 맞이했다. 기업의 진정성인 상생의 경영철학을 기초로 한 비즈니스 모델을 통해 시장을 확대해나가야 한다. 소비자와 회사가 함께 윈-윈 하는 '상생의 경영철학'을 세워야 한다. 그것이 바로 지붕을 올리는 기업의 최상위 핵심 가치이자 기업의 '아름다운 동행', '아름다운 미래'다.

또한 CEO는 시장 변화에도 시선을 돌려야 한다. 세계화 시장의 핵심은 빛의 속도로 빠르게 변하고, 그 변화의 주체는 바로 우리가 되어야 한다는 인식이 필요하다. 특히 세계의 중심축이 아시아로 변화하고 있다는 점을 잊어서는 안 된다. 우리는 이 변화에 집중해야 한다. 중국은 물론 넥스트 차이나로 급부상한 동남아시아에 기둥을 튼튼하게 세워야 할 것이다.

위기는 곧 기회다. 위기는 변화를 요구하고, 발전할 수 있는 모티브를 제공하기 때문이다. 따라서 위기에 어떻게 대처하느냐에 따라 얼마든지 변화와 발전이 가능하며, 더 큰 기회를 맞을 수 있다. 위기를 기회로 바꾸기 위해서는 다음과 같은 것이 필요하다.

① 운명 공동체라는 단결력이 필요하다. 혼자 살아남겠다는 생각을 버리고 함께 성장하며 발전을 도모하려는 협동심, 파트너십이 중요하다.
② 시장과 고객의 요구를 더 자세하게 알고 변화시키려는 혁신의 노력을 지속해야 한다.
③ 어떠한 변화 속에서도 빠르고 정확하게 대처해나갈 수 있는 민첩성을 갖춘 시스템이 필요하다.

세계를 보는 눈, 세상을 사는 방법 가운데 손자는 '기세를 이용한 싸움'인 '치기'를 용중지법의 첫 번째로 삼았다. 그리고 심리와 체력과 변화를 이용한 '치심', '치력', '치변'의 싸움 방법을 이야기했다. 손자는 한마디로 적을 잘 살펴 나아갈 때와 물러설 때를 판단하라고 강조하고 있다.

승리를 위해 꼭 알아야 할 것들

가. 전투에서 금지 사항 여덟 가지

전투에서는 높은 고지에 있는 적을 공격하지 말고, 언덕을 등지고 있는 적과 싸우지 말아야 한다.[故用兵之法, 高陵勿向, 背丘勿逆] 손자의 군쟁 금지 사항들을 살펴보자.

① 고릉물향高陵勿向이라, 높은 언덕에 진을 치고 있는 적은 공격하지 말라는 뜻이다. 낮은 곳에서 높은 곳을 공격하기란 몇 배 더 힘들다.

② 배구물역背丘勿逆이라, 언덕을 등지고 있는 적은 공격하지 말라는 뜻이다. 병력에서 몇 배의 차이가 나면 모를까, 비슷한 전력으로는 언덕을 등지고 있는 적군은 공격하지 않는 것이 좋다고 손자는 충고한다.

③ 양배물종佯北勿從이라, 거짓으로 패한 척 도망치는 적을 쫓아가지 말라는 뜻이다. 위장 전술에 속지 말라는 충고다.

④ 예졸물공銳卒勿攻이라, 훈련이 잘된 정예 부대는 공격하지 말라는 뜻이다. 적군의 사기가 날카로울 때는 공격하지 말고 기다려야 한다. 사기충천한 예병과 맞서 싸우면 이긴다 하더라도 아군 또한 많은 희생자를 낼 수밖에 없다. 그 예기가 무너지기를 기다리는 것이 최상의 계책이요, 병법의 핵심이다.

⑤ 이병물식餌兵勿食이라, 적군이 던져주는 먹이를 냉큼 받아먹지 말라

는 뜻이다. 즉, 유인책을 조심하라는 말이다.

⑥ 귀사물알歸師勿遏이라, 본국으로 돌아가려는 적의 앞길을 막지 말라는 뜻이다. 귀국을 방해하면 삽시간에 분노와 증오로 가득 차서 결사적으로 대항할 것이다. 득보다 실이 많다는 이야기다.

⑦ 위사필궐圍師必闕이라, 적을 포위할 때는 반드시 퇴로를 비워두어 도망갈 틈을 마련해주라는 뜻이다. 전쟁의 목적은 적을 섬멸하는 데 있는 것이 아니라 적을 굴복시키는 데에 있음을 분명히 하는 대목이다.

⑧ 궁구물박窮寇勿迫이라, 궁지에 몰린 적은 악착같이 쫓지 말라는 뜻이다. 쥐도 궁지에 몰리면 고양이를 문다. 그래서 전쟁을 잘하는 사람은 결코 적을 끝까지 핍박하지 않는다.

이상의 여덟 가지가 손자가 강조하는 전투 중에 해서는 안 될 금지 사항들이다. 이는 군쟁에서 승리하기 위해 반드시 알아두어야 할 이치다.[此用兵之法也] 이 여덟 가지는 곧 전술이라고 할 수 있다.

나. 리더의 행동 지침 일곱 가지

기업의 CEO나 조직의 리더는 업무에서 다음 일곱 가지 행동을 우선시 해야 한다.

① 원리와 원칙을 중시한다. 상황에 따라 부화뇌동하지 않고 언제나 기본과 원칙이 흔들리지 않을 때 주위로부터 신뢰를 얻게 된다.

② 나쁜 정보를 숨기지 않는다. 언제나 공개적으로 투명하게 문제를 정면 돌파하는 지혜가 필요하다.

③ 민첩하게 행동한다. 특별한 경우를 제외하고는 즉시 일을 결정하고 처리하는 습관이 매우 중요하다. 그렇지 않으면 일이 쌓여 결국 더 큰일에, 더 많은 일에 묻히게 된다.

④ 회의는 최소한으로 줄인다. 회의로 많은 팀장급들이 반나절, 한나절 시간을 허비한다. 일의 능률을 위해 사전에 의견을 정리해서 참석자 모두가 1시간 내에 끝내도록 한다. 회의가 끝나면 결과를 브리핑하고 서명해서 가져가도록 한다.

⑤ 스스로 일을 만들어낸다. CEO나 리더는 조직의 목표와 방향에서 반 발짝 또는 한 발짝 앞서 일을 만들어가고 해결해나가야 한다.

⑥ 상벌을 규정대로 분명하게 실시한다. 가장 기본적인 기업 사규 또는 조직 내의 인사 규정에 근거해 상벌을 처리하되, 특별한 경우는 임시위원회 등을 조직해 처리해야 한다.

⑦ 파벌주의에 빠지지 않는다. 한국 사회의 가장 큰 고질적인 병이다. 학연, 지연, 혈연보다 회사나 조직의 조화로움과 능력우선주의 평가를 앞세워야 한다.

다. 성공 방정식, ABCDE 침투

기업이나 조직 생활에서 성과를 얻으려면 성공 방정식 ABCDE를 마음까지 침투시켜 언제나 적극적이고 활동적인 주인공으로 살아가야 한다.

① Aspire: 포부를 가진다. 우리는 나름대로 목표와 꿈을 갖고 살아간다. 내가 기업의 대표이사가 되었을 때 축하 방문을 한 여든의 은사께서 "꿈이 없으면 죽은 것과 같다"고 하신 말씀이 지금도 귀에 생생하다.
② Believe: 성공을 믿는 마음을 가진다. 언제나 성공을 믿고 열정과 자신감으로 도전한다.
③ Commit: 구체적으로 계획을 세우고 준비한다. 초점과 방향의 큰 그림 아래 상세한 설계 도면을 그린다.
④ Do: 실행한다. 그림, 설계, 꿈으로만 끝나는 것이 아니라 바로 실천한다.
⑤ Enjoy: 무슨 일이든 즐겁게 한다. 모든 것을 긍정적으로 생각하고, 자기가 하는 일에서 보람과 가치를 찾아내 즐거움과 행복을 찾아간다.

이상은 후지제록스의 고문이었던 고바야시 요타로가 한 말로, 사내뿐만 아니라 사외에서도 좋은 반응을 얻었다고 한다. 이 방정식은 표현이 간단해 기억하기도 쉽다. ABCDE가 회사 전체에 침투하면 프로젝트는 순조롭게 진행될 것이다. 어떤 일을 실행할 때마다 이 다섯 가지를 기준으로 생각하기 때문에 불필요한 계획서도 상당 부분 줄어들 것이다. 리더는 말 한마디로 회사 분위기를 바꿀 정도의 언어 능력을 갖추고 있어야 한다. 리더에게 빼놓을 수 없는 자질 중 하나가 중요한 사실을 알기 쉽게 전달하는 능력이다.

08 구변 편

융통성과
변화의 묘를 살려라

'구변九變'이란 아홉 가지 변화라는 뜻으로, 여기서는 다각적인 변화에 대한 대처 방법을 말한다. 《손자병법》에서는 변화에 대처하는 임기응변의 전법이 승리로 가는 길이라 해석한다. '구변 편'은 지나서는 안 되는 길과 공격해서는 안 되는 성을 장수가 염두에 두어야 함을 설명한 것이다.

01	지형에 따른 변화의 묘

가. 다섯 가지 지형에 따른 임기응변

손자는 다음과 같이 지적했다.

"군대를 운용하는 방법은 장수가 군주의 명을 받아 백성을 징집해 군대를 조합하는 것에서 시작한다.[孫子曰, 凡用兵之法, 將受命於君, 合軍聚衆] '비지圮地'에서는 막사를 짓지 말고, '구지衢地'에서는 외교 관계를 잘 맺어두어야 하며, '절지絶地'에서는 오래 주둔하지 말고, '위지圍地'에서는 신속히 벗어날 수 있는 방법을 강구하며, '사지死地'에서는 필사적으로 온 힘을 다해 싸워야 한다."

그가 지적한 것을 좀 더 자세히 설명하면 다음과 같다.

① 길이 좁고 교통이 불편해 수레나 군사들이 통과하기 어려운 지형, 즉 지형이 좋지 못해 작전행동이 곤란한 '비지'에서는 주둔하지 말아야 한다.[圮地無舍] 부대의 행군이 지체되고 공격을 받아도 신속한 대응이 어렵다.

② 교통이 편리한 곳, 즉 타국들과 사방으로 접속되어 있는 '구지'에서는 천하의 제후들과 친교를 맺어두어야 하며, 지역의 이점을 살려서 제국에 사절을 파견해 적국을 국제적으로 고립시켜야 한다.[衢地交合] 그래야 아군이 그 편리함을 잘 이용할 수 있다.

③ 본국에서 멀리 떨어져 있어 연락이 끊기기 쉬운 곳, 즉 '절지'에서는 지체하지 말고 빨리 빠져나가야 한다.[絶地無留] 본국의 보급이 곤란하기 때문에 장기전을 피하고 단기전을 해야 하는데, 잘못하면 고립되어 전멸당할 수 있기 때문이다.

④ 사방이 산이나 물로 둘러싸여 험하고 전방이 좁은 출구로 되어 있는

지형, 즉 '위지'에서는 계략으로 탈출해야 한다.[圍地則謀] 전방이 열려 있는 통로에 수비대를 파견해 봉쇄한 후 후방으로 철퇴한다.

⑤ 앞으로 나가지도 뒤로 물러설 수도 없는 땅, 즉 사방이 험하고 전방의 좁은 출구에 적이 대기하고 있는 '사지'에서는 오로지 죽기 살기로 적을 물리치는 길밖에 없다.[死地則戰] 여기서는 전군이 하나로 뭉쳐 출구를 뚫고 나가야 한다.

손자는 지형을 다섯 가지 유형으로 나누고, 각 지형의 상황에 따른 변화의 묘, 용병법, 즉 하지 말아야 할 사항을 경고하고 있다.

나. 하이얼의 전략적 제휴

(1) 하이얼의 급성장 배경

중국의 하이얼이 급성장할 수 있었던 요인은 앞에서 이미 언급한 대로 전략적인 사고, CEO 장루이민 총재의 자질과 리더십, 스피디한 경영전략(품질 및 브랜드 전략, 외국 자본 이용 전략, M&A에 의한 내자의 개선 전략 등), 매니지먼트 오퍼레이션 시스템과 인사 시스템 등을 꼽을 수 있다.

(2) 전략적 제휴 사례

하이얼의 전략 가운데 제휴, 즉 외국 자본 이용 전략을 알아보자.

① 리베하이얼과 기술 제휴

1984년 엄청난 적자를 내고 시장에서 도태될 운명에 직면했을 때, 하이얼은 정부의 지원을 받아 독일 중소기업인 리베하이얼과 기술 제휴를 맺었다. 그 제휴로 하이얼은 독일에서 냉장고 제조 설비를 도입해 자사 설비를 새롭게 정비할 수 있었다. 그리고 제조 기술까지 리베하이얼에서 도입해 1990년부터 독일에 냉장고를 수출하게 되었다. 그 후 1993년에는 자사 명칭까지 '청도냉장고총공장', '청도금도하이얼그룹회사'였던 것을 '하이얼그룹'으로 바꾸었다.

② 미쓰비시중공업과 자본 제휴

하이얼은 1993년 일본의 미쓰비시중공업과 자본 제휴를 맺고, 청도에 에어컨을 제조 및 판매하는 합자회사를 설립하였으며. 그 관련 제조 기술까지 도입했다. 그보다 이른 1991년, 하이얼은 중국 내 에어컨 제조업을 흡수해 냉장고 전문 업체에서 본격적으로 에어컨 제조 및 판매에도 진출했다. 그 후 하이얼은 종합적인 전자 제품 메이커로 발전하는 데 성공했다.

③ GK인더스트리얼 디자인과 자본 제휴

1994년, 하이얼은 일본 GK인더스트리얼 디자인과 자본 제휴를 하고, 청도에 디자인 합자회사를 설립해 공업 디자인 노하우를 도입했다. 그 후 이 디자인 노하우를 활용해 하이얼 제품은 디자인 각 부문에서 상을 휩쓸었고 가전 분야뿐 아니라 중국 전 업종에 대한 브랜드 가치 넘버원 자리를 지켜오고 있다.

2002년 하이얼의 브랜드 가치는 489억 위안으로 평가되었다. 또 같은 해, 즉 하이얼이 일본에 본격적으로 진출한 첫해에 냉동냉장고와 세탁기가 일본에서 그렇게 빨리 굿디자인 상을 거머쥔 것도 합자기업의 운영과 노하우의 활용에 의한 성과였다.

④ 삼양전기와 포괄적 제휴

2002년, 하이얼은 일본의 삼양전기와 포괄적 제휴를 맺고 일본 진출의 교두보를 마련했다. 그때까지만 해도 하이얼은 브랜드 이미지가 낮고, 일본에 판매망과 A/S 거점도 제로에 가까운 상태였다. 하지만 이 제휴를 통해 세일즈 프로모션과 세일즈 채널, 그리고 A/S의 네트워크를 구축해 부족한 부분을 보강할 수 있게 되었으며, 자사 브랜드 제품이 점차 일본에 침투하게 되었다.

(3) 하이얼의 전략적 제휴

그렇다면 중소기업에 불과했던 하이얼은 어떻게 세계적으로 유명한 대기업과 제휴를 하면서 자기 입장은 잃지 않고, 상상을 초월하는 성장을 할 수 있었을까? 그것은 하이얼이 명확한 전략과 명확한 목적의식 아래 전략적 제휴를 실행해왔기 때문이다.

한국 기업 중에는 '모두가 중국, 중국 하니까 중국에 진출했다'거나 '상대가 요청해서 합자했다'는 등 명확한 문제의식과 구체적인 전략을 갖지 못한 기업이 적지 않다. 그렇다면 하이얼은 무엇을 위해 합작을 했을까? 무엇을 위해 제휴를 했을까? 전략적인 견지에서, 그리고 스스로 기업의 성장을 위해 계획적인 합작 사업과 제휴를 진행했다. 그러니 당연히 착실하게 성과를 낼 수 있었다.

다. 중국의 여덟 글자 방침

하이얼 뿐만 아니라 중국 정부는 외국 자본의 유치 및 이용 정책의 일환으로 매우 상징적인 '팔자방침八字方針'을 정해 운용했다. 중국 정부는 기업들에게도 지도 개념으로 그것을 요구해왔는데, 그 지침은 바로 인자引資, 인제引制, 인기引技, 인지引智였다.

① '인자'란 외국 자본 유치, 외국 자본 도입을 말한다. 외국 자본과 외국 기업을 유치하고 활용하자는 것이다. 합자 등 외국 기업을 유치하기 위한 구체적인 수단을 말하고 있다.

② '인제'란 외자 유치 목적의 하나인 경영 시스템이다. 외국 자본에 의해 동반되는 선진적인 경영 수법과 모든 관리 제도의 도입 등에 대한 습득을 말하고 있다.

③ '인기'란 외자 유치 목적의 하나인 기술과 노하우의 습득을 말한다. 외국 자본을 유치하면서 선진적인 기술과 노하우를 도입하고, 그것들을 습득하는 것을 의미한다.

④ '인지'란 외자 유치 목적의 하나인 '지식 창조의 지력' 도입을 말한다. 인재와 그에 따른 연구개발 등 노하우 도입과 그것의 습득 또는 관련 인재 육성 등을 도모하는 것을 의미한다.

'팔자방침'이란 이처럼 외국 자본 유치와 흡수 등에 개선과 응용을 더하여 최종적으로 중국 기업의 자립, 자사의 자립을 제고하는 것이다. 그동안 중국 기업은 개혁개방과 외국 자본의 도입을 통해 많은 것들을 배우고 활용하면서 꾸준히 성장을 해왔다. 하이얼은 그중 대표적인 기업으로 합작, 제휴 등의 전략을 적극 활용해 도산 직전의 약자에서 세계의 강자로 급성장해가고 있다.

02 융통성을 발휘하는 변칙 병법

가. 기본 원칙 외의 변칙 다섯 가지

(1) 불유不由

길이란 사람이 다니는 길이다. 그러나 군대를 움직일 때에는 가지 말아야 할 길, 가서는 안 될 길이 있다. 장수는 이것을 알아야 한다. 가지 말아야 할 길을 가서는 안 된다. [涂有所不由]

(2) 불격不擊

전쟁에서 적군과 싸우는 것은 당연하지만 경우에 따라서는 싸우지 말아야 할 때가 있다. 적군 중에도 공격해서는 안 되는 적군이 있다.[軍有所不擊]

(3) 불공不攻

전략상 필요한 것이 아니면 공격하지 않아도 될 경우가 있다. 성 가운데에도 공격해서는 안 되는 성이 있다.[城有所不攻]

(4) 부쟁不爭

모든 토지를 얻기 위해 다툴 필요는 없다. 경우에 따라서는 적에게 내주는 것이 더 유리한 것도 있다. 토지에도 쟁탈해서는 안 되는 토지가 있다.[地有所不爭]

(5) 불수不受

군주의 명령에는 절대 복종하는 것이 원칙이다. 그러나 전쟁 중 군주의 명령에 따르지 않아도 될 상황이 있음을 장수는 알아야 한다. 군주의 명령에도 따라서는 안 되는 명령이 있다.[君命有所不受]

여기서 언급한 항목들은 모두 기본 원칙에서 벗어나 융통성을 발휘해야 할 사항이라 할 수 있다.

나. 아사히맥주의 손절매 성공

여기서 손절매損切賣, 즉 Stop-loss란 손해를 끊어버리는 매매라는 뜻이다. 이 손절매를 활용해 멋진 성공을 거둔 사례가 있다. 그 주인공이 바로 앞서 설명했던 아사히맥주의 히구치 히로타로 사장이다. 그는 아사히맥주 사장으로 취임하기 전 스미토모은행의 국제업무 부장을 역임했다. 그곳에서 탁월한 업적을 남긴 원동력이 바로 손절매 방법이었다. 이후 아사히맥주 사장으로 전직한 그는 다시 한번 손절매 응용 기술을 활용해 경쟁사인 기린맥주를 제치고 시장 점유율 1위에 오르는 대역전극을 쓰게 되었다.

이러한 손절매 또는 단기 결전의 방법은 시행착오를 겪더라도 여지를 남기기 위한 노하우다. 수렁에 빠졌을 때 재빨리 나오는 것도 기술이다.

생각해보면 '비즈니스는 살아가기 위한 양식을 만드는 것'이다. 그렇기 때문에 필수 불가결한 존재로서, 계속 꾸준히 장기적으로 해야 할 일이다. 반면 '전쟁은 생활의 양식을 낭비해야만 하는 것'으로, 그 최상의 방법은 단기간에 끝내는 것이다. 이렇게 보면 비즈니스와 전쟁은 상반된 위치에 있다. 따라서 비즈니스에서는 전쟁 이상으로 손절매 또는 단기 결전을 사업의 재시도 기회로 활용하는 것이라 생각하는 것이 어떨까 싶다.

다. 후퇴의 용기와 철수 결정

이러한 손절매 또는 '퇴각의 속도'는 실생활에서도 적용되고 있다. 사업가든 개인이든 돈이 없으면 빌리면 된다고 쉽게 생각하겠지만 이는 매우 위험한 생각이다.

예전에 한 중소기업 CEO가 돈을 빌려 사업을 하고 있었다. 나는 과감하게 자택을 처분해 출자할 것을 권했다. 그때는 자택을 정리하면 출자를 하고도 맨션으로 이사 갈 정도의 자금이 남았다. 그러나 그는 결혼하지 않은 딸이 있고, 세간 상황도 좋지 않다는 이유로 그 결정을 유보했다. 결국 그는 시기를 놓쳐 채권자로부터 고소를 당하고 몇 번의 경매를 거치며 모든 것을 잃고 파산했다.

이 사례는 신속한 채권 정리라는 판단 타이밍을 놓쳐서 실패한 경우다. 이를 통해 우리는 후퇴하는 용기와 철수 시기에 대한 판단력이 CEO의 중요한 자질임을 알 수 있다. CEO에게는 만반의 계획을 세워 앞으로 전진하는 불굴의 정신도 물론 필요하다. 하지만 시장 상황에 따라 골든타임에 후퇴의 결단을 내릴 수 있는 용기도 무엇보다 중요하다.

03 다각적 변화에 대한 임기응변 대처법

가. 원칙 없는 변칙 없고, 변칙 없는 원칙 없다

장군 중에 구변을 잘 운용하는 자, 즉 다각적인 변화에 대해 임기응변으로 잘 대처하는 자는 용병의 방법을 잘 안다고 할 수 있다.[故將通於九變之地利者,知用兵矣]

장군이면서 구변의 이로움에 정통하지 못하면 비록 지형을 잘 안다고

해도 그 지세의 이로움을 얻지 못할 것이다. [將不通於久變之利者, 雖知地形, 不能得地之利矣]

군대를 통솔하면서도 구변의 전술을 알지 못하면 비록 다섯 가지 이익을 알고 있더라도 능히 병사들을 다루지 못할 것이다. [治兵不知九變之術, 雖知地利, 不能得人之用矣]

그러므로 지혜로운 사람은 판단할 때 반드시 이利와 해害의 양면을 함께 따진다. [是故智者之慮, 必雜於利害] 이익이 되는 일에서 손해의 측면을 함께 따져보면 그 사업은 반드시 계획대로 달성된다. 손해가 되는 일에서 이익의 측면을 함께 따져보면 그 어려움을 해결할 수 있다. [雜於利, 而務可信也, 雜於害, 而患可解也]

지혜로운 장수는 다섯 가지 원칙과 다섯 가지 변칙을 자유자재로 활용해 상황에 따라 적절한 전략을 세워 전쟁을 승리로 이끌어간다. 원칙 없는 변칙 없고, 변칙 없는 원칙 없다. 이것이 구변의 특징이자 큰 이로움이다. 앞에서 언급했듯이 다섯 가지 원칙은 '비지', '구지', '절지', '위지', '사지'를 말하고, 다섯 가지 변칙은 '불유', '불격', '불공', '부쟁', '불수'를 말한다.

나. 삼양전기와 하이얼의 경쟁과 협력

(1) 일본 측 용어 '포괄 제휴'

개혁개방 이후 제휴에 대한 전략적인 모습들을 중국에서 종종 접할 수 있다. 중국은 본래 우리말의 제휴를 연맹, 합작 등으로 표현해왔다. 그런데 하이얼과 일본 삼양전기는 '포괄적 제휴'를 맺으며 삼양전기 측에서 발표한 '제휴'라는 용어를 공동으로 사용했다. 그런 가운데 하이얼의 CEO 장루이민은 이에 대해 종래의 용어나 포괄적 제휴 대신 중국어 '전면경합관계全面競合關係'로 발표했다.

(2) 중국 측 용어 '전면경합관계'

전면경합관계에서 '경합競合'이란 한국어에서 말하는 경합, 즉 서로 겨룬다는 뜻과 가깝다. 경쟁競爭과 합작合作이라고 하는 중국어에서 한 글자씩 취해 경합으로 한 것이다. 장루이민은 이 경합이라는 뜻을 2002년 1월 9일 기자회견에서 "경합적 기초의 우세호보優勢互補, 경합적 방식의 자원호환資源互換, 경합적 결과의 쌍영발전雙贏發展"이라고 해석했다. 여기서 말하는 '경합적 기초'란 경쟁 우위에서 상호 보완하는 것이고, '경합적 방식'이란 경영자원과 시장자원의 상호 교환을 말한다. '경합적 결과'는 쌍방에 의한 윈-윈의 발전이라는 뜻이다.

다. 전략적 제휴로 윈-윈 발전을 추구하라

실제로 중국 측은 제휴 행위를 경쟁을 전제로 한 부분적 협력, 즉 자사가 경쟁력을 갖는 것을 전제로 했다. 일부 영역에 대해서는 물론 상호 협력이 필요하다는 것을 강하게 인식하고 있었다. 그리고 '쌍방에 의한 윈-윈의 발전'이 최종적으로 달성될 수 있을지 여부는 단기와 장기, 특히 장기적으로 타사에 의존하기보다 어디까지나 자사 스스로 경쟁력을 유지할 수 있을지, 자립할 수 있을지 그 결과에 달려 있는데, 중국은 이를 명확히 인식하고 있었다.

(1) 최종적으로 자립시켰다

하이얼은 삼양전기와 포괄적 제휴를 맺고, 공동의 합자판매 회사인 '삼양하이얼'을 오사카에 설립하는 것은 물론 동경에 '하이얼 재팬'도 설립했다. 하이얼은 이를 통해 삼양전기의 경영자원을 활용함과 동시에 자사의 독자적 세일즈 프로모션을 병행하고, 삼양전기의 판매 루트에서 커버할 수 없는 부분에 대해서도 많은 노력을 경주했다. 하이얼은 이 같은 명확한 인식과 전략이 자신들을 '최종적으로 자립시킬 수 있다'는 강한 신념을 갖게 되었다. 그리고 이러한 인식을 바탕으로 전략적인 목표를 향해 여전히 전진을 계속하고 있다.

(2) 하이얼 2,000개 매장에서 판매

하이얼의 전자 제품이 일본에 진출한 지 만 1년이 되기 전인 2003년 10월 31일, 일본경제신문에 '하이얼 여성을 향한 소형 세탁기 투입, 일본 전국의 약 2,000개 매장에서 판매'라는 타이틀의 기사가 났다. 하이얼 재팬의 기자회견 내용을 정리한 것으로, 기사 속에는 제휴 파트너의 이름이 없었다. 또 제휴와 제휴처의 역할에 관한 내용도 없었기 때문에 대중에게는 '하이얼이 이미 일본의 약 2,000개 매장에서 직접 판매를 하고 있다'

는 충격으로 다가왔다. 물론 신문 기사에 오해를 초래할 만한 부분도 있었겠지만 세월이 지난 지금도 그러한 해석이 많은 사람들에게 사실로 인식되고 있다.

---

04 **외교의 핵심은 유비무환이다**

가. 유비무환이라는 용병법

이웃 나라 제후를 굴복시키려면 그 나라를 해로운 상태에 빠지게 해야 하고, 이웃 나라를 부리려면 국가 간의 공통된 사업에 뛰어들게 해야 한다. [是故屈諸侯者以害, 役諸侯者以業] 제후를 달려 나오게 하려면 그 나라에 이익이 되는 것을 제공해야 한다. [趨諸侯者以利]

그러므로 전쟁의 원칙이란 적군이 쳐들어오지 않을 것이라 믿지 말고, 언제 쳐들어와도 능히 물리칠 수 있는 대비책을 갖추는 것임을 알 수 있다. [故用兵之法, 無恃其不來, 恃吾有以待也] 즉, 적이 공격해오지 않을 것이라 믿지 말고, 어떤 적도 공격해올 수 없는 강한 나를 만드는 것을 말한다. [無恃其不攻, 恃吾有所不可攻也] "적을 믿지 말고 자신을 강하게 하라"는 손자의 이 가르침에 따르면 이웃 나라와의 외교 관계의 핵심과 용병법의 핵심은 유비무환인 셈이다.

나. 1970년대 미중의 식탁 정치

(1) 리더는 밥 먹는 것도 일이다

리더는 단지 배를 채우기 위해 밥을 먹으면 안 된다. 밥 한번 잘 먹어서 크게 성공할 수도, 잘못 먹어서 망할 수도 있다. 리더에게는 밥 먹는 것도 일이라는 마음가짐이 중요하다. 한국전쟁 이후 20년간 적대시하던 미국과 중국의 관계를 풀어준 것은 북경의 오리구이였다. 흔히 핑퐁외교라고 불리는 1970년대 미국과 중국의 외교가 '북경 오리구이 외교'로 시작된 것이다.

(2) 총리가 식당의 지배인이 되다

1970년대 초 미국 닉슨 대통령의 특사인 헨리 키신저와 중국 저우언라이 총리는 비밀리에 북경에서 회담을 가졌다. 분위기는 좋지 않았다. 오전에 시작한 협상은 서로의 입장 차이 때문에 더 이상 진전되지 못하고 깨지기 일보 직전이었다. 저우언라이 총리는 일단 밥을 먹고 다시 협상하자고 제안했다.

이때 나온 요리가 오리구이였다. 반주는 마오타이주였다. 저우언라이 총리는 북경 오리구이가 중국의 황제들이 먹던 고급 음식이며, 마오타이주는 중국의 국주라면서 직접 오리구이의 역사와 먹는 법을 키신저에게 소개했다. 키신저에게 당신을 황제처럼 대접하고 있다고 말한 것이다. 저우언라이 총리는 만찬을 준비할 때 자신은 미리 밥을 먹고 실제 만찬에서는 먹는 척만 했다고 한다. 상대방이 편히 먹을 수 있게 시중을 들어 미중 협상의 실마리를 풀었던 것이다.

일국의 총리가 직접 식당 지배인 역할을 하다니 상상이 가는가. 눈치 빠른 키신저가 상대방이 밥을 먹지 않고 자신을 배려하는 것을 몰랐을 리 없다. 훗날 키신저는 당시를 떠올리며 "차갑던 분위기가 식사 후 달라지기 시작했다"고 말했다. 이후 닉슨 대통령이 중국을 방문했고, 양국은 급속히 가까워지기 시작했다.

다. 북경 오리구이 외교의 진수

(1) 주공토포 천하귀심

중국에는 '주공토포 천하귀심周公吐哺 天下歸心'이라는 고사가 있다. "손님이 오면 씹고 있던 것까지 내뱉고 대접한다"는 이야기다. 저우언라이 총리는 그런 마음가짐과 태도로 미국의 손님을 접대했다. 그 결과 중국과 미국의 수교를 이끌어낼 수 있었다. 저우언라이 총리는 양국의 수교를 "작은 탁구공 하나가 지구라는 큰 공을 움직였다"고 표현했다. 북경 오리구이로 분위기를 만들지 않았다면 탁구는 시작도 못 했을 것이다.

(2) 불도장

북경오리가 중국과 미국의 화해를 이끌어내는 데 결정적인 역할을 했다면, 중국을 세계적인 경제 대국으로 만드는 데 공을 세운 음식은 '불도장佛跳牆'이다. 불도장이라는 이름은 옆집에서 나는 음식 냄새가 너무 구수해서 스님이 담을 넘어갔다는 데서 유래한 것이다. 다양한 고가의 재료들로 만든 불도장은 최고급 중국요리로 꼽힌다.

중국과 미국이 1970년대 후반 수교를 맺은 이후 미국의 로널드 레이건 대통령, 영국의 엘리자베스 여왕 등 외국 정상들이 줄줄이 중국을 방문했다. 덩샤오핑 주석은 중요한 사람이 방문할 때마다 북경 오리구이와 더불어 불도장을 대접했다. 숙소는 황제의 별궁인 조어대釣漁台로 정했다.

개혁개방 정책을 펼치던 덩샤오핑 주석은 경제특구에 대한 투자가 절실했다. 그래서 그는 각국 정상들이 중국에 투자할 나라의 대표들인 만큼 정성을 다해 대접한 것이었다. 어찌 보면 덩샤오핑 주석의 정성이 지금의 중국이라는 결과를 만들어냈다고 할 수 있다.

비즈니스 세계에서는 자신이 원하는 바를 이루기 위해 상대방이 원하는 것을 주어야 한다. 하지만 그 과정에서 상대방의 입장을 헤아려 잘 대접하는 것 역시 중요하다.

05 리더가 경계해야 할 일 다섯 가지

가. 장수가 빠지기 쉬운 위험 다섯 가지

장수에게는 다음과 같이 경계해야 할 다섯 가지 위태로움이 있다.[故將

有五危]

① 적을 반드시 죽이고자 하는 자는 자기가 죽을 수 있다.[必死可殺也]

② 꼭 살고자 생각하는 자는 포로가 되기 쉽다.[必生可虜也]

③ 성을 잘 내고 조급하면 기만당할 수 있다.[忿速可侮也]

④ 너무 청렴결백하면 오히려 욕을 먹기 쉽다.[廉潔可辱也]

⑤ 지나치게 병사를 아끼는 자는 병사 돌보기에 지쳐서 번민에 빠지게
   된다.[愛民可煩也]

무릇 이 다섯 가지는 장수가 저지르기 쉬운 잘못이다.[凡此五者, 將之過也,
用兵之災也] 군을 멸망케 하고 장수를 죽음으로 몰아넣는 원인이 바로 이
다섯 가지 위태로움에 있으니 잘 살피지 않으면 안 된다. 이것이 용병이
다.[覆軍殺將, 必以五危, 不可不察也]

나. 실권과 복권의 처세술

덩샤오핑은 파란만장한 중국의 격동기를 마오쩌둥과 함께하면서 신중
국을 건설했던 핵심 인물 중 한 사람이다. 덩샤오핑은 모사와 지혜가 출
중한 마오쩌둥 밑에서 2인자로 살면서도 자신의 통치철학을 소신껏 발휘
했던 난세의 영웅이었다.

덩샤오핑의 주변에는 마오쩌둥, 저우언라이, 주더, 린뱌오, 그리고 장
칭을 중심으로 한 4인방 세력 등 쟁쟁한 인물들이 포진하고 있었다. 덩샤

오핑은 이들과 서로 협력하기도 하고 투쟁하기도 하면서 실각과 복권을 거듭하다가 마침내 마오쩌둥에 이어 불멸의 지도자가 되었다. 덩샤오핑은 전쟁과 평화, 혁명과 안정, 창조적 혁신과 실용적 실천의 역사적 과정을 온몸으로 경험한 사람이었다.

다. 탁월한 처세술의 성공 방정식

탁월한 통치자이자 수백만 명의 군대를 이끈 최고 군 통수권자였던 덩샤오핑의 다양한 경험과 권력투쟁 과정에서의 처세술 및 성공 방식을 알아보자.

(1) 몸을 낮추어 처신하는 리더

덩샤오핑은 자신이 반대파나 권력층에 무고하게 타도당하거나 실각되었을 때에는 철저히 몸을 낮추고 냉정하게 처신함으로써 후일을 기약하며 모든 것을 끊고 주변 환경을 정리했다.

(2) 인내하며 때를 기다리는 리더

장시성 유배 생활 6년째 되던 어느 날, 덩샤오핑은 당시 66세의 고령이었지만 겸손한 마음으로 마오쩌둥에게 간청했다. 자신에게 복권의 기회가 주어진다면 나라와 민족을 위해 혼신을 바쳐 일하겠다며 어떤 일이라도 좋으니 일할 수 있는 기회를 달라고 말이다.

그는 권력에 붙어서 자신의 안위나 생각하는 그런 인물이 결코 아니었다. 파산된 국민경제를 일으키고, 중화민족의 중흥을 이룩해야 한다는 목표가 그를 세우고 지켜주었다. 덩샤오핑은 그러한 목표를 위해서는 자신의 한 가닥 자존심마저도 버릴 수 있으며, 어떠한 모욕과 고난도 참아낼 수 있다고 생각했다.

(3) 독자적 전략이 있는 리더

덩샤오핑은 정적이나 반대파는 설득을 하고, 자신의 노선에 동참하는 자들은 동지로 삼거나 인재로 등용했다. 대신 사사건건 반대하거나 죄질이 심한 경우에는 법정에 세워 스스로 자신의 잘못을 시인케 하거나 법에 따라 심판했다. 그는 그간 철저히 준비한 정책과 전략을 과감하게 실천하며 자신의 통치철학을 독자적으로 밀고 나갔다. 예컨대 개혁개방 정책, 사회주의 시장경제 체제를 전방위적으로 뿌리 내리게 하고 이를 적극 추진한 점이 바로 그렇다.

(4) 인적 네트워크를 갖춘 리더

덩샤오핑은 두 번째로 실각되었을 때 아무런 권력이나 지위도 없었다. 하지만 당, 정, 군의 원로 그룹은 물론 현직 고위 지도층과의 든든한 네트워크를 갖고 있었기에 화궈펑 세력을 조직적으로 밀어내고 마침내 중국 천하를 손에 쥐게 되었다.

(5) 상대를 움직이는 설득의 리더

덩샤오핑은 과감성과 결단성, 그리고 거침없는 추진력 외에도 사람의 마음을 헤아려 자신의 편으로 만드는 특유의 설득력을 지닌 리더였다. 마오쩌둥이 선동의 귀재라고 한다면, 덩샤오핑은 설득의 명수라고 해도 과언이 아니다. 이처럼 그는 설득과 선전, 선동의 힘을 잘 이해하는 리더였으며, 이를 적재적소에 잘 활용할 줄 아는 지도자였다.

09 행군 편

동향에 따른
정세를 살펴라

'행군行軍'이란 군대의 이동으로, '행군 편'에서는 지형 관련 용병법을 다루고 있다. 손자는 '행군 편'에서 산악 지대나 습지 등 지형에 따른 주의점이나 전술 및 적군의 동향에 따라 내정을 탐색하는 구체적인 전술 노하우를 설명하고 있다.

01 정세와 지형을 정확히 살펴라

가. 네 가지 지형에서의 전투 요령

(1) 산지 전투 요령

손자가 말하길, 무릇 군대를 이동시키거나 주둔시킬 때는 산을 가로질러 계곡에 의지해야 하고, 높은 곳에서 시야를 확보해야 한다. 적이 높은 곳에 있다면 싸움을 걸어와도 맞서지 말아야 한다. 이것이 산에서 군대를 운용하는 법이다.[孫子曰, 凡處軍相敵, 絶山依谷, 視生處高, 戰降無登, 此處山之軍也]

(2) 하천 전투 요령

강을 건너고 나서는 반드시 그 강에서 멀리 떨어져라. 적이 강을 건너 공격해 오거든, 물속에서 이를 맞아 싸우지 말고 반쯤 건너오기를 기다렸다가 이를 공격하면 유리하다.[絶水必遠水 客絶水而來, 勿迎之於水內, 令半濟而擊之利]

강을 건너오는 적과 전투하고자 한다면 강가까지 나가 맞이해 공격하지 말고, 시계가 시원하게 열린 높은 곳을 택하며, 강물 상류에 있는 적을 맞이해 싸워서는 안 된다. 이것이 물가에서 행군하는 병법이다.[欲戰者, 無附於水而迎客, 視生處高, 無迎水流, 此處水上之軍也]

(3) 늪지대 전투 요령

늪지대를 건널 때는 빠르게 이동해야 한다. 만약 늪지대에서 교전을 하게 되면 수초가 없는 곳에 의지해서 숲을 등지고 진을 쳐야 한다. 이것이 늪지대에서 군대를 운용하는 병법이다.[絶斥澤, 惟亟去無留, 若交軍於斥澤之中, 必依水草, 而背衆樹, 此處斥澤之軍也]

(4) 평지 전투 요령

평지나 언덕에서 싸울 때는 평탄한 곳에 진을 친다. 초목이 없는 곳을 앞에 두고, 숲을 뒤에 둔다. 이것이 평지나 언덕이 있는 곳에서 군대를 운용하는 병법이다. [平陸處易, 而右背高, 前死後生, 此處平陸之軍也]

이 네 가지는 옛날 황제가 주변의 4인의 제후인 태호, 소호, 염제, 전욱에게서 승리를 거둔 병법이다. [凡此四軍之利, 黃帝之所以勝四帝也]

나. 총량규제와 제로베이스 예산

프랑스의 니콘 에실로가 5,000억 원의 적자를 끌어안고 있을 때 실행한 경비 절감 수법은 '총량규제'와 '제로베이스' 예산 관리였다. 총량규제는 제조비를 삭감하는 데 매우 효과적이다. 사람의 심리는 묘한 구석이 있어서 '점심 식사 한 끼를 5천원 내에서 해결하라'고 말하는 것보다 '한 달에 15만 원 내에서 점심 식사를 해결하라'고 말하는 쪽을 훨씬 더 좋아한다. 선택할 수 있는 폭이 넓어지기 때문이다.

항목의 양을 묻지 않고 총량을 웃돌지 않도록 규제하는 것이 총량규제다. 현장의 재량에 맡기는 쪽이 틀에 박힌 메뉴를 강요하는 것보다 의욕을 높일 수 있다.

제로베이스 예산은 미국의 카터 대통령이 연방 예산에 도입한 것으로 유명하다. 그것은 항상 백지 상태에서 계획을 세워 기득권만 인정하거나 신규 계획을 차별하는 일 없이 같은 기준으로 평가함으로써 전년도 기준으로 예산을 생각하는 것이 아니라 그해의 상황에 맞게 예산을 할당하는 것이다. 이렇게 하면 다음 해에 더 많은 예산을 받아내기 위한 쓸데없는 낭비가 줄어들고, 필요한 곳에만 확실하게 예산을 책정하기 때문에 매우 효율적이다. 니콘 에실로에서는 이 두 가지 방법으로 제조 부문에서 20%, 영업과 일반 부문에서 30%의 경비를 절감했다.

다. 세일즈맨의 거래처 정보관리

《손자병법》을 경영에 활용한 것으로 유명한 스미모토생명보험의 전 회장 우에타 호우엔은 이렇게 말했다.

> "스미모토생명의 최고 세일즈맨은 영업 시작 전 준비에 특별히 의미를 두
> 고 있다."

실제로 스미모토생명의 세일즈맨들은 거래처의 경력, 가족 상황, 취미, 비서, 경쟁 상대의 움직임 등을 사전에 미리 알고 자신의 행동에 만전을 기한다. 그리고 그것들을 기초로 해서 방문 전에 진행하려는 세일즈의 추진 방향과 방법을 종이에 적으며 예행연습을 한다. 우에타 호우엔 전 회장은 실제로 30여 년이 넘도록 영업 사원들이 이와 같은 사전 작업 과정에 집중하도록 최선을 다하고 있다.

가. 필승 태세, 만전의 준비를 하라

① 무릇 군대가 주둔할 때는 높은 곳을 택하고 낮은 곳을 피해야 한다. [凡軍好高而惡下]

② 양지바른 곳이 좋고 그늘진 곳은 좋지 않다. [凡軍好高而惡下, 貴陽而賤陰]

③ 또한 병사와 군마의 건강에 유의하고 위생에 조심해서 병이 발생하지 않도록 해야 한다. 이는 필승의 요건이다. [養生而處實, 軍無百疾, 是謂必勝]

④ 언덕이나 제방이 있는 곳에서는 반드시 양지쪽에 진을 치고, 언덕이나 둑의 오른쪽을 등져야 한다. 그래야 아군에게 유리하고 지형의 도움을 받는다. [丘陵堤防, 必處其陽, 而右背之, 此兵之利, 地之助也]

⑤ 또한 강을 건너려 할 때 상류에 비가 와서 물거품이 흘러 내려오면 안정될 때까지 기다려야 한다. [上雨, 水沫至, 欲涉者, 待其定也]

이상 다섯 가지 사항은 유념해야 할 행동 강령으로 이른바 '필승의 태세'를 갖추는 것이다. 손자가 병사들의 건강과 위생을 얼마나 중요시하고 있는지, 또 지형과 관련한 행동 강령 등을 알 수 있는 대목이다.

나. 사업화 가능성을 검토하라

신규 사업 또는 프로젝트를 시작하기 전에는 그 계획의 실현 가능성을 평가하는 '사업화 타당성 분석FS; Feasibility Study'이 필요하다. 국내외 사업 진출을 결정함과 동시에 바로 생산 능력과 설비 투자액, 판매 계획 등의 구체적인 계획을 세워나가는데, 그전에 계획의 실현 가능성 유무를 현장에서 검토해야 한다.

특히 해외 사업 전략 등은 실행 계획서를 작성하기 전에 예비 조사와 사전 검토가 필요하다. 이는 의사결정을 위한 중요한 판단 기준이 된다. 지금까지 경험하지 않았던 곳과 미지의 사업에 경영자원을 투자하기 전에 기본적인 저해 요인과 리스크를 체크하는 사전 조사는 매우 중요하다.

사업 타당성 분석에는 생산판매 계획, 손익 계획과 함께 기술에 대한 설명과 사용하는 기계 설비, 부품, 재료 등 상세한 리스트를 준비해야 한다. 이 가운데 설비 리스트, 현물 출자 및 리스, 코스트와 이익 배분, 생산 공정도와 기술 설명 등은 자사 내에서 충분한 심사와 검토가 필요하다.

다. 현장에서 정확한 정보를 찾아라

자기 부하를 잘 모른다면 통솔할 자격이 없다. 부하의 성격, 적응성, 장단점은 물론 취미나 기호, 더욱이 마음까지 알고 있지 않으면 부하를 다스릴 수 없다. 고객과 부하를 잘 아는 일이야말로 특출한 성적이나 원활한 조직운영의 원천이 된다.

월마트의 경영진은 매주 이틀에 걸쳐 매점에서 고객과 교류를 한다. 디즈니월드 매니저들은 정해진 일수 이상을 현장에서 근무한다. 적어도 한 번은 미키마우스 등 캐릭터의 옷을 입고 놀이공원 내에서 하루 이상 일해야 한다. 나아가 매년 한 주간 현장에 나가 표를 수취하거나 팝콘을 팔거나 고객을 놀이기구에 태우고 내리는 등의 일을 한다.

　회사와 고객, 판매자와 소비자를 파악하는 가장 좋은 장소는 현장이다. 우수한 기업의 지도자들은 자신의 오감을 통해 그곳을 확인한다. 미국에서 명성이 자자한 비즈니스 스쿨의 문제점 중 하나는 '미래 산업을 짊어질 총지휘자들이 매니저의 보고서를 간단하게 읽고는 한 번도 사무실을 나가는 일 없이 높은 곳에서 지시하고 명령하는 업무를 배운다'는 것이다. 분명한 사실은 단순한 통계 숫자와 보고서 한 장만으로는 정확하게 지피지기를 할 수 없다는 것이다. 현장에서 정확한 정보를 알기 위한 집념, 이것이야말로 우수한 기업의 중요한 키워드라 할 수 있다.

03　용병에서 꼭 피해야 할 곳

가. 가까이하면 위험한 지형 여섯 가지

　무릇 지형에는 여러 가지 위험한 곳이 있다. 절벽으로 둘러싸인 험준한 계곡, 우물처럼 움푹 들어간 분지, 좁고 험준하기가 감옥과도 같은 오지, 초목이 빽빽하게 들어찬 숲, 함정처럼 벗어나기 어려운 늪지대, 땅이 갈라진 것 같은 험한 골짜기 등이 있다. 이런 곳은 가까이하지 말고 빨리 벗어나야 한다.[凡地有絶澗, 天井, 天牢, 天羅, 天陷, 天隙, 必亟去之, 勿近也]

① '절간絶澗'은 절벽으로 둘러싸인 깊은 골짜기로, 적이 앞에서 기다렸다가 공격하면 꼼짝없이 당하게 된다.

② '천정天井'은 우물처럼 움푹 들어간 분지로, 적군이 높은 곳에서 공격해오면 대처하기 매우 어렵다.

③ '천뢰天牢'는 좁고 험준한 지역으로, 사방이 갇힌 것이나 다름이 없어 적이 공격 시 속수무책이다.

④ '천라天羅'는 초목이 무성한 지역으로, 매복이 쉬운 환경이라 언제 어디서 적의 공격을 받을지 모르니 극히 조심해야 한다.

⑤ '천함天陷'은 함정처럼 벗어나기 어려운 늪지대로, 적의 공격을 받으면 그 피해가 배가 될 것이다.

⑥ '천극天隙'은 길이 좁고 기다란 지형으로, 역시 적의 공격을 받으면 대처할 방법이 없다.

이상 군대가 가까이하지 말아야 할 여섯 가지 지형을 '육해六害의 땅'이라고 한다. 이런 곳을 만나면 신속하게 지나치거나 애초에 가까이 가지 말아야 할 것이다. 부득이 이런 곳을 만나면 아군은 그곳을 멀리하면서 적은 가까이하도록 하며, 아군은 이를 마주하도록 하면서 적은 이를 등지도록 해야 한다.[吾遠之, 敵近之, 吾迎之, 敵背之]

군대가 이동할 때 험준한 곳, 웅덩이, 갈대밭, 초목이 무성한 숲이 주위에 있으면 반드시 신중하게 반복해서 수색해야 한다. 이런 곳은 적의 매복이 가능하기 때문이다.[軍旁有險阻蔣潢, 井生葭葦, 山林蘙薈. 必謹復索之, 此伏姦之所所也]

나. 지금 귀를 막고 있지는 않은가?

누구나 권위 있는 리더가 되고 싶어 한다. 물론 권위 자체가 나쁜 것은 아니다. 그러나 그 욕구를 손쉽게 채우려 하다가는 자칫 진정한 권위와 멀어지게 된다. 권위에 대한 욕구가 강한 리더는 그 기분을 얼른 맛보기 위해 무의식적으로 다른 이들의 의견을 거부하거나 공연히 오만한 행동을 취하는 등 겉으로 보이는 행위에 집착한다. 그런 식으로 자신의 권위를 과시하려 한다.

그러나 겸허함을 포기하고 다른 사람의 의견을 거부해 얻은 권위는 거짓에 불과하다. 당신의 진정한 모습은 현재의 그것이 아니다. 당신은 더욱더 성장할 수 있다. 그럼에도 불구하고 현재 위치에 쉽게 만족하는 리더들을 보면 안타까울 뿐이다. 이는 사회적 손실이기도 하다. 리더는 끊임없이 성장해야 할 의무가 있다.

조직과 사회를 위해, 주변의 모든 사람을 위해, 마지막으로 자신을 위해 지속적으로 성장하는 것은 리더의 의무이자 일이다. 그러기 위해서는 가장 먼저 귀를 열어야 한다. 그래야 자기만족의 틀에 갇히는 우를 범하지 않는다. 진짜 권위 있는 리더는 자기보다 낮은 사람들의 의견을 귀담아듣는다.

당신은 혹시 귀를 닫고 있지는 않은가? 겸허함을 유약함이라고 착각하고 있지는 않은가? 기억하라. 겸허함은 무척이나 단단하고 중요하다. 가장 겸허한 사람이야말로 가장 권위 있는 사람이다.

다. 미래를 내 손으로 만든다

흔히 인재人才를 '인재人財'라고 표현한다. 이는 '사람이 재산'이라는 뜻이다. 여기서 인재라 함은 '미래를 자신의 손으로 만들 수 있는 사람'이다. 그런 사람이 되기 위해서는 다음 내용을 실행해야 한다.

(1) 매력 있는 사람의 4원칙

① 인품이 훌륭하다.

② 남모르게 노력한다.

③ 잡학을 공부한다.

④ 상대방의 눈을 또렷이 바라보며 이야기하고 명확하게 대답한다.

(2) 인간 본질의 단념 2원칙

① 돈 떨어지면 사람도 떨어진다.

② 아무리 믿는 상대라 해도 배신할 수 있다.

(3) 흔들리지 않는 삶의 2원칙

① 정말 유능한 사람은 반드시 살아남는다.

② 약간 튀어나온 못은 얻어맞지만 두드러지게 나온 못은 건드리지 않는다.

아무리 호감을 얻고 있는 사람이라 해도 일을 성사시키는 과정에서 배

신당할 가능성은 얼마든지 있다. 그런 경우에도 흔들리지 않는 마음을 유지할 수 있는 방법은 이 여덟 가지 원칙을 항상 마음속에 새겨 두고 실천하는 것이다.

04 적의 동태를 파악하는 방법

가. 동태를 파악하는 방법 서른세 가지

(1) 아군이 가까이 다가가도 적이 움직이지 않는다면 그들이 지형의 험준함을 믿기 때문이다. [敵近而靜者, 恃其險也]

(2) 적이 멀리서부터 싸움을 걸어오는 것은 아군이 나오기를 바라기 때문이다. [遠而挑戰者, 欲人之進也]

(3) 적이 평탄한 곳에 진을 치고 있는 것은 그곳이 지리적으로 유리하기 때문이다. [其所居易者, 利也]

(4) 숲의 나무들이 흔들리면 적이 움직이는 것이다. [衆樹動者, 來也]

(5) 풀이 우거진 곳에 장애물이 많은 것은 복병을 의심케 하기 위해서다. [衆草多障者, 疑也]

(6) 새들이 날아오르는 것은 복병이 있기 때문이다. [鳥起者, 伏也]

(7) 짐승들이 놀라 달아나는 것은 기습 부대가 습격해 오기 때문이다. [獸駭者, 覆也]

(8) 흙먼지가 높고 날카롭게 일어나는 것은 전차가 오고 있기 때문이

다. [塵高而銳者, 車來也]

(9) 흙먼지가 낮고 넓게 깔리는 것은 보병 부대가 쳐들어오기 때문이다. [卑而廣者, 徒來也]

(10) 흙먼지가 이곳저곳에서 피어오르는 것은 적군의 병사들이 땔나무를 구하고 있기 때문이다. [散而條達者, 樵採也]

(11) 흙먼지가 조금씩 여기저기에서 솟아오르는 것은 적이 야영을 준비하고 있기 때문이다. [少而往來者, 營軍也]

(12) 적군에게서 온 사신의 말이 겸손하면서 방비 태세를 갖추는 것은 진격할 뜻이 있기 때문이다. [辭卑而益備者, 進也]

(13) 적군의 언행이 강경하면서 공격하려는 듯 보이면 후퇴하려는 것이다. [辭强而進驅者, 退也]

(14) 전차를 앞에 두고 그 곁에 병사가 있으면 진을 치고 있는 것이다. [輕車先出居其側者, 陣也]

(15) 약속도 없는데 갑자기 화친을 청하면 음모가 있는 것이다. [無約而請和者, 謀也]

(16) 전령이 분주히 왔다 갔다 하면서 부대와 전차를 정렬시키는 것은 결전을 준비하는 것이다. [奔走而陳兵車者, 期也]

(17) 적이 진격하는가 하면 후퇴하고 후퇴하는가 하면 진격해 오는 것은 이쪽을 유인하려는 것이다. [半進半退者, 誘也]

(18) 적병이 지팡이를 짚고 서 있는 것은 식량이 부족해 굶주리고 있기 때문이다. [杖而立者, 飢也]

(19) 물을 길어 와서 자기가 먼저 마시는 것은 식수난에 빠졌기 때문이다. [汲而先飲者, 渴也]

(20) 유리한 줄 알면서도 공격하지 않는 것은 지쳤기 때문이다. [見利而不進者, 勞也]

(21) 적진 위에 새들이 모여 있으면 적군이 이미 철수한 것이다. [鳥集者, 虛也]

(22) 한밤중에 큰 소리를 내는 것은 두려움에 떨고 있기 때문이다. [夜呼者, 恐也]

(23) 군영이 소란스러운 것은 장군의 위엄이 없기 때문이다. [軍擾者, 將不重也]

(24) 깃발이 어지럽게 흔들리는 것은 병사들의 대오가 혼란스럽기 때문이다. [旌旗動者, 亂也]

(25) 군의 지휘관이 부하들에게 화를 내는 것은 지쳤기 때문이다. [吏怒者, 倦也]

(26) 적군 병사들이 밥을 지어 먹는 대신 말을 잡아먹는 것은 식량이 바닥났기 때문이다. [殺馬肉食者, 軍無糧也]

(27) 취사도구를 나뭇가지에 걸어두고 막사로 들이지 않는 것은 궁지에 몰렸기 때문이다. [懸瓿不返其舍者, 窮寇也]

(28) 장수가 조용하고 공손하게 병사들을 타이르는 것은 부하들의 신망을 잃었기 때문이다. [諄諄翕翕, 徐與人言者, 失衆也]

(29) 병사들에게 상이나 상금을 남발하는 것은 사기가 떨어졌기 때문

이다. [數賞者, 窘也]

(30) 장수가 병사들에게 자주 벌을 주는 것은 통솔이 곤란하기 때문이다. [數罰者, 困也]

(31) 처음에는 언동이 사납게 화를 내는 등 난폭하다가 후에는 반발이 두려워 병사들의 눈치를 본다면 통솔할 줄 모르는 것이다. [先暴而後畏其衆者, 不精之至也]

(32) 적군이 사자를 보내 인사 또는 사과하는 것은 휴식을 위한 시간을 벌고자 함이다. [來委謝者, 欲休息也]

(33) 적군이 노기를 띠고 마주 대하면서도 시간이 흘러도 싸우려 하지 않고 또한 물러서지도 않을 때에는 필히 다른 속셈이 있는 것이다. [兵怒而相迎, 久而不合, 又不相去, 必謹察之]

나. 아메바 조직 경영법

관료화라는 대기업병을 치유할 수 있는 방법은 아메바 경영을 통해 가능하다. 아메바 조직이란 아메바의 생존 원리를 경영에 접목한 조직을 말한다. 즉, 회사가 커져도 사업 목적이나 일의 내용에 따라 그 조직을 세분화하는 것으로, 일종의 세포분열을 하는 조직인 셈이다.

아메바는 단세포 원생동물로 큰 것이라고 해봐야 0.2mm에 불과한 생물이다. 형태가 일정하지 않으며 위족으로 먹이를 싸서 흡수하며 살아간다. 그만큼 환경 변화에 신속히 대응하는 생물이라고 할 수 있다. 이처럼 아메바 경영은 자연히 소규모 기업 CEO와 같은 의식을 가진 리더와 구성원이 생겨 회사가 성장하고 조직이 늘어나도 창업 초기처럼 일하게 만든다. 또한 구성원 모두가 스스로 목표를 세우고 그 목표를 달성하기 위해 노력한다. 이 과정에서 개인은 능력을 키우고 일하는 보람도 찾는다.

물론 아메바 조직의 성공에도 전제 조건이 있다. 사원 모두가 '윈-윈의 경영철학'을 가져야 한다는 것이다. 회사는 몇몇 사람을 위해서가 아니라 전체 구성원을 위해 존재한다는 철학과 믿음을 공유해야 한다. 이렇게 해야 비로소 전 사원이 실적 향상을 위해 몸을 던져 일하게 된다.

그렇다면 기능별로 나눈 조직을 어떻게 세분화해서 아메바 조직으로 만들어야 할까? 조직을 세분화하기 위한 조건은 다음과 같다.

① 아메바는 독립채산적으로 성립되는 단위일 것. 아메바의 수지收支가 명확하게 파악되어야 한다.
② 비즈니스로서 완결되는 단위일 것. 리더가 아메바를 경영하는 것에서 창의적인 연구를 할 여지가 있고, 보람을 느끼며 사업을 할 수 있어야 한다.
③ 회사의 목적, 방침을 수행할 수 있도록 조직을 분할할 것. 조직의 세분화가 회사의 목적이나 방침에 저해 요인이 되지 않아야 한다.

이를 통해 전체 조직을 공정별, 제품별로 나눠 대부분의 조직들이 독립채산 형태가 되면서 전 사원이 CEO 역할을 한다. 여기서 각 아메바 조직은 회사 전체 구성에서 하나의 기능을 담당하면서도 각각이 독립채산으로 활동을 하는 조직 단위가 된다. 하지만 무조건 조직을 세분화한다고 해서 좋은 것은 아니다. 아메바를 어떻게 나누는지의 문제가 아메바 조직 경영의 성패를 좌우한다고 할 수 있다.

다. CEO는 열두 가지를 점검하라

CEO는 꾸준히 다음의 열두 가지를 점검하면 비약적으로 성장할 수 있다.

①미션: 구성원이 완수해야 할 임무의 명확성과 하부 조직까지의 전달 여부를 점검한다.

②포지셔닝: 시장에서 자사의 정확한 위치, 차별화 요소, 핵심 경쟁력이 무엇인지 점검한다.

③상품력: 상품의 가치, 즉 절대적 가치와 상대적 가치를 점검한다.

④브랜드: 회사와 고객 간의 접점 여부와 고객 가치가 높은지 여부를 점검한다.

⑤고객 모집력: 홍보에 얼마나 노력하고, 회사를 얼마나 꾸준히 광고하고 있는지 점검한다.

⑥잠재고객 발굴: 고객을 지속적으로 관리하는고 있는지 점검한다.

⑦영업: 전문적 지식을 갖추고 제품 세일즈에 임하는지 점검한다.

⑧단골 고객화: 고객의 단골 여부와 지속적인 관계관리 유무를 점검한다.

⑨ 경리 및 재무: 분식회계를 하지 않는지 점검한다.

⑩ 조직 및 팀 관리: 사업 목표, 핵심 가치, 비전의 공유, 팀워크를 점검한다.

⑪ 조직화: 조직적인 발상, 조직의 주기적인 교육을 점검한다.

⑫ 투자: 조직의 미래를 위한 투자와 자기를 위한 투자를 하는지 여부를 점검한다.

CEO는 실패가 잦을 때나 성장이 멈추었을 때 혹은 명확한 이유 없이 회사가 삐걱거릴 때 이를 반드시 점검해야 한다.

---

05 위엄이 있되 덕으로 다스려라

가. 명령과 통제의 리더십

군대는 병력이 많다고 유리한 것이 아니다. 오로지 공격만을 앞세워서는 안 되며, 아군의 병력을 집중시키고 적의 정세를 잘 분석해 판단하면 승리를 얻기에 충분하다.[兵非益多也, 惟無武進, 足以倂力料敵, 取人而已] 무릇 깊고 멀리 생각하지 않고, 적을 가볍게 보는 자는 반드시 적에게 사로잡힌다.[夫惟無慮而易敵者, 必擒於人]

병사들이 아직 장수를 충심으로 따르기 전에 벌칙만을 적용한다면 복종하지 않으며, 복종하지 않으면 통솔하기가 어렵다.[卒未親附而罰之, 則不服,

不服則難用也] 병사들이 잘 따른다고 해서 과실이 있는데도 벌을 주지 않는다면 이것 역시 군대의 통솔이 불가능하다. [卒已親附而罰不行, 則不可用也]

그러므로 장수는 평소에 명령을 내릴 때는 덕과 예절과 도의를 갖춰 행하고, 병사를 다스리고 통제할 때는 위엄과 법령으로써 행해야 한다. 이것이 바로 필승의 군대라 할 수 있다. [故令之以文, 齊之以武, 是謂必取]

평소에 명령이 잘 하달되고 잘 지켜지면 병사들은 복종한다. 평소에 명령이 잘 하달되지 않고 잘 지켜지지 않으면 병사들은 복종하지 않는다. [令素行以敎其民, 則民服, 令不素行以敎其民, 則民不服] 평소에 명령이 잘 지켜지는 것은 장수와 병사 사이에 신뢰가 쌓여 있기 때문이다. [令素行者, 與衆相得也]

장수가 명령을 내릴 때 덕과 예절과 도의를 갖춰 행하고, 병사를 다스리고 통제할 때 위엄과 법령으로써 행하는 것은 '하나 된 마음'을 만들기 위해서다. 이것이 필승으로 가는 길이다.

나. CEO 리더십의 핵심은 사람

에쓰-오일의 대표이사였던 아흐메드 알 수베이는 "리더십의 핵심은 사람과 미래다"라고 했다. 과거에 대한 리더십은 없다. 리더들은 과거에는 관심이 없다. 과거는 의미 없는 시간이기 때문이다. 물론 과거를 전혀 돌아보지 않는다는 의미는 아니다. 과거를 돌아보며 뼈저린 반성을 하기도 한다. 그러나 리더십은 미래와 변화에 대한 것이며, 결과가 아니라 사람에 대한 것이다.

만약 리더가 뒤를 돌아봤을 때 자신을 따르는 사람이 없다면 그는 더 이상 리더가 아니다. 리더십의 핵심은 사람이며 미래다. 그리고 리더십의 결과물은 그들과 함께 만들어가는 미래다. 이것이 그가 말하는 리더십이다.

제너럴일렉트릭GE의 눈부신 성장을 이루어낸 잭 웰치는 리더십을 다음과 같이 정의했다.

> "훌륭한 리더는 비전을 창출하고 명확히 설명해서 자신은 물론 모든 사람에게 그 비전을 자신의 것으로 만들도록 하며, 강한 열정으로 그 비전을 실행하고 완수한다."

잭 웰치의 후계자인 제프리 이멜트는 리더십을 다음과 같이 정의했다.

> "GE와 같이 다각화된 기업에 필요한 핵심 역량은 사람이다. 그래서 나는 내 시간의 3분의 1을 사람에게 할애한다."

다. 리더의 자격은 변화하려는 열정

리더는 '강하게' 성장해야 한다. 또한 '변신하겠다는 열정'이 필요하다. CEO가 열정이 없었다면 기업도 없고, 회사를 이끌고 있는 뜨거운 인재들과도 만날 수 없었을 것이다. 더 중요한 것은 그것을 얼마나 지속할 수 있느냐는 점이다. CEO의 열정이 시들해지면 그 회사는 반드시 기운다.

CEO는 스스로 불타오르는 사람이다. 스스로를 왕성하게 불태우면서 그것을 보고 덩달아 불태울 수 있는 인재를 붙잡는 것이 중요하다. '똑똑한 사람보다 열정, 열의, 집념을 갖춘 사람을 선호하는' 기업 인재 기준이 필요하다. 기업의 조직 전체를 열정의 도가니로 만들어가는 분위기가 필요하다.

도요타 자동차를 부활시켜 '중흥의 선조'로 불리는 이시다 타이조 사장은 이렇게 말했다.

> "한 사람의 백 보 전진보다 백 사람 모두가 한 걸음씩 계속 전진해가는 것이 강한 기업의 요건이다. 직원 교육을 중시하고 거기에 많은 것을 투자한다. 개인의 성장이 회사의 성장이다. 회사가 성장하면 각 개인의 삶의 질이 높아진다."

비즈니스라는 정글에는 다음과 같은 세 가지 부류의 사람이 있다.

① 스스로 불타는 사람
② 자기 자신이 스스로 불태우지는 못하지만 주위에서 불타오르면 같이 불타오르는 사람
③ 아무리 해도 불타지 않는 사람

이렇게 여러 성향을 지닌 수많은 직원들을 이끌어야 하는 존재가 바로 리더다. 리더가 새로운 목표를 정하고 열정적으로 임할 것을 계속 강조

하면 회사의 문화, 인재 육성, 각 구성원의 생각과 행동, 사내의 규칙 등은 새로운 목표치에 맞게 업그레이드된다. 과거의 생각으로 임한다는 것은 곧 실패를 예약하는 것이나 다름없다.

대기업으로 성장한 후 어느 시점이 지나면 점차 퇴보하는 이유도 '변신하겠다는 열정'이 식었기 때문이다. 패배자들의 습관이다. 한 마리 늑대가 이끄는 아흔아홉 마리의 양 집단과 한 마리 양이 이끄는 아흔아홉 마리의 늑대 집단이 서로 싸운다면 결과는 어떻게 될까? 리더가 제대로 된리더십을 발휘해 구성원들의 마음을 하나로 결속하고, 능력에 맞는 배치와 적절한 지시를 한다면 경험이 부족한 집단이라 하더라도 질서 있게 움직이고 조직적으로 성과를 내는 것이 가능하다.

리더는 '강하게' 성장해야 한다. 가장 도전적이고 가장 열정적인 인재들이 리더가 되어야 한다. 그런 요건이 충족되지 않는다면 아무리 연륜과고과가 훌륭해도 리더의 자격을 주어서는 안 된다.

10 지형 편

지형을 이용하고
사명감을 가져라

'행군 편'에서는 여섯 가지 피해야 할 지형을 언급했다. '지형 편'에서는 전술적인 시각에서 지형을 크게 여섯 가지로 나누고, 그 특성과 그에 따른 공격 및 방어 전술에 대해 자세히 설명하고 있다. 그리고 부하들에게 사랑과 엄격함을 베푸는 노하우와 장수의 사명감 및 책임감을 분석하고 있다.

01 지형의 특성에 따른 전술적 병법

가. 여섯 가지 지형과 전술적 대응

손자가 말하길, 지형에는 '통형通形', '괘형掛形', '지형支形', '애형隘形', '험형

險形', '원형遠形'의 여섯 가지가 있다고 했다. [孫子曰, 地形有通者, 有掛者, 有支者, 有險者, 有險者, 有遠者] 그것을 정리하면 다음과 같다.

① 아군도 적군도 모두가 오갈 수 있는 곳이 '통형'이다. '통형'에서는 양지바른 높은 곳에 진을 치고 식량 보급로를 잘 확보해둔 상태로 싸운다면 유리할 것이다. [有通者, 我可以往, 彼可以來, 曰通. 通形者, 先居高陽, 利糧道, 以戰則利]

② 나아가긴 쉽지만 물러서기 어려운 곳이 '괘형'이다. '괘형'에서는 적의 방비가 없으면 승리할 수 있지만 적이 대비하고 있다면 승리할 수 없다. 후퇴도 곤란하므로 매우 불리하다. [有掛者, 可以往, 難以返, 曰掛. 掛形者, 敵無備, 出而勝之, 敵若有備, 出而不勝, 則難以返, 不利]

③ 아군도 불리하고 적군이 나오기도 불리한 곳이 '지형'이다. '지형'에서는 아군에게 이로운 듯 보여도 나아가 싸워서는 안 된다. 아군을 뒤로 물리고 적이 반쯤 나서기를 기다렸다가 공격하면 이득이다. [有支者, 我出而不利, 彼出而不利, 曰支. 支形者, 敵雖利我, 我無出也, 引而去之, 令敵半出而擊之利]

④ 길이 좁은 '애형'에서는 아군이 먼저 점령해 준비를 갖추고 적을 기다려야 한다. 만약 적이 먼저 그곳을 점령해 방비하고 있다면 싸우지 말아야 한다. 다만, 적의 방비가 충실하지 못하다면 싸워도 무방하다. [有隘者, 隘形者, 我先去之, 必盈之以待敵, 若敵先居之, 盈而勿從, 不盈而從之]

⑤ 지형이 험한 '험형'이라면 아군이 먼저 점령하되 반드시 높은 양지에

주둔해 적을 기다려야 한다. 만약 적이 먼저 점령했다면 군대를 이끌고 물러서야 한다. 적과 맞서서는 절대 안 된다.[有險者, 險形者, 我先去之, 必居高陽以待敵. 若敵先居之, 引而去之, 勿從也]

⑥ 적과 멀리 떨어진 '원형'에서는 세력이 비슷하면 싸움을 걸기 어렵고, 싸운다 해도 이득이 없다.[有遠者, 遠形者, 勢均, 難以挑戰, 戰而不利]

이상 여섯 가지 원칙이 지형을 이용하는 방법이다. 이는 장수 된 자의 임무이니 잘 살피지 않으면 안 된다.[凡此六者, 地之道也, 將之至任, 不可不察也]

손자는 이렇게 전술적인 면에서 지형을 여섯 가지로 나누고, 그 특성에 따라 싸우는 방법을 설명했다. 장수는 지형의 특성을 잘 알고 있어야 하며, 각 지형에 따라 판단과 행동을 달리해야 한다. 그것이 바로 장수의 중요한 임무라 할 수 있다.

나. 영업과 제조는 운명 공동체

영업과 제조는 한배를 탄 운명 공동체로 함께 발전해야 한다. 각 부문이 채산성을 높이기 위해서는 영업과 제조가 정보 교환과 소통을 최대한 많이 해야 한다. 사실 현장의 영업과 회사 내의 제조는 각각 독립채산이기 때문에 각자의 입장만을 주장하며 언쟁을 하는 경우가 많다. 그러나 영업이든 제조든 같은 회사, 한배를 탄 운명 공동체이기 때문에 협력을 통해 앞으로 나아가야 한다.

두 조직이 고객을 향해 서로 연계하여 제품을 공급하고 서비스를 제공하지 않는다면 종합적인 고객만족을 이끌어낼 수 없다. 이를 위해 영업 부문은 경쟁사가 어떻게 움직이고 있는지, 고객은 어떤 제품을 원하는지, 그 제품에는 어떤 용도가 있는지, 어떤 사회적 가치가 있는지 등 올바른 시장 정보를 제조 부문에 전달할 의무가 있다. 제조 부문도 시장 동향이나 수주 상황 등을 확인함과 동시에 자신들의 기술 레벨을 경쟁사와 비교해 매력적인 제품을 경쟁력 있는 가격으로 시장에 내놓을 의지가 있음을 영업 쪽에 전달해야 한다.

이러한 연계가 자주적으로 밀접하게 이루어진다면 영업과 제조 모두 채산이 향상되고, 회사가 전체적으로 발전을 이어갈 것이다. 제조와 영업은 서로 절차탁마하면서 배려하는 마음으로 협력해야 하는 것이다.

다. 경쟁에서 살아남는 전략 네 가지

향후 10년은 경제가 겨울로 접어들 것으로 예상된다. 이런 상황에서 살아남으려면 어떤 전략이 필요할까? 바로 차별화 전략, 가격 전략, 집중화 전략, 틈새 전략이 필요하다. 이 네 가지 가운데 어느 한 가지라도 성공을 거둔다면 기업은 살아남을 가능성이 높다.

개인도 마찬가지다. 남과는 다른 장점을 갖고 있는 사람, 급여 이상의 능력이 있는 사람, 전문 분야를 갖고 있는 사람, 다른 사람이 하지 못하는 일을 할 수 있는 사람이 경쟁력을 갖춘 인물이다.

사실 현장의 비즈니스에서는 이 네 가지 중 한 가지만 갖춰서는 안심할 수 없다. 네 가지 모두를 갖춘다는 각오로 업무에 임해야 할 것이다.

가. 패배 유형의 지형 여섯 가지

전쟁에서 여섯 가지 유형의 패배는 천재지변이 아니라 모두 장수의 과실, 즉 인재人災임을 손자는 강조했다. 바꿔 말하면 장수가 얼마든지 패배를 막을 수 있다는 뜻도 된다.

패하는 군대에는 '주병走兵', '이병弛兵', '함병陷兵', '붕병崩兵', '난병亂兵', '배병北兵' 등 여섯 가지가 있다. 즉, 달아나는 부대, 기강이 해이한 부대, 결함이 있는 부대, 무너진 부대, 혼란스러운 부대, 패배한 부대가 있는데, 이는 하늘이 만든 재앙이 아니고 장수의 잘못 탓이다.[故兵有走者, 有弛者, 有陷者, 有崩者, 有亂者, 有北者, 凡此六者, 非天之災, 將之過也] 이에 대해 좀 더 자세히 알아보자.

① 아군과 적군의 병력이 같은데도 한 사람의 병사로 열 명의 적을 공격하라고 하면 군대는 도주할 수밖에 없다. 이런 군대를 달아나는 부대, 주병이라고 한다.[夫勢均, 以一擊十, 曰走]

② 병사들은 강한데 장교가 약하면 군기가 해이해질 수밖에 없다. 이런 군대를 해이한 부대, 이병이라고 한다.[卒强吏弱, 曰弛]

③ 장교는 강한데 병사가 약하면 적의 함정에 빠지기 쉽다. 이런 군대를 결함이 있는 부대, 함병이라고 한다.[吏强卒弱, 曰陷]

④ 장수가 화를 참지 못하고 윗사람에게 복종하지 않으며, 적에게 원한

을 품고 스스로 나가 싸우고, 장교들의 능력을 알지 못한다면 이를 무너진 부대, 붕병이라고 한다. [大吏怒而不服, 遇敵懟而自戰, 將不知其能, 曰崩]

⑤ 장수가 나약해 위엄이 없고, 교육과 훈련도 명확하지 못하며, 지휘관과 병사들 간에 법도가 없고 전투 배치가 제대로 되지 않는다면 이를 혼란스러운 부대, 난병이라고 한다. [將弱不嚴, 敎道不明, 吏卒無常, 陣兵縱橫, 曰亂]

⑥ 장수가 적군의 정세를 헤아리지 못하고, 적은 군사로 많은 병력을 상대하며, 약한 전투력으로 강한 적군을 공격하고, 앞장설 정예병이 없다면 이를 패배한 부대, 배병이라고 한다. [將不能料敵, 以少合衆, 以弱擊强, 兵無選鋒, 曰北]

이상 여섯 가지 유형은 패배를 부르는 길이므로 장수 된 자의 큰 임무로 신중히 살피지 않으면 안 될 것이다. [凡此六者, 敗之道也, 將之至任, 不可不察也]

나. 고객은 당신의 태도를 본다

사실 고객은 당신의 말보다 태도를 보고 마지막 결단을 한다. 당신의 눈앞에 고객이 나타났다고 가정하자. 먼저 무엇을 해야 할까?

① 상품의 특징을 설명한다.
② 고객의 예산을 물어본다.
③ 고객의 기분을 살핀다.

대답은 간단하다. 고객의 기분을 살필 수 없다면 ①과 ②는 아무런 의미가 없다. 영업을 할 때는 우선 고객의 기분부터 간파해야 한다. 고객을 대할 때 말솜씨는 이차적인 문제다. 그보다 당신의 태도가 '구입할 것인가, 말 것인가'를 가르는 중요한 판단 기준이 된다는 사실을 명심해야 한다.

여기서 주의할 점은 성급한 말로 고객을 '처리'해버리면 고객은 나중에 속았다는 느낌이 들기 때문에 절대로 단골이 되지 않는다. 반대로 성심성의껏 응대하면 그 당시에는 구입을 하지 않더라도 나중에 고객이 스스로 다시 찾아온다.

다. 큰 장점 하나로 압축하라

당신은 상품의 열 가지 장점을 말하기보다 가장 매력 있는 하나의 장점으로 압축해서 설명할 수 있는가? 적자 기업의 회생에서 가장 먼저 체크하는 곳은 바로 수입과 직결된 영업부다. 그때는 반드시 영업 사원과 동행해 현장을 살펴봐야 한다. 거기서 당신은 알게 될 것이다. 실적이 떨어지는 영업부의 세일즈 화법에는 틀에 박힌 듯한 한 가지 경향이 존재한다는 사실을. 딱하게도 어떻게든 상품을 판매하려고 하다 보니 이런저런 장점만 늘어놓는다. 그러나 그런 화법은 오히려 상품의 매력을 떨어뜨린다. 여러 가지 장점이 있다는 것은 정말 독특한 장점은 없다는 것과 같기 때문이다.

같은 시간에 열 가지 장점을 늘어놓을 바에는 차라리 한 가지 장점으로 압축해서 그것만을 집중적으로 설명하라. 그러면 분명히 성과가 올라갈 것이다. 열심히 노력해도 결과가 나오지 않는다면 자신이 취급하는 상품의 가장 큰 장점이 무엇인지 먼저 파악할 필요가 있다.

03 장수의 임무는 무엇인가?

가. 군주와 나라의 이익을 구하라

지형은 승리를 얻기 위한 보조적 조건이다.[夫地形者, 兵之助也] 적의 상황을 정확히 알고, 지형의 위태롭고 험난함과 멀고 가까움을 잘 헤아려 작전을 세우는 것은 장수의 임무다.[料敵制勝, 計險阨遠近, 上將之道也] 이것을 잘 알고 싸우는 자는 반드시 승리할 것이고, 이를 모르고 싸우는 자는 반드시 패할 것이다.[知此而用戰者必勝, 不知此而用戰者必敗]

그러므로 전쟁에서 반드시 이길 수 있다면 군주가 싸우지 말라고 해도 싸워야 한다. 반드시 이길 수 없다면 비록 군주가 싸우라고 해도 싸우지 말아야 한다.[故戰道必勝, 主曰無戰, 必戰可也. 戰道不勝, 主曰必戰, 無戰可也]

장수는 진격할 때 명성을 얻고자 해서는 안 되며, 패배했다면 마땅히 벌을 받아야 한다. 오직 백성을 보호하고 군주를 이롭게 하는 자가 나라의 보배라 할 것이다.[故進不求名, 退不避罪, 唯人是保, 而利合於主, 國之寶也]

나. CEO는 어떤 자리인가?

"CEO의 그릇이 기업의 성패를 좌우한다."

오늘도 수많은 CEO들이 자리를 지키기 어렵다고 고충을 토로한다. 비즈니스 세계에서는 성공하기도 쉽지 않지만 그 성공을 지속하기란 더 쉽지 않다. 리더인 CEO의 진정한 능력은 회사를 일시적으로 성공시키는 것이 아니라 지속적으로 성장시키기 위해 필요한 모든 일을 실천하는 것이다. 이것이야말로 진정한 CEO의 역할이다. 그렇다면 CEO란 어떤 자리일까?

(1) 무한책임의 최고 책임자

CEO란 최종 결정권자이자 무한책임을 지는 존재, 즉 최고 책임자다. CEO로 산다는 것은 언제나 두렵고 불안하다. 이 길로 가야 할지 저 길로 가야 할지 막막하고 결정을 하는 순간까지 확신이 서질 않는다. 숨고 싶지만 숨을 곳도 없다. 때로는 내가 어디로 가야 할지도 모를 지경이다.

하지만 누구도 대신 결정을 내려줄 수 없다. 왜냐하면 CEO인 내가 최종 결정권자이기 때문이다. 어떤 CEO는 자신의 결정에 대한 책임을 회피하고자 권한 위임이란 미명 아래 부하 직원들에게 의사결정을 강요한다.

그러나 그 순간 CEO로서 존재 가치는 사라진다. 최종적인 의사결정은 누구에게도 양보할 수 없는 CEO만의 고유한 권한이자 책임이기 때문이다. 여기서 CEO는 '의사결정에 대한 무한책임을 지는 존재'다.

(2) 솔선수범하는 실행자

CEO란 솔선수범, 희생정신으로 앞장서서 실행하는 존재다. 한번 의사결정이 내려지면 기획, 전략만 세우는 것이 아니라 앞장서서 실행해야 한다. 선언적인 구호만 외쳐서는 아무것도 이룰 수 없다. 훌륭한 CEO가 되기 위해서는 사상가thinker나 달변가talker보다 행동가doer가 되어야 한다. 기업이 실패하는 이유도 뛰어난 전략이 없어서가 아니라 실행력이 없기 때문인 경우가 훨씬 많다.

실행을 잘하는 CEO가 되기 위해 무엇보다 기억해야 할 두 단어가 있다. 바로 '솔선수범'과 '자기희생'이다. 솔선수범하지 않는 CEO는 결정적인 순간에 부하들의 지지와 협조를 얻지 못한다. 자기희생이 바탕이 되지 않은 리더십은 영감을 자아내지 못하므로 실행에 필요한 응집력을 만들어내지 못한다. 요즘 많은 사람들이 비전의 중요성을 이야기하지만 성공한 CEO와 실패한 CEO의 가장 큰 차이는 누가 더 위대한 비전을 생각해냈느냐보다는 얼마나 더 솔선수범하고 희생정신으로 앞장서서 실행했느냐에 달려 있다.

(3) 기준과 가치를 지키는 지도자

CEO는 결정하고 실행하는 과정에서 '일정한 기준과 가치'를 지킬 의무가 있는 존재다. 동시에 자신의 이익보다는 타인과 조직의 성공을 위해 노력하는, 책임을 지닌 사람이라 할 수 있다. 이처럼 원칙을 세우고 행동하는 모습을 보일 때 CEO로서 권위가 선다.

아무리 평등과 수평적 소통이 중요해진 시대라 해도 CEO로서 말과 행동에 권위가 없다면 부하들을 이끌어가는 건 불가능해진다. 앞에서도 언급했듯이 CEO는 부하들과 동고동락할지언정 자신만의 원칙을 지키며 심리적인 선을 어느 정도 유지해야 한다. 원칙과 가치를 지키는 것은 권위를 위해 감수해야 할 고통인 동시에 부하들과 다른 존재라는 자부심의 원천이기도 하다.

리더에게는 무한책임과 솔선수범, 자기희생, 일정한 기준과 가치의 준수, 공칠과삼의 관용의 리더십이 필요하다. 결국 리더십의 최고 가치는 사람들로 하여금 자발적인 존경과 충성을 이끌어내는 관용의 리더십이 아닐까?

"잘못을 탓하기보다 성과를 인정해주어라."

CEO의 포용과 조화로운 리더십의 지혜가 필요한 시점이다.

다. 조직이 사명감을 갖게 하라

기업이 발전하려면 한 사람 한 사람이 사명감을 가질 수 있는 조직을 만들어야 한다. 제조 업체를 경영하기 위해서는 최소한 영업, 제조, 연구 개발, 관리, 이 네 가지 기본적인 기능이 필요하다. 사실 오늘날도 이와 같은 기능별 조직을 취하고 있는 곳이 많다. 그러나 단순히 조직을 기능별로 나누는 것만으로는 충분치 않다.

모두 한 덩어리가 되어 경영을 추진하기 위해서는 각 조직에 귀속되어 있는 사람들이 자기 조직의 기능과 역할을 항상 가슴에 새기고 그 책임을 다하려는 사명감을 갖는 것이 중요하다. 예컨대 영업의 역할은 수주 활동을 통해 고객에게 주문을 받고 제조 업무를 확보함과 동시에 고객이 만족하는 제품과 서비스를 제공하고 대금을 회수하는 일이다. 제조의 경우 항상 고객을 만족시킬 수 있도록 가격, 품질, 서비스, 납기 등을 충족하는 제품을 생산해 이익을 창출해나가야 한다. 이를 위해 훌륭한 제품을 만드는 것과 동시에 철저히 원가절감을 실시해 부가가치를 높여가는 것이 그 역할이다.

영업, 제조, 연구개발, 관리 각각의 기본적인 역할을 살펴보면 다음과 같다.

① 영업: 수주에서 입금까지의 판매 활동을 통해 부가가치를 창출하고 동시에 고객 만족도를 높인다.
② 제조: 고객을 만족시키는 물건을 만들어 부가가치를 창출한다.
③ 연구개발: 시장의 니즈에 기초한 신제품, 신기술을 개발한다.
④ 관리: 각 사업 활동을 지원하고, 회사 전체의 원활한 운영을 촉진한다.

사업 활동에는 반드시 업무의 흐름이 존재하며, 이는 많은 프로세스에 의해 성립된다. 각각의 프로세스가 필요로 하는 기능을 충실히 다하면서도 서로 연계되어 업무를 추진해야만 경영이 제대로 이루어질 수 있다.

회사가 조직력을 발휘하기 위해서는 각 조직의 구성원들이 스스로 역할과 책임을 깊이 인식하고 이를 달성하려는 강한 사명감을 갖는 것이 필수다. 이는 언뜻 당연한 것처럼 생각되지만 경영에서 가장 중요한 조직의 모습이다.

04 장수와 병사는 불가분의 관계

가. 병사의 보호와 경계할 점

병사 보기를 어린아이 보듯 하면 그들은 장수와 함께 더불어 깊은 계곡이라도 용감하게 나아간다.[視卒如嬰兒, 故可如之赴深溪] 병사들을 사랑하는 자식처럼 여기면 그들은 장수와 죽음을 함께할 수도 있다.[視卒如愛子, 故可與之俱死]

그러나 병사들을 지나치게 사랑해 명령을 내리지 못하고, 또 지나치게 아껴 제대로 부리지 못하면 마치 버릇없고 교만한 자식처럼 쓸모없는 군대가 된다.[厚而不能使, 愛而不能令, 亂而不能治, 譬如驕子, 不可用也] 장수와 병사는 불가분의 관계다. 그러므로 장수는 병사를 보호하는 데 온 힘을 쏟아야 한다. 장수는 병사를 갓난아이 돌보듯이 하고, 자식처럼 아끼고 사랑해야 한다. 그러나 옳고 그름을 분명히 해서 조직의 기강에 힘쓰는 것도 못지않게 중요하다.

나. 존경과 충성의 리더십

리더십의 최고 가치는 자발적인 존경과 충성을 이끌어내는 것이다. 덩샤오핑이 진정한 리더로 추앙받는 또 다른 이유는 동료나 부하들이 어려움에 처했을 때 그들이 필요로 하는 것이 무엇인지를 파악해서 적시에 충족시켜 주었다는 것이다.

탈무드에 "사람의 목숨은 칼로 다스릴 수 있지만 사람의 마음은 사랑으로만 움직일 수 있다"는 말이 있다. 또한 석가모니는 재산이 없는 빈털터리라도 남에게 줄 수 있는 다음과 같은 일곱 가지가 있다고 말했다.

① 화색을 띤 부드럽고 정다운 얼굴로 남을 대하는 것
② 칭찬의 말, 고운 말, 격려의 말로써 남을 기쁘게 하는 것
③ 마음의 문을 열고 친절한 마음을 베푸는 것
④ 사랑과 호의가 담긴 눈으로 상대방을 바라보는 것
⑤ 몸으로 섬기거나 수고해 다른 사람을 힘껏 돕는 것
⑥ 때와 장소에 알맞게 자리를 양보하는 친절한 마음을 베푸는 것
⑦ 상대방에게 묻지 않고 그 마음을 미리 헤아려 스스로 도와주는 것

석가모니는 이에 덧붙여 "만약 당신이 이 일곱 가지를 행하여 그 습관이 몸에 배면 당신에게 행운이 따를 것이요"라고 말했다. 가진 것이 없고 지위가 없어도 '덕'으로서 베풀 수 있음을 알려주는 좋은 말이라 하겠다.

이처럼 결국 리더십의 최고 가치는 다시 말하지만 사람들로 하여금 자발적인 존경과 충성을 이끌어내는 것이다. 여기에는 반드시 신상필벌 확립 등의 기본과 원칙을 지키는 질서가 전제되어야 된다. 그래야만 비로

소 조직의 기강이 서고, 조직이 확대되어도 일사불란한 시스템으로 움직일 수 있다.

다. 덩샤오핑의 신뢰 리더십

덩샤오핑과 마오쩌둥은 사회주의 건설 노선에 많은 차이가 있었다. 마오쩌둥은 철저하게 계급투쟁 방식으로 정치적 모순을 해결해야 한다고 주장하며 "정치는 총부리에서 나온다"고 외쳤다. 반면 덩샤오핑은 "가난은 사회주의가 아니다"라고 주장하며 "정치 모순보다는 경제 모순을 먼저 해결해야 한다"고 했다.

이러한 노선 차이 때문에 덩샤오핑은 결국 세 번이나 실각되고 어려움을 겪었다. 그럼에도 그는 마오쩌둥에 대한 존경심을 잃지 않았으며 끝까지 신의를 지켰다. 마오쩌둥 역시 자신에 대한 덩샤오핑의 변치 않는 의리와 뛰어난 업무 능력을 높이 평가해 당내의 반대에도 불구하고 그를 두 번이나 다시 등용해 국가의 주요 업무를 맡겼다.

덩샤오핑은 개인의 원한 때문에 마오쩌둥의 경력을 트집 잡거나 그를 격하하지 않았다. 문화혁명이 끝난 후 역사적 과오를 바로잡고 마오쩌둥의 공과를 평가할 때도 그를 폄하하지 않았다. 덩샤오핑은 서로의 차이를 인정하되 상대에 대한 존경심을 잃지 말아야 한다고 생각했다. '믿음으로 경영하라'는 신뢰의 리더십을 몸소 실천한 것이다.

가. 적을 알고 나를 알면 승리한다

아군의 병사들이 적을 공격할 수 있는 자신의 능력만을 알고, 적이 만반의 태세를 갖추고 있다는 것을 알지 못한다면 승패는 반반이다.[知吾卒之可以擊, 而不知敵之不可擊, 勝之半也]

적을 공격할 수 있다는 것은 알고, 아군이 적의 공격을 당하지 않도록 해야 한다는 것을 모른다면 또한 승패는 반반이다.[知敵之可擊, 而不知吾卒之不可以擊, 勝之半也]

적이 공격할 수 있음을 알고, 아군의 병사들에게 그러한 능력이 있다는 것을 알아도 지형상 싸울 수 없다는 것을 알지 못한다면 승패는 반반이다.[知敵之可擊, 知吾卒之可以擊, 而不知地形之不可以戰, 勝之半也]

그러므로 용병에 뛰어난 장수는 군대를 이동할 때도 미혹에 빠지지 않고, 군대를 일으킬 때도 어려움이 없다.[故知兵者, 動而不迷, 擧而不窮] 그래서 적을 알고 나를 알면 위태롭지 않게 승리할 수 있고, 하늘을 알고 땅을 알면 완전한 승리를 거둘 수 있다.[故曰, 知彼知己, 勝乃不殆, 知天知地, 勝乃可全]

나. 덩샤오핑의 핵심 경영전략

덩샤오핑은 국가를 경영하면서 복잡한 상황이나 예기치 못한 새로운 문제에 직면할 때마다 항상 세 가지 삶의 목적을 상기하며 궤도를 조정해 나갔다. 그 세 가지 목적이 바로 그의 핵심 경영전략이었으며, 모든 중요한 결정에 대한 근본이자 판단 기준이었다.

(1) 국가 경제력을 부강하게 만들 방법은 무엇인가?

무엇이 생산력 발전에 유리한가? 산업 생산성을 향상시키려면 어떤 방법이 최선인가? 덩샤오핑은 생산력 발전과 증대에 총력을 기울였다. 그는 생산성 저하는 곧 기업의 파산이요, 국가의 패망으로 연결된다고 생각했다.

(2) 총체적으로 국력을 강화하는 방법은 무엇인가?

그 당시 덩샤오핑에게는 무너진 조국을 재건하고 민심을 수습하며, 좌파와 우파를 아우르는 화합의 사회를 이루는 총체적인 해법이 필요한 시기였다. 그는 안정된 정치 체제를 구축하고 중화민족의 자존심을 회복해 중국을 강성대국으로 만들 방법을 찾아야 했다.

(3) 인민의 생활 수준을 향상시키는 방법은 무엇인가?

중국은 문화혁명을 겪으면서 국가의 모든 것이 파괴되었다. 당시 중국은 10억 인구 중 약 1억 명이 절대 빈곤 상태에 처해 있었으며, 인구의 대다수가 굶주림에 허덕이고 있었다. 덩샤오핑은 어떻게 하면 인민들의 배고픔을 해결할 수 있을지, 그리고 폭력과 무자비한 탄압에 피폐해질 대로 피폐해진 인민들을 어떻게 위로할 수 있을지 깊이 고민했다.

이 세 가지 목적은 덩샤오핑의 삶의 목적이자 통치철학이요, 또 비전이었다. 그의 열망이자 꿈이었으며, 열정의 근원이었다. 덩샤오핑은 수차례의 실각과 복권을 거듭하며 93세로 생을 마감할 때까지 평생 동안 열정을 바쳐 이 세 가지 목적을 이루기 위해 실천하는 삶을 살았다.

다. 시진핑에게 찾아온 덫과 원칙

시진핑이 상하이 공산당 서기로 취임한 것은 사실 낙하산이라고 할 수 있다. 원래 낙하산 인사의 주인공은 자기편이 거의 없고 주변에 적들만 우글거리기 십상이다. 실제로 시진핑은 사면초가였다. 부임 후 시위원회, 시정부, 시인민대표대회의 환영을 받았지만 해외 매스컴들은 시진핑이 정치와 경제의 함정에 빠졌다고 전했다.

시진핑은 시정부의 수많은 인사들로부터 충성을 다짐하는 편지를 받았다. 시진핑의 사무실에 도착한 150여 통의 편지는 대부분 그의 능력을 높이 평가하며 충성을 다짐하는 아첨을 담고 있었다. 이에 시진핑은 시위원회 상무위원회 확대회의에서 그 편지들을 언급하며 "형식적인 행동은 필요 없습니다. 아첨하는 활동은 하지 마십시오. 오직 상하이 인민들을 위해 더욱 많은 일을 해주시고, 사회의 돌출된 문제를 해결해 중앙 정부가 걱정하지 않고 인민들을 기쁘게 할 수 있도록 해야 합니다"라고 주문했다.

시진핑은 부임 후 잠시 동안 시자오빈관에서 묵었는데, 얼마 후 상하이시 관련 부서에서 샹양난루에 약 800㎡의 영국식 3층 주택을 제공했다.

시진핑은 이를 둘러본 후 "원로들의 요양원이나 해방군의 상의군용으로 사용하면 좋겠다"는 말 한마디를 남기고 떠났다. 이것은 함정이었다. 중앙의 규정에 따르면 성부급 관원의 주택 표준은 250㎡이고, 중앙정치국 위원의 경우도 300㎡에 불과했다. 그 후 시진핑은 맨션으로 거처를 옮겨 한 칸짜리 방에 거주했다.

시진핑이 부임한 후 상하이 시정부는 그에게 벤츠 링스 자동차 한 대를 전용 차량으로 제공했다. 그러나 중앙 정부 소속은 국산 자동차를 사용하도록 되어 있었다. 이외에 내과 전문의도 지정해주었다. 이 역시 규정을 어기는 것이었다. 보건의사를 안배할 순 있지만 교수급은 아니었다.

시진핑이 취임한 지 얼마 안 되어 저장성 신임 당서기 자오훙주의 업무 인수인계를 위해 저장성으로 떠나게 되었다. 그때 상하이 시정부는 그에게 항저우 직행의 전용 열차를 준비해주었다. 그러나 그는 7인승 미니버스를 타고 항저우로 향했다.

이처럼 상하이 시의 일인자였던 시진핑은 여러 가지 유혹들이 있었지만 그는 언제나 원칙 속에서 행동에 신중을 기했다. 현지 간부들에게도 실수하지 않도록 호되게 주의를 시켰다고 한다.

11 구지 편

원정 작전의
리더십과 자질을 키워라

'행군 편', '지형 편'에 이어 《손자병법》은 '구지 편'에서도 지형을 아홉 가지로 나누고 그 중요성과 특성을 살린 각각의 전술 용법에 대해 언급하고 있다. 또한 '구지 편'에서는 원정 전쟁에서 작전을 짤 때 장수가 갖춰야 할 리더십과 자질에 대해서도 상세히 설명하고 있다.

01 지형에 따른 용병술로 승리하라

손자는 용병의 특성에 따라 지역을 분류하면 다음과 같이 '산지散地', '경지輕地', '쟁지爭地', '교지交地', '구지衢地', '중지重地', '비지比地', '위지圍地', '사지死地'의 아홉 지형이 있다고 말했다.[孫子曰, 用兵之法, 有散地, 有輕地, 有爭地, 有交地,

油衢地, 有重地, 有比地, 有圍地, 有死地] 이를 자세히 설명하면 다음과 같다.

가. 아홉 지형에 따른 싸움의 특성

① 제후가 자기 땅에서 싸우는 것을 '산지'라고 한다. [諸侯自戰其地, 爲散地]

② 적의 영토를 공격하지만 깊이 들어가지 않으면 이를 '경지'라고 한다. [入人之地而不深者, 爲輕地]

③ 아군이 점령하면 아군이 유리하고, 적군이 점령하면 적에게 유리한 곳을 '쟁지'라고 한다. [我得則利, 彼得亦利者, 爲爭地]

④ 아군이 갈 수도 있고 적군이 올 수도 있어 누군가가 점령하면 교전이 불가피한 지역을 '교지'라고 한다. [我可以往, 彼可以來者, 爲交地]

⑤ 여러 나라와 인접해 있는 교통 요충지여서 먼저 점령하면 천하의 백성들을 모을 수 있는 곳을 '구지'라고 한다. [諸侯之地三屬, 先至而得天下之衆者, 爲衢地]

⑥ 적의 영토에 깊숙이 쳐들어가 함락한 적의 성과 도시를 등지고 있는 곳을 '중지'라고 한다. [入人之地深, 背城邑多者, 爲重地]

⑦ 산림이나 험지, 못과 늪이 많아 행군하기 어려운 곳을 '비지'라고 한다. [山林險阻沮澤, 凡難行之道者, 爲圮地]

⑧ 들어가는 길은 좁고, 나오는 길은 멀리 돌아 나와야 하기 때문에 적군이 적은 병력으로 많은 아군을 공격할 수 있는 곳을 '위지'라고 한다. [所由入者隘, 所從歸者迂, 彼寡可以擊吾之衆者, 爲圍地]

⑨ 단시일 내에 싸우지 않으면 멸망하는 지역을 '사지'라고 한다. [疾戰則

存, 不疾戰則亡者, 爲死地]

나. 아홉 지형의 특성에 따른 용병술

산지에서는 싸우면 안 되고, 경지에서는 멈추지 말아야 하며, 쟁지에서는 공격하지 말아야 하고, 교지에서는 교통을 단절시켜서는 안 된다.[是故散地則無戰, 輕地則無止, 爭地則無攻, 交地則無絶]

구지에서는 다른 나라와 외교를 잘해야 하고, 중지에서는 식량 등 군수물자를 현지에서 조달해야 하며, 비지에서는 신속하게 통과해야 하고, 위지에서는 계략을 써서 벗어나야 하며, 사지에서는 오직 싸워야 한다.[衢地則合交, 重地則掠, 圮地則行, 圍地則謀, 死地則戰]

행군 편에서는 지형을 땅의 성격에 따라 산지, 하천, 늪지대, 평지의 네가지로 나눠 그 특성에 따른 용병법을 설명했다. 지형 편에서는 지형을 전술적인 측면에 따라 통형, 괘형, 지형, 애형, 험형, 원형의 여섯 가지로 나눠 그 특성에 따른 용병법을 설명했다.

이번 구지 편에서는 지형을 전쟁 지역의 특성에 따라 산지, 경지, 쟁지, 교지, 구지, 중지, 비지, 위지, 사지의 아홉 가지로 나눠 대비책을 설명하고 있다. 모두 지형의 중요성과 그 특성을 최대한 살린 용병법에 대해 자세히 설명하고 있다.

다. 변화에 대응하는 승리하는 조직

시장 변화에 대응하려면 유연하면서도 당장 싸울 수 있는 조직을 만들어야 한다. 조직을 운영하고 유지할 때는 주의해야 할 점이 있다. 우선 경영의 목적 중 하나인 '시장과 직결된 부문별 채산제'를 실현하기 위해서는 조직을 세분화해 시장 변화에 즉시 적용할 수 있도록 만들어야 한다. 우리는 숨 가쁘게 변화하는 시장을 상대로 사업을 하고 있기 때문이다.

또한 조직 변경 시에는 '조령모개도 필요하다'는 전제하에 다이내믹한 사업 전개를 위해 노력해야 한다. 경직된 조직으로는 변화를 꾀할 수 없다. 현재의 조직이 시장의 실태에 맞는지를 항상 생각하고 임기응변으로 조직을 재편해야 한다. 사업부의 통합 및 분할과 같은 현안에서 회사 차원의 규모는 물론 현장의 단위 조직까지 시장 동향에 맞춰 항상 진화를 반복해야 할 것이다.

02　적의 가장 소중한 것을 탈취하라

가. 8+3의 전술 용병법

예로부터 용병술이 뛰어난 장수는 적군의 전방 부대와 후방 부대가 서로 연락되지 않도록 하고, 적군의 주력 부대와 소수 부대가 서로 협력하지 못하게 하며, 적군의 장교와 사병이 서로 도움을 주지 못하도록 한다.[所謂古之善用兵者,能使敵人,前後不相及,衆寡不相恃,貴賤不相救]

① 전후불상급前後不相及이라, 부대와 부대 간 통신 연락을 단절시켜 적의 전략을 약화하고 아군에게 유리한 상황을 이끌어내는 전술이다.

② 중과불상시衆寡不相恃라, 유언비어 등 일종의 심리전을 통해 적군의 대부대와 소부대가 서로 믿지 못하게 하는 전술이다.

③ 귀천불상구貴賤不相救라, 장수와 병사들의 협력 관계를 깨트리고 마찰을 불러일으키는 심리전이 핵심이다.

또한 적의 상급 부대와 하급 부대가 서로 연결되지 못하도록 하며, 적군 병사들이 모이지 못하도록 분산시키고, 병사들이 집합하더라도 태세를 정비하지 못하도록 한다. 그리고 아군에게 이득이 있으면 움직이고, 이득이 없으면 싸움을 중지한다.[上下不相收, 卒離而不集, 兵合而不齊, 合於利而動, 不合於利而止]

④ 상하불상수上下不相收라, 상급 부대와 하급 부대, 상급자와 하급자 간에 서로 돕지 못하도록 하는 심리전이다.

⑤ 졸리이부집卒離而不集이라, 적의 병사들을 흩어지게 하고 한곳으로 모이는 것을 철저히 방해하는 전술이다.

⑥ 병합이부제兵合而不齊라, 대오를 어지럽히고 명령 계통을 불확실하게 만들어 질서 정연한 진영을 갖추지 못하게 하는 전술이다.

⑦ 합어리이동合於利而動이라, 전세가 유리할 때는 망설임 없이 공격하는 전술이다.

⑧ 불합어리이지^{不合於利而止}라, 전세가 불리하다고 판단되면 즉시 싸움을 중지하는 전술이다.

그렇다면 적의 병사들이 대열을 정돈하고 공격하려 할 때는 어떻게 상대해야 할까?[敢問 敵衆整而將來 待之 若何] 먼저 적군이 가장 소중하게 생각하는 것을 빼앗는다면 아군의 의도대로 할 수 있을 것이라고 손자는 말하고 있다.[曰, 先奪其所愛, 則聽矣] 전쟁은 신속함이 으뜸이니, 적군이 미처 대응하지 못한 틈을 노리거나 적이 생각하지 못한 길을 이용하며 적이 경계하지 않은 곳을 공격하라는 것이다.[兵之情主速, 乘人之不及, 由不虞之道, 攻其所不戒也]

손자는 또한 적이 미치지 못한 약점을 알아내고, 적이 생각지 못한 길을 가며, 적이 경계하지 않는 곳을 공격하라고 일렀다.

나. 해외 진출 사례와 그 전략

일본의 대형 섬유화학 제품 업체인 N사는 1960년대 말부터 대만을 시작으로 한국, 태국, 인도네시아, 미국, 브라질, 홍콩에 회사를 설립하고 글로벌화를 진행해왔다. N사는 일본 내에서 25% 이상의 시장 점유율을 확보하고 있었다.

그러나 그 이상의 점유율 확보가 쉽지 않다고 판단해 중화권 시장 구상을 추진했다. 홍콩에 설립한 합자회사가 중국 광주에 출자해 회사를 설립하고, 저장성 현지 기업과도 합자회사를 설립했다. 또한 기술 센터를 개설함과 동시에 새롭게 가동하는 공장은 합자회사가 아닌 백 퍼센트 독자회사로 사업 전개를 도모했다.

이러한 N사의 사례는 먼저 중국 기업과 합자회사를 설립하고, 중국 현지에서 비즈니스 환경과 경영 노하우를 이해한 후 합자회사를 매입하는 등 글로벌 진출을 위한 단계별 전략적 방법의 사례를 보여주었다. 그리고 그 후에는 독자 기업 형태의 진출 방법을 선택했다.

최근 해외에 진출하는 대부분의 기업들은 백 퍼센트 독자회사로 출발하는 경우가 많다. 하지만 해당 국가의 내수 시장 확보를 위해 전략적 합자 형태로 진출하는 사례도 적지 않다. 따라서 글로벌 진출 시에는 단계별 전략과 전술을 잘 준비해야 한다.

다. 이익을 내는 CEO가 되어라

CEO는 지속적으로 이익을 내도록 노력해야 한다. 이익은 단순한 공식으로 성립된다. '이익 = 매출 - 비용'이다. 회사를 성공적으로 경영할 수 있을지 없을지는 이 공식을 '흑자로 지속하는 능력'에 달려 있다. 이때 CEO가 추진할 방향은 다음의 두 가지가 있다.

- 첫째, 매출을 늘린다.
- 둘째, 비용을 줄인다.

이는 누구나 잘 아는 사실이다. 그러나 누구나 가능한 일은 아니다. 이를 잘 아는 CEO는 많다. 하지만 이를 가능케 하는 CEO는 많지 않다. 그래서 성공을 지속하는 회사가 적은 것이다. 회사가 성공해서 규모가 커지거나 바빠지면 지나치게 생각이 복잡해지면서 이 단순한 공식을 잊어버린다. 그리고 성공의 특별한 비결을 찾는 데에만 몰두한다. CEO라면 다음 질문 세 가지를 자문해볼 필요가 있다.

- 이익 공식과 관계없는 일을 벌이지는 않는가?
- 오늘 한 행동은 앞의 두 가지 방향에 부합하는가?
- 항상 이익을 의식하면서 행동하는가?

이익은 수단에 불과하다. 그러나 이익이 없으면 경영의 목적을 달성할 수 없다. 이를 늘 의식하며 지속적으로 이익을 내는 CEO가 되도록 노력해야 한다.

03 적지에서의 대처와 결사의 각오

가. 적지에서의 대처 용병법

무릇 적지에 깊숙이 쳐들어갔다면 위기를 느낀 병사들은 곧 전력을 다해 싸우기 때문에 적은 이런 군대를 절대 이기지 못한다.[凡爲客之道, 深入則專, 主人不克] 곡식이 풍요로운 들판을 점령하면 병사들이 먹을 식량이 충족된다. 군사들을 잘 돌보아 피로하지 않도록 하면 사기가 높아지고 힘이

쌓인다. [掠於饒野, 三軍足食, 謹養而勿勞, 併氣積力]

① 약어요야掠於饒野라, 들판의 곡식을 빼앗아 아군의 군량으로 대체하면 병사들의 식량이 풍족해진다.

② 근양이물로謹養而勿勞라, 병사들을 자주 쉬어 피로하지 않게 하여 사기를 높인다.

병사들을 움직여 계략을 세울 때는 적이 예측하지 못하도록 해야 한다. 오갈 데가 없는 곳으로 군사들을 몰아넣는다면 죽기를 각오하기 때문에 절대 패하지 않는다. [運兵計謀, 爲不可測, 投之無所往, 死且不北]

③ 운병계모運兵計謀라, 매우 치밀한 계산과 계획을 갖고 병사 운영을 짜서 언제든 적의 허점을 찌르도록 한다.

④ 투지무소왕投之無所往이라, 전투에 임해 병사들에게 더 이상 물러설 곳이 없다는 인식을 심어주어 결사의 각오를 다지게 한다.

죽을 지경에 이르렀다면 군사들이 어찌 힘을 다하지 않겠는가. 병사들은 아주 위험한 상황에 처하면 죽기를 두려워하지 않는다. 오갈 곳이 없으면 오히려 단결하게 되고, 적지에 깊숙이 들어가면 어쩔 수 없어 싸울 수밖에 없다. [死焉不得士人盡力, 兵士甚陷則不懼, 無所往則固, 深入則拘, 不得已則鬪]

그러므로 적국에 깊숙이 들어간 병사들은 훈련하지 않아도 스스로 경계하며, 명령을 내리지 않아도 뜻대로 움직이고, 장교와 사병이 서로를 신뢰하고 화합을 이루며, 명령하지 않아도 규칙을 지킨다. 헛소문을 금하고 의혹의 여지가 없도록 하면 설사 죽음이 눈앞에 있더라도 동요 없이 싸움에 전념하게 될 것이다. [是故其兵不修而戒, 不求而得, 不約而親, 不令而信, 禁祥去疑, 至死無所之]

나. 적지에서의 결사의 각오

① 불수이계不修而戒라, 가르치지 않아도 스스로 보초를 서는 등 경계를 철저히 한다.
② 불구이득不求而得이라, 요구하지 않아도 장수의 뜻에 따른다.
③ 불약이친不約而親이라, 약속하지 않아도 서로 친밀하게 지낸다.
④ 불령이신不令而信이라, 명령을 내리지 않아도 믿고 복종한다.
⑤ 지사무소지至死無所之라, 결전에 임하면 죽음도 두려워하지 않고 싸운다.

단, 병사들이 패배해 죽을지도 모른다는 의심과 의혹에서 벗어났을 때만 죽음을 두려워하지 않고 싸운다는 점에 유의하라.

적군이 남기고 간 재화를 아군이 탐내지 않음은 재화가 싫어서가 아니며, 생명에 집착하지 않음은 오래 살기 싫어서가 아니다. [吾士無餘財, 非惡貨也, 無餘命, 非惡壽也] 전투 명령이 떨어지면 결전의 순간을 앞두고 앉아 있는 병사들은 눈물로 옷깃을 적시고, 쓰러져 있는 병사들은 눈물이 흘러 턱까지 이른다. 그러나 병사들이 결전의 싸움터에 뛰어들었을 때는 오나라 자객 전제나 노나라 용사 조귀처럼 죽음도 아랑곳하지 않고 용감하게 적을 향해 돌진하는 법이다.[令發之日, 士卒坐者涕霑襟, 偃臥者涕交頤, 投之無所往者, 諸劌之勇也]

적지에 깊숙이 들어갔을 때는 병사들에게 이러한 결사의 각오를 갖게 하는 것이 핵심임을 잊지 말아야 할 것이다.

다. CEO의 이익 점검 여섯 가지

기업은 왜 이익을 내는가? 현재 몇 가지 종류의 이익을 취하고 있는가? CEO라면 고객에게 만족을 주는 일과 이익을 창출하는 일 사이에서 균형을 잡을 수 있어야 한다.

이익의 진정한 목적을 기억하라. 이익은 회사와 고객이라는 멋진 관계를 지속하기 위해 존재하는 것이다. 회사 입장에서 이익은 인간의 몸을 도는 혈액과 같다. 이익이 없으면 회사는 돌아갈 수 없기 때문이다. 그런데 많은 CEO들이 이익의 본질을 완전히 이해하지 못하고 있다.

당신은 몇 가지 종류의 이익을 점검하고 있는가? 이익이나 이익률에는 여러 종류가 있다. 그중에서 CEO가 점검해야 할 이익은 최소 여섯 가지다. 최소한 여섯 가지 이익으로 여섯 가지 능력을 점검해야 한다.

① 순이익(순이율) = 사업부가가치력: 가치를 창출하는 능력

② 영업이익(영업이익률) = 사업력: 사업을 운영하는 능력

③ 경영이익(경영이익률) = 경영력: 전반적인 경영 능력

④ 직원 1인당 순이익 = 인재 1인당 생산력: 직원의 생산 능력

⑤ 총자산 이익률 = 투자력: 경영자원을 활용하는 능력

⑥ 이월이익잉여금 = 경영 지속력: 장기간 경영을 지속하는 능력

사업 유형이나 규모에 따라 적정 비율과 금액은 다르겠지만 각각의 능력을 향상시키는 일은 어느 회사에서든 중요하다. 회사의 여섯 가지 이익에 문제가 없는지 항상 긴장하고 점검하는 습관을 길러야 할 것이다.

04 오월동주의 단결과 헌신과 교류

가. 장수의 일사불란한 지휘

장수는 전군을 일사불란하게 움직이도록 해야 한다. 용병을 잘하는 장수는 비유하건대 '솔연'과 같다고 한다. 솔연은 상산常山에 사는 전설의 뱀을 말하는데,[故善用兵者, 譬如率然, 率然者, 常山之蛇也] 머리를 공격하면 꼬리가 덤비고, 꼬리를 공격하면 머리로 덤빈다. 가운데 허리를 공격하면 머리와 꼬리가 동시에 덤벼든다.[擊其首則尾至, 擊其尾則首至, 擊其中則首尾俱至]

그렇다면 과연 군대를 솔연처럼 부릴 수 있을까?[敢問, 兵可使如率然乎] 그렇다. 가능하다. 오나라와 월나라는 서로 원수 사이지만 두 나라 사람이

같은 배를 탔다가 폭풍우를 만나면 좌우 손처럼 일치단결해 서로를 구하려고 한다.[夫吳人與越人相惡也, 當其同舟而濟, 而遇風, 其相救也, 如左右手] 여기서 유래한 말이 바로 오월동주吳越同舟다.

이런 까닭에 말들을 서로 묶어놓고 수레를 묻어 병사들이 도망칠 수 없도록 한다 해도 반드시 그렇게 되리라는 보장은 없다. 모든 군사를 용맹스럽게 통제하기 위해서는 다스림의 도가 필요하다. 강함과 유연함의 이로움을 끌어내기 위해서는 지형의 이치를 따라야 한다. [是故方馬埋輪, 未足恃也. 齊勇若一, 政之道也. 剛柔皆得, 地之理也] 그러므로 용병을 잘하는 장수는 마치한 사람을 부리듯 전군을 지휘한다. 이것은 장수가 그렇게 되도록 다스리고 가르치고 훈련시켰기 때문이다.[故善用兵者, 携手若使一人, 不得已也]

나. 일과 사람에 대해 공명정대하라

믿을 만한 사람을 원한다면 항상 공명정대한 업무 처리 방식을 견지해야 한다. 덩샤오핑은 어떤 관직을 맡든지 그 권력이나 지위는 별로 중요하게 생각하지 않았다. 그가 자신의 직위와 정권을 유지하려고 했다면 적당히 타협도 하고 정적들과 손도 잡았을 것이다. 그러나 그는 국가와 인민을 위해 자신이 해야 할 일에만 관심이 있었을 뿐이었다.

그는 일을 하기 위해 직위가 필요했을 뿐, 직위나 권력이 필요해서 일한 것이 아니었다. 그는 일신의 안녕과 편안함은 추호도 생각하지 않았다. 그는 일생 동안 일과 사람 앞에 공명정대했다. 또한 업무를 수행하면서 자신의 태도를 분명히 했으며, 부정행위 등과 같은 부끄러운 일에는 그 누구와도 타협하지 않고 자신의 소신대로 거침없이 밀고 나갔다.

덕분에 어려움에 처할 때마다 그가 요청하지 않았음에도 주변은 늘 그를 돕는 사람들로 넘쳐났다. 평생을 두고 자신의 안위와 직위를 지키기 위해 누군가를 찾아가 부탁해본 적이 없었던 덩샤오핑에 대한 신뢰가 빚어낸 결과였다.

덩샤오핑은 항상 대의를 생각하고, 사람에게나 업무에서나 한 점 부끄럼 없이 공명정대하게 일을 처리했다. 당시는 아직 문화혁명 세력들이 기득권을 쥐고 있었다. 그럼에도 불구하고 많은 인민들은 덩샤오핑을 기다리고 지지했다. 덩샤오핑이야말로 대의를 위해 희생하고, 공명정대하게 조국을 다스리며, 인민들을 편안하게 해줄 것이라는 믿음이 있었기 때문이었다. 결국 모든 것은 소탐대실하지 않고 대의를 위해 헌신한 그의 자세에서 비롯된 것이었다. 10억이 넘는 인구를 통치한 대국의 통치자, 덩샤오핑에게서 훌륭한 CEO의 모습을 볼 수 있다.

다. 직원들과 함께 울고 웃어라

CEO와 직원 사이는 엄연한 간격이 존재할 수밖에 없다. 그것이 정상이다. 그 간격을 좁히기 위해 노력하는 사람은 당연히 CEO여야 한다. 이것을 직원들에게 기대할 수는 없다. 그래서 CEO에게는 남다른 친화력이 필요하다.

필자는 모 글로벌 기업의 법인 대표로 취임하고 난 다음 날 경비실로 첫 출근을 했다. 일반적으로 경비 인력은 외부 용역이라 대부분의 사람이 관심을 갖지 않는다. 가자마자 경비실의 화장실과 휴게실의 침대 등을 바꿔 실내 분위기를 환하게 꾸몄다.

취임 당시 협력 업체 등의 축하 인사는 난초 화분 대신 쌀 한 포씩 130여 포를 받았다. 그 쌀을 가장 먼저 회사 내 미화원들과 경비원들에게 나눠 주었다. 그리고 직원들 식사 1회용을 식당에 남겨두고 나머지는 불우 이웃을 돕기 위해 관련 기관에 기부했다.

얼마 후에는 서서 일하는 스탠드 책상을 들고 공장으로 갔다. 아침에는 함께 체조도 하고 현장 직원들과 일일이 악수를 하면서 교류를 했다. 두 달 후에는 제품을 설계하고 만드는 연구소로 장소를 옮겨 스탠드 책상을 놓고 근무했다. 그리고 틈틈이 10년 이상 근무한 직원들과 식사를 함께했다. 토요일과 일요일에는 잔업을 하는 공장에 가서 피자를 주문해주고 일일이 악수를 하며 응원했다.

그 당시 공장의 현장 직원이 와서 식사를 했냐고 묻거나 경비원이 다가와서 이런저런 이야기를 건넬 때, 미화원들이 반갑게 손을 흔들어줄 때, 가슴이 뭉클하는 감동을 느꼈다. 지금은 전 사원이 영업 실적에 따라 매년 자사주를 받아 회사의 실제 주인이 되었다.

CEO는 이처럼 흉금을 터놓고 직원들과 대화를 나눌 수 있는 시간도 적절히 즐겨야 한다. 그런 시간을 통해 사무실에서 좀처럼 꺼낼 수 없었던 이야기를 적극적으로 끌어내야 한다. 그렇게 전 직원과 함께 울고 웃다

보면 에너지 넘치는 회사가 되어간다.

장수의 책무와 아홉 지형 용병술

가. 장수가 당연히 해야 할 책무

(1) 기밀을 유지하라

장수가 작전을 수립하고 시행할 때는 소리 없이 함으로써 남들이 알지 못하게 하고, 언제나 엄정하게 처리해야 한다.[將軍之事 靜以幽 正以治] 이를 위해서는 병사들의 이목을 어둡게 만들어 상세한 계책을 알지 못하도록 하며, 장수가 하는 일이나 계책이 변하더라도 병사들이 알지 못하도록 해야 한다.[能愚士卒之耳目, 使之無知, 易其事, 革其謀, 使人無識]

군대의 주둔지를 옮기거나 이동할 때는 우회해 가더라도 군사들이 깨닫지 못하도록 해야 한다.[易其居, 迂其途, 使人不得慮] 즉, 작전 수립 시 장수의 전략전술은 적은 물론 부하 장교나 병사들에게도 기밀을 유지하고, 명령체계나 규율은 엄격하고 바르게 처리해야 한다.

(2) 용병을 양 떼 몰듯 하라

장수가 어떠한 목표를 위해 부하들을 거느리고 움직일 때는 높은 곳에 오르도록 해놓고 사다리를 치운 것과 같은 처지에 두어야 한다.[帥與之期,

如登高而去其梯] 즉, 전쟁을 앞두고 장수는 병사들로 하여금 죽음을 두려워하지 않고 싸우도록 만들어야 한다.

장수가 병사들을 거느리고 적진 깊숙이 들어가면 기회를 봐서 배를 부수고 솥을 깨뜨려 이기지 못하면 돌아올 수 없다는 위기 상황을 만들어야 한다. 마치 양 떼 몰듯 해야 한다.[帥與之深入諸侯之地, 而發其機, 焚舟破釜, 若驅群羊]

(3) 결전의 각오를 다지게 하라

양 떼를 몰 듯 이리저리 움직이는 것은 병사들이 어느 곳으로 가는지 행방을 알지 못하도록 하기 위해서다. 이렇게 전 부대를 결전장으로 몰아넣는 것이 장수의 임무다.[驅而往, 驅而來, 莫知所之, 聚三軍之衆, 投之於險, 此謂將軍之事也] 즉, 적지에 들어갔을 때는 병사 움직이기를 양 떼 몰듯 해야 하고, 자신들이 가는 곳을 알지 못하게 하여 후에 죽음을 각오하고 싸울 수밖에 없도록 하는 것이 장수가 해야 할 임무다.

(4) 진퇴의 득실을 따져라

아울러 아홉 지형의 변화와 후퇴할 때와 공격할 때의 이해득실을 잘 계산해야 하며, 병사 개개인의 심리 변화를 잘 살피지 않으면 안 된다.[九地之變, 屈伸之利, 人情之理, 不可不察也]

장수는 앞에서 설명한 '산지', '경지', '쟁지', '교지', '구지', '중지', '비지', '위지', '사지'의 아홉 지형의 특성과 전술, 그리고 지금 설명한 공격과 후퇴의 이해 득실, 병사들의 사기를 관찰해 전투에 임해야 한다. 이것이야말로 장수의 책무라 하겠다.

나. 아홉 싸움터에 따른 용병술

모름지기 적지에 침입해 깊숙이 들어가면 단결해서 싸움에 전념하지만 깊이 들어가지 않으면 병사들의 마음은 분산된다. 나라를 떠나 국경을 넘어서 싸우는 것은 '절지'요,[凡爲客之道, 深則專, 淺則散, 去國越境而師者, 絕地也] 길이 사방으로 트인 곳은 '구지'라 하고, 적지 깊숙이 들어간 곳은 '중지'라 한다.[四達者, 衢地也, 入深者, 重地也] 얕게 들어간 곳을 '경지'라 하고, 진퇴유곡인 곳이 '위지'요, 더 이상 갈 곳이 없는 곳이 '사지'다.[入淺者, 輕地也. 背固前隘者, 圍地也. 無所往者, 死地也]

이런 까닭으로 '산지'에서는 병사들의 마음을 하나로 단결시키고,[是故散地, 吾將一其志] '경지'에서는 병사들을 집결시켜 긴밀한 연락을 취하게 하며, '쟁지'에서는 적의 후방을 공격해야 한다.[輕地, 吾將使之屬, 爭地, 吾將趨其後] '교지'에서는 수비를 신중히 하며, '구지'에서는 제3국과 외교를 공고히 하고,[交地, 吾將謹其守, 衢地, 吾將固其結] '중지'에서는 식량을 확보하는 데 주력하고, '비지'에서는 신속히 이동해야 한다.[重地, 吾將繼其食, 圮地, 吾將進其涂] '위지'에서는 퇴로를 차단하고 용감히 싸우게 할 것이며, '사지'에서는 살아나갈 길이 없음을 보여 필사적으로 싸우게 해야 한다.[圍地, 吾將塞其闕, 死地, 吾將示之以不活] 왜냐하면 병사들의 심리란 포위당하면 스스로 방어하고, 부득이 달리 길이 없으면 용감히 싸우며, 위험이 크면 명령에 잘 따르기

때문이다.[故兵之情 圍則御, 不得已則鬪, 過則從]

다. 높은 목표를 세우고 최선을 다하라

회사라는 조직은 낮은 목표를 세우면 낮은 결과밖에 얻지 못한다. 성과를 높이기 위해서는 높은 목표를 세워야 한다. 그래야 모두가 높은 목표를 향해 열심히 노력하고 힘을 기울이게 된다. 최종 목표를 위한 단기적인 목표로서 연간 계획이나 월간 예정 등과 같은 구체적인 목표도 소홀히 해서는 안 된다.

'위대한 사업은 높은 목표를 갖고 하루하루를 전력투구해야만 이루어진다. 높은 목표를 향해 오늘 노력을 거듭한 결과가 내일의 비전을 만든다. 리더가 높은 목표를 세우고 이를 실현하기 위해 오늘 하루를 열심히 노력하는 것이 중요한 이유다.

CEO가 모든 가능성을 추구하고 상세한 시뮬레이션을 반복해 달성 가능한 높은 목표를 설정하면 나머지는 이를 달성하기 위해 최선을 다할 뿐이다. 이렇게 하면 높은 목표를 향해 힘을 집중할 수 있으므로 회사 전체의 실적도 향상된다.

연간 계획이나 월간 예정 등의 목표를 달성해나가는 과정에는 다양한 문제나 과제가 발생한다. CEO는 그러한 모든 어려움에도 굴복하지 않는 강한 의지와 어느 누구에게도 지지 않는 노력으로 이를 극복해나가야 한다. 그렇게 시련을 극복함으로써 CEO는 자신에게 어울리는 능력과 사고방식을 자연히 익히게 된다.

높은 목표를 향해 집단을 이끌기 위해서 CEO는 어떻게 행동해야 할까? 그리고 어떻게 판단해야 할까? CEO는 항상 본연의 모습을 추구해야 한다. 이를 반복함으로써 CEO는 인간으로서 더욱 크게 성장하고, 구성원들로부터 신뢰와 존경을 받게 된다.

06 패왕의 군대는 일사불란하다

가. 대처법을 아는 패왕의 군대

다른 나라의 속셈을 알지 못하면 미리 외교 관계를 수립할 수 없다.[是故, 不知諸侯之謀者, 不能預交] 산림과 험난한 곳과 습지대의 지형을 알지 못하면 행군하지 못하며,[不知山林, 險阻, 沮澤之形者, 不能行軍] 그 지방 사람을 길 안내인으로 사용하지 않으면 지형의 이점을 얻을 수 없다. 아홉 지형 가운데 하나라도 모른다면 패왕의 병사라고 할 수 없다.[不用鄕導者, 不能得地利, 四五者, 不知一, 非覇王之兵也] 패왕이란 천자를 대신해 천하 제후들을 다스리는 절대 실력자를 일컫는다.

무릇 패왕의 군대는 다른 나라를 공격할 때 적국의 군대가 하나로 집결하지 못하도록 미리 조치하고, 동시에 위세를 보여 적국과 제3국이 외교나 동맹 관계를 맺지 못하게 한다.[夫覇王之兵, 伐大國, 則其衆不得聚, 威加於敵, 則其交不得合] 이런 까닭에 다른 나라와 외교를 맺으려고 경쟁하지 않고, 천하의 권세를 빼앗으려고 애쓰지도 않는다.[是故, 不爭天下之交, 不養天下之權, 信

己之私 威加於敵] 그렇기에 적의 성을 함락할 수 있고, 그 나라를 멸망시킬 수도 있는 것이다.[故其城可拔, 其國可隳也] 따라서 굳이 다른 나라와 동맹을 맺거나 또는 연합해 적국을 침공하는 따위의 행동을 할 필요도 없다. 모름지기 이 정도는 되어야 패왕의 군대라고 할 수 있다.

나. 병사들 사기가 하늘을 찌른다

유능한 장수는 규정에도 없는 상을 베풀기도 하고, 병법에 없는 엄한 처벌 명령을 내리기도 하며, 마치 한 사람을 통제하듯 병사들을 다룬다.[施無法之賞, 懸無政之令, 犯三軍之衆, 若使一人]

병사를 움직일 때는 행동으로 움직이게 하고, 그 이유를 설명하지 말아야 하며, 이로운 점만 알려주어 움직이게 할 뿐 해로운 점은 알리지 말아야 한다.[犯之以事, 勿告以言, 犯之以利, 勿告以害]

병사들은 위험한 처지에 빠져야 악착같이 싸워 패망의 늪에서 벗어나려 하며, 사지에 빠진 후에야 목숨을 걸고 싸워 살아남는다. 무릇 병사들이란 위험한 상황에 처한 후에야 승패를 걸고 싸우기 마련이다.[投之亡地然後存, 陷之死地然後生, 夫衆陷於害, 然後能爲勝敗]

유능한 장수는 파격적인 상을 내려 병사들을 감동케 하고, 사기가 하늘을 찌르게 하며, 일벌백계로 기강을 확립해 전군의 병사들을 일사불란하게 움직이도록 한다.

다. 불황은 핑계다, 뛰고 뛰어라

불황은 어디까지나 핑계일 뿐 끝나기 전까지는 끝난 것이 아니다. 절대 포기하지 마라. 언제나 기회를 포착하고, 많은 사람들이 선택하는 것을 무작정 따라가지 마라. 항상 긴장을 늦추지 않고 정신력을 똑바로 갖추고 있으면 언제든 이길 수 있다.

우리에게 불황은 핑계일 뿐이다. 주저앉아 있는다고 밥이 나오나, 쌀이 나오나? 뛰어라! 하다못해 잘 유지되고 있는 거래처 담당자라도 다시 살펴 안전하게 단속하고, 할 일이 없으면 먼지 쌓인 책상이라도 닦아라! 높은 수준의 청사진을 그려 도전 목표를 명확히 하고, 개인과 기업의 핵심 역량을 한곳으로 모아야 한다.

대기업의 똑똑해 보이는 인재들도 핵심 역량, 경쟁력, 미래 가치, 실행 방법 등 신경 써야 할 일이 한둘이 아닌데 시간은 없다. 다들 너무 바쁘다고 한다. 가만히 앉아서 "리스크가 너무 커 위험하다"고 말한다. 새로운 것을 시도하다 실패하면 잃는 것이 많으니 '하던 것'만 하려 한다. "지금까지도 잘해왔는데 새삼 뭘 바꾸느냐"고 반문한다.

영세 업체나 중소기업 역시 "사람이 없다. 인재가 없다. 돈이 없다. 설비가 부족하다. 마땅한 장소가 없다. 기술이 없다" 등등 불가능하다는 말만 한다. 변명은 배부른 투정에 불과하다. 일을 '지루하게 감내해야 하는 노동'이라고 생각하는가, '도전할 만한 흥미진진한 게임'이라고 생각하는가? 결국 생각의 차이다.

어떻게 하면 즐겁게 일할 수 있을까? 회사에서 내 능력을 어떻게 발휘하면 좋을까? 자기계발은 어떻게 해야 할까? 고민해야 할 부분이다.

07 교묘하게 승리하는 용병술

가. 의도를 정확하게 파악하라

전쟁에서 중요한 일은 적의 의도를 속속들이 파악하는 데 있다. 그렇게 해서 적을 한 방향으로 유인하면 천 리 밖에 있는 적장도 죽일 수 있다. 그것이 바로 전쟁에서 교묘한 방법으로 승리하는 기술이다.[故爲兵之事, 在於順詳敵之意, 併敵一向, 千里殺將, 是謂巧能成事者也]

그러므로 전쟁을 시작하면 국경의 관문을 막고 통행증을 폐기하며, 적국의 사신을 통과시키지 않고, 조정의 대신들은 군사 회의를 열어 작전 계획을 수립하는 데 전념해야 한다.[是故政擧之日, 夷關折符, 無通其使, 勵於廊廟之上, 以誅其事]

그리하여 적군이 문을 여닫을 때 재빠르게 침투해 적의 소중한 것을 먼저 공략하고, 빈틈이 나기를 기다렸다가 적의 상황에 따라 움직여 단숨에 전쟁의 승패를 결정지어야 한다.[敵人開闔, 必亟入之, 先其所愛, 微與之期, 踐墨隨敵, 以決戰事]

그 행동은 처음에는 마치 처녀처럼 얌전한 듯 보이다가 적이 관문을 열면 굴을 빠져나오는 토끼처럼 빠르게 움직여 적군이 대항할 수 없도록 해야 한다.[是故始如處女, 敵人開戶, 後如脫兎, 敵不及拒]

나. 재건 프로젝트를 가동하라

이제 재건 프로젝트를 가동해야 한다. 패자의 문화와 승자의 문화는 확실히 다르다. 패자가 되지 않으려면 자신감이나 의욕이 떨어진 직원들에게 새로운 의지를 북돋아주는 것이 첫 번째 목적이 되어야 한다. 이때는 '내가 이 회사의 주인'이라는 생각을 심어주는 것이 급선무다. 사기가 떨어지고 우왕좌왕인 회사 분위기를 빨리 바로잡아야 한다.

이를 위해서는 CEO의 '식食 커뮤니케이션'과 '주酒 커뮤니케이션'이 필요하다. 가령 매회 열 명 정도의 젊은 직원들과 '점심' 간담회를 하거나 과장급 이상 간부들과 '저녁' 식사를 하며 일에 대한 자신의 생각을 들려주고, 그들의 의견을 경청하는 것이다. 업무는 물론 개인적인 이야기까지 자유롭게 주고받을 수 있는 환경을 조성해야 한다. 비록 술을 못 하더라도 그런 자리에서는 왁자지껄 우스갯소리를 하며 분위기를 띄워야 한다.

또한 "온종일 서서 일하는 게 너무 힘들다"거나 "현장에서는 쉬는 시간이 되어도 앉아서 쉴 곳이 부족하다"는 등의 문제점이나 의견들은 꼼꼼히 기록해서 바로 개선할 수 있도록 해야 한다. 아울러 오해가 있거나 잘못 알려진 정보는 충분히 설명해야 한다. 불평불만은 빨리 해결해주고, CEO로서 앞으로 회사를 어떻게 만들어가고 싶은지에 대해 많은 시간을 할애해야 한다. 회사가 앞으로 어떤 방향으로 움직이려고 하는지, 직원들의 노력을 어떻게 평가할 것인지에 대한 이야기도 나누어야 한다. 재건 프로그램이 가동된 1, 2년 후의 그림도 구체적으로 머릿속에 그려지도록 설명해야 한다. 그것이 CEO의 비전 제시 방법이다.

끝으로 미래를 위해 '회사의 직원들 모두가' 추구하고 정착시켜 나가야 할 기업 문화에 대해서도 진지하게 이야기해야 한다. 이 과정을 통해 '과거의 불평불만을 늘어놓는 습성'을 '미래에 대한 아이디어를 만들어내는 습관'으로 바꿀 수 있다. 패자라고 스스로를 평가 절하한 사람도 '건설적인 투쟁심의 불을 지필 수만 있다면' 승자로 바꿀 수 있다. 무너져가는 회사도 '기둥만 바로 세우면' 재건할 수 있다. 1~2년에 걸친 재건 프로젝트를 통해 이를 실감하면 이루지 못할 것이 없다.

직원들이 참석한 토론회는 서로의 차이를 확인하고 갈등을 낳는 시간이 아니다. 새로운 아이디어로 새로운 해결책을 만들어내는 시간이다. 적자 사고방식에서 흑자 사고방식으로 바뀌는 '생각의 전환'이 필요하다.

다. 체질을 바꾸면 다시 살아난다

상품개발 사이클이 급속히 단축되고 있는 지금, 시장 변화에 즉시 대응할 수 있는 체제를 구축하고, 신속하게 대처하는 스피드 경영은 이제 필수가 되었다. 체질을 바꾸면 적자 기업도 살아날 수 있다. 그러기 위해서는 스피드 경영과 품질경영, 재생 매뉴얼에 따라 A부터 Z까지 철저히 실행해야 한다.

일이 없어질지도 모른다거나 내 자리가 위태롭다는 적자 시절의 정신적 고통보다는 차라리 변화를 위해 뼈를 깎는 노력을 기울이는 지금의 고통이 낫다! 그러기 위해서는 변화에 대한 공감대가 필요하다. 변화에 동참해 정체되거나 후퇴한 조직을 성장 궤도에 올려놓는 희열을 같이 맛보는 편이 낫지 않겠느냐고 의욕을 불러일으켜야 한다. 수십 차례 식사를 함께하며 '당신은 우리 사람'이라는 인식을 심어주어야 한다. 그 활동에 들어가는 비용은 모두 CEO의 사비로 지출해야 한다. '회사를 살려 일자리를 보장하고, 회사를 키워 더 많은 일자리를 창출함으로써 인류 사회에 공헌한다'는 자신의 비전을 제시해야 한다.

당신은 부진의 늪에서 허덕이는 기업들을 경쟁력 있는 기업으로 부활시킬 특별한 방법이 있는가? 부활의 신은 정열, 열의, 집념이 전부라고 말한다. 오직 할 때까지, 될 때까지 계속하는 것뿐이다. 임직원들이 그렇게 한다면 못해낼 것이 없다. 그만하고 싶다는 생각이 턱까지 올라올 때, 남들도 하기 싫어할 때, 그래도 하는 것이 전부다. '승리의 비결'은 너무나 간단하다. '끝까지 하는 습관'을 들이는 것이다. 그냥 하는 시늉만 하거나, 머리나 입으로만 하겠다는 말은 집어치워라. 그 습관이 밖으로 체계화된 행위가 바로 '청소, 청결, 정리, 정돈'과 같은 기본기다.

"귀찮아."

"이따 하지 뭐."

"이 정도야 뭐."

"누가 신경이나 쓰겠어?"

이런 마인드와 잠재적 행동을 지배하면 '될 때까지'가 가능해진다. 조직이 방대해지거나 관료화되면 스피드와 의사소통 면에서 느려지게 마련이다. 이런 조직은 크든 작든 '권한과 책임'을 부여해야 한다. 그러면 도전적이고 열정적인 직원들이 늘어나고 스피디한 경영이 가능해진다.

제4부

명장의 大특수 작전

화공 · 용간 편의 화공과 수공, 명장의 조건 및 정보전

12 화공 편

불로 공격하되
태도는 신중하라

'화공火攻'은 불로 공격하는 전투 행위 및 병법을 말하는 것으로, '화공 편'에서는 전술에 필요한 조건과 작전 요령을 논한다. 이 전략은 파괴력이 크기 때문에 신중한 태도가 명군이나 명장의 조건이 됨을 강조하고 있다.

01 공격 대상에 따른 화공법 다섯 가지

가. 불을 이용한 공격법 다섯 가지

무릇 불을 이용하는 공격에는 다섯 가지가 있다.[孫子曰, 凡火攻有五] 첫째는 적의 병사를 불로 태우는 것이고, 둘째는 쌓아둔 곡식이나 군수물자를 태우는 것이며, 셋째는 적의 군수물자를 실은 수레를 태우는 것이고, 넷째는 적의 식량이나 군수물자 창고를 태우는 것이며, 다섯째는 적군의 진영을 불로 공격하는 것이다.[一曰火人, 二曰火積, 三曰火輜, 四曰火庫, 五曰火隊]

불을 사용하는 데에는 반드시 일정한 조건이 있어야 하며, 연기와 불을 내는 도구와 재료를 갖추고 있어야 한다.[行火必有因, 烟火必素具] 불을 피우는 데에는 적당한 때가 있고, 불을 지르는 데에는 적당한 날이 있다.[發火有時, 起火有日] 적당한 때란 건조한 날씨를 말하며, 적당한 날이란 달이 '기箕', '벽壁', '익翼', '진軫'의 별자리 안에 있는 날이다.[時者, 天之燥也, 日者, 月在箕壁翼軫也] 무릇 이 네 별자리 안에 있는 날은 바람이 잘 부는 날이기 때문이다.[凡此四宿者, 風起之日也]

나. 해외 진출

어떤 기업이든 기업의 존속을 생각할 때 두 가지 선택을 하게 된다. 첫째, 성장한다. 둘째, 살아남는다. 기업이 성장하거나 살아남기 위해서는 글로벌 진출을 목표로 하지 않을 수 없다. 아직 개척되지 않은 시장은 해외에만 남아 있기 때문이다. 그러나 해외 진출도 만만한 것은 아니다. 남들이 가니까 나도 간다는 부화뇌동식의 해외 진출은 무거운 짐만 안고 돌아올 수 있다. 따라서 해외로 진출하는 경우에는 다음과 같이 여러 가지를 면밀히 따져보아야 한다.

• 왜 해외로 진출하는가?

- 해외 진출을 어떻게 성공시킬 것인가?
- 해당 국가의 투자 환경에 대해 충분히 알고 있는가?

CEO는 이러한 답을 찾은 뒤 진출해야 한다. 그리고 해외 진출을 결정했다면 추가로 다음과 같은 사항들을 점검해야 한다.

- 어떤 업종이 투자에 적합한가?
- 해당 국가가 투자 경쟁력이 있는가?
- 해당 국가의 정치, 경제, 사회, 문화적 환경은 어떠한가?
- 해당 국가의 외국인 투자 법규와 정책은 어떤 것들이 있는가?
- 해당 국가의 투자 및 비즈니스에서 무엇을 특히 주의해야 하는가?

또한 목표로 삼고 있는 해외 시장의 거시적인 매력도와 그 목표 시장에서 자사의 상대적인 경쟁 우위는 무엇인지도 파악해야 한다. 즉, 자사의 '핵심 경쟁력'을 찾아야 하며, 미래를 겨냥한 해외 진출로 시장 점유율을 확대해나가야 한다. 뿐만 아니라 현재의 시장 점유율도 뺏기지 않고 잘 유지해야 살아남을 수 있을 것이다.

다. 거북이가 토끼에게 승리하는 방법

'거북이가 토끼에게 승리하는 방법'을 묻는 문제가 면접시험에 출제되었다면 당신은 어떻게 답하겠는가? 토끼와 거북이의 경주에서 규칙을 어기지 않고 거북이가 토끼를 이길 수 있는 방법은 무엇일까? CEO라면 이처럼 불리한 상황에서도 이기기 위한 전략을 구체적으로 생각할 수 있어야 한다. 가령, 강 또는 연못을 가로지르는 코스를 만들어 거북이에게 유리한 상황을 만드는 것이다. 또한 거북이는 백 년을 넘게 살기도 한다니 토끼의 수명보다 오래 걸리는 경주를 하는 것도 방법이다.

이런 경우에는 걸음이 느린 거북이의 단점보다는 수영을 잘하고 수명이 길다는 장점을 이용할 수 있는 능력이 필요하다. 이와 같은 해답을 제시한 사람이라면 자사 제품의 장점을 잘 살려 유리한 거래 전략을 세울 수 있을 것이다.

02 전술에 따른 화공법 다섯 가지

가. 다섯 가지 불의 변화와 대처 방법

무릇 화공을 할 때는 다음과 같이 다섯 가지 불의 변화에 대응해야 한다.[凡火攻, 必因五火之變而應之]

① 적진 안에서 불이 나면 밖에서도 재빨리 호응해 공격한다.[火發於內, 則早應之於外]

② 불이 났는데도 적진이 조용하면 공격하지 말고 기다린다.[火發兵靜者, 待而勿攻]

③ 불길이 거세질 때는 될 만하면 공격을 하고, 그렇지 않으면 공격하지 말아야 한다. [極其火力, 可從而從之, 不可從而止]

④ 적진 밖에서 불을 지를 수 있을 때는 적진 내부 상황에 개의치 말고 적시에 불을 지르고 나서 적의 반응에 따라 대응한다. [火可發於外, 無待於內, 以時發之]

⑤ 바람이 부는 쪽에서 불길이 올랐을 때는 바람을 안고 공격하지 말고, 만약 낮에 바람이 오래 불었다면 밤에는 그칠 것이니 불을 놓는 시기를 잘 택해야 한다. [火發上風, 無攻下風, 晝風久, 夜風止]

무릇 용병을 잘하는 장수와 그 군대는 반드시 이 다섯 가지 불의 변화를 잘 알고 그에 따라 대처한다. [凡軍必知, 有五火之變, 以數守之]

나. 실적 향상률을 30%로 설정하라

부하 직원이 생각만큼 실적을 올리지 못한다고 불평하는 관리자들이 많다. 그러나 불평하기 전에 이런 질문을 던져보라.

"매출 향상 목표 100%와 10% 중 어느 쪽에 더 의욕이 생기나요?"

그러면 당연히 10% 쪽이라고 대답할 것이다. 그렇다면 30% 정도는 어떤지 물어보라. 그러면 아마도 "글쎄요. 쉽진 않겠지만 연구하기에 따라서는 가능할 것 같습니다"라고 답할 것이다. 여기서 '연구하기에 따라서'라는 표현이 바로 30%라는 숫자의 비밀이다. 목표를 10% 향상시키는 것은 거래처나 잔업 시간을 늘리는 것 정도면 가능하다. 즉, 약간의 노력만으로도 달성할 수 있다는 뜻이다. 그러나 30%를 향상시키려면 지금까지의 업무 방식을 완전히 바꿔야 한다. 바로 여기에 비약적으로 성장할 수 있는 열쇠가 존재한다. 어떤 상황에서도 살아남는 사업자, 비즈니스맨이 되려면 매일 30%의 능력 향상을 지향해야 한다.

다. 바쁜 일상에서 벗어나라

당신은 바쁘다는 핑계로 정작 중요한 일을 피하고 있지는 않은가?

"바빠서 못해."

"이번 일이 마무리되면 할게."

정말 흔하게 듣는 말이다. 바쁘다는 말이 일을 미숙하게 처리해도 좋다는 구실이 될 순 없다.

사실 CEO는 누구나 정신없이 바쁘다. 경영의 모든 영역에서 책임을 져야 하며, 믿고 맡길 조직이 없는 경우도 많으므로 일상적인 업무만으로도 바쁠 수밖에 없다. 그러나 그런 일상적인 업무들을 바쁘다는 핑계로 삼는다면 그 회사는 영원히 달라지지 않는다. 아무리 시간이 지나도 제자리걸음일 것이다. 정작 사장이 진짜 해야 할 일을 할 수 없기 때문이다.

그러니 지금 당장 바쁘다는 핑계를 버려라. 바쁘다는 것을 방패막이로 쓰지 마라. 그리고 경영이 견고하게 뿌리내릴 수 있도록 꾸준히 매진하라. 경영의 뿌리를 견고하게 만드는 작업은 그리 간단치 않다. 많은 CEO들이 일상적인 업무로 도망쳐, 그곳에 갇혀 나오지 못하고 있다.

그러다 보니 정작 봐야 할 것을 보지 못한다. 정작 해야 할 일을 제대로 해내지 못한다. 이렇게 되지 않으려면 바쁘다는 핑계부터 단호하게 잘라 버려야 한다. 이것이야말로 CEO가 할 일을 한 단계 높여줄 첫걸음이다.

03 화공과 수공의 용병법

가. 화공과 수공의 차이점

불로써 적을 공격하는 화공 시에는 주변 상황은 물론 천기까지 살필 줄 아는 총명한 지혜가 필요하다. 반면 물로 공격하는 수공水攻 시에는 강력한 병력의 도움을 받아야 한다.[故以火佐攻者明, 以水佐攻者强] 수공으로는 이동 통로나 통신을 끊을 수 있지만 적병의 목숨이나 군수물자 등을 빼앗을 수는 없기 때문이다.[水可以絶, 不可以奪]

나. 해외 진출의 전략 과제

해외 비즈니스의 근간이 되는 기본 전략 과제로는 인재, 물류 및 인프라, 언어, 외화 밸런스, 현지 조달, 국내 판매, 기술 노하우, 상표 도용, 정책 규정의 변화, 인치와 법치 등 열 가지 항목이 있다. 여기서 전략이란 목표 달성을 위해 기업이 '종합적 능력'을 어떻게 발휘해나갈 것인가에 대한 문제를 말한다.

일본계 기업 N사와 미국계 기업 H사가 반도체 부문 X사의 M&A를 둘러싸고 쟁탈전이 벌어졌다. 이때 N사는 한 사업 부문에서 자금 때문에 다소 어렵다며 주저한 반면, H사는 이를 그룹 안건으로 상정하고 즉석에서 자금을 준비해서 이 M&A를 성공시킨 사례가 있었다. 유럽과 미국 기업들의 전형적인 전략적 대응 사례라 할 수 있다.

기본적으로 CEO는 무엇이 통제 가능하고 불가능한지를 판별해야 한다. 통세 가능한 요소를 MBA 용어로 '액션 레버action lever'라고 한다. 해외 비즈니스는 다음과 같이 어떤 전략적 목적으로 진출하는지에 따라 그 난이도가 다르다.

① 해당 국가의 현지 기업으로부터 현지 제품을 조달한다.
② 해당 국가의 현지 기업으로부터 위탁 가공한 자사 제품을 조달한다.
③ 해당 국가의 현지 시장에서 자사 제품을 판매한다.

이 세 가지 경우 중 리스크는 ①이 가장 낮고, ③이 가장 높다. ①의 경우는 우리 측이 구매하는 것이라 자금 회수에는 문제가 없지만 품질과 납기가 문제가 된다. ②의 경우는 이른바 아웃소싱으로, 의도한 대로 자사 제품이 될 때까지 지도하는 것이 쟁점이다. ③의 경우는 진출한 해당 국가의 현지 기업 또는 로컬 시장에 자사 제품을 판매하기 때문에 판매 채널 구축과 대금 회수 등이 쟁점이 된다.

어느 경우든 시간과 비용이 들기 때문에 정확한 정보를 수집하고 신뢰할 수 있는 파트너를 찾는 것이 무엇보다 중요하다. 또한 전략 책정 시 잘 진행되지 않았을 때의 대체 전략을 마련해놓고 처음에 예측하지 못했던 돌발 사고와 급격한 환경 변화에 즉시 대응할 수 있는 '비상 계획contingency-planning'을 만들어놓는 것도 중요하다.

전략은 고정화된 것이 아니라 계속해서 재검토해야 하며, 경쟁 업체에 뒤지지 않도록 진화시켜 나가야 한다. 특히 현지 법인장은 창업과 함께 "부족한 물자와 식량은 현지에서 자급자족하라"는 손자의 지혜와 '독립채산제' 정신이 필요하다.

다. 해외 진출 형태의 최적화

해외 진출 형태는 각 회사에 맞는 가장 적합한 방법을 선택해야 한다. 이 회사에 적합한 형태가 저 회사에도 적합한 것은 아니다. 즉, 모든 회사에 적용되는 정답은 존재하지 않는다. 그러나 경영적 관점에서 다음 두 가지의 경우 중 어느 것을 우선시해야 할까? 그 비중에 따라 판단 기준으로 고려할 수도 있을 것이다.

① 진출 분야에 대한 사업 전개나 시장 확보의 속도를 높이고, 불투명한 투자 환경에 대한 리스크를 최소화한다.
② 현지 기업 경영의 자율성과 본사와의 경영 일관성을 고려한다.

여기서 ②를 우선시한다면 100% 투자 형태의 독자회사를 선택해야 한다. ①을 우선시한다면 합자 형태를 취해야 한다. 합자회사의 장점은 파트너의 경영자원과 인맥, 노하우 등을 최대한 활용할 수 있다는 것이다. 반면 가장 큰 리스크가 되는 것은 파트너의 능력과 신뢰성이다. 따라서 파트너인 상대 기업 또는 조직, 기관의 경영관리 능력, 사업 전개 능력 등이 중요한 체크 포인트라 할 수 있다.

　MBA적 해법에서 보면 기업 이념의 구축과 사업 도메인의 설정도 중요하다. 하지만 법인의 형태와 상소를 잘못 선택하면 미래의 경영 시책도 그에 따라 좌우된다. 글로벌 시장의 진출 형태와 입지 장소 선정은 사업 전개 시나리오의 막이 오르기 전에 이루어지는 선택으로, 사업의 모태이자 토대다. 이는 초기 투자액뿐 아니라 그 후 운용 코스트를 결정하는 밑바탕이 된다. 이때부터 실제 비용 지출이 시작되기 때문에 사업 전체 채산성 평가의 '출발점'이라고도 할 수 있다.

04 군주와 장수의 자세와 역할

가. 나라를 안전하고 온전하게

　현명한 군주는 전쟁을 신중히 하고, 훌륭한 장수는 전쟁을 경계해야 한다. 그 이유를 살펴보자.

　첫째, 무릇 전쟁에 승리하고 적의 성을 빼앗아도 그 승리에 대한 마무리를 잘하지 못하면 국비를 함부로 낭비하고 병사들을 싸움터에 남겨 돌아오지 못하는데, 이를 '비류費留'라고 일컫는다. [故曰, 夫戰勝攻取, 而不修其攻者 凶, 命曰費留] 그러므로 현명한 군주는 전쟁의 결과가 나라에 도움이 되는지

안 되는지를 깊이 생각한 후 전쟁을 일으켜야 하며, 훌륭한 장수는 승리의 결과가 국가에 도움이 될 수 있도록 잘 마무리할 줄 알아야 한다.[明主慮之, 良將修之]

둘째, 전쟁에 임한 장수는 이롭지 않으면 움직이지 않고, 얻는 것이 없으면 용병하지 않으며, 위태롭지 않으면 싸우지 않는다.[非利不動, 非得不用, 非危不戰]

셋째, 군주는 노여움 때문에 군사를 일으켜서는 안 되며, 장수는 성이 난다고 전투를 벌여서는 안 된다. 이익이 있으면 움직이고, 이익이 없으면 움직이지 않는다.[主不可以怒而興師, 將不可以慍而致戰, 合於利而動, 不合於利而止] 분노는 다시 기쁨이 될 수 있고, 화가 나도 가라앉을 수 있지만 한번 망한 나라는 다시 존속할 수 없고, 한번 죽은 사람은 다시 살아날 수 없다.[怒可以復喜, 慍可以復悅, 亡國不可以復存, 死者不可以復生] 그러므로 현명한 군주는 전쟁을 최대한 신중히 생각해서 결정하고, 훌륭한 장수는 전쟁을 경계해야 한다. 이것이 나라를 안전하게 하고 군대를 온전히 하는 길이다.[故明君慎之, 良將警之, 此安國全軍之道也]

나. 외교적·정치적 처리 법칙

전쟁에는 막대한 비용이 든다. 승리를 했다고 해도 국력의 피폐를 막을 순 없다. 그렇기 때문에 앞서 언급한 바와 같이 가능하면 전쟁을 피하고 외교적 수단으로 분쟁을 해결하는 것이 유리한 계책이다.

그런데 전쟁을 피하는 것이 득책이라고 해도 부득이 발동할 수밖에 없는 경우가 있다. 전쟁이 불가피하다면 이겨야 한다. 그러나 어떤 희생을 치르고서라도 승리하는 것이 아니라, 가능한 한 효율적인 방법으로 승리해야 한다. 이것이 정치적인 처리 방법이다. 뭐니 뭐니 해도 가장 효과적인 승리 병법은 싸우지 않고 이기는 것이다. 그러기 위해서는 지혜로운 교섭력을 발휘해 승리해야 한다. 전쟁 지도자의 잘잘못은 바로 이것에 달려 있다고 해도 과언이 아니다.

다. 공유가치창출 경영

경영은 사람이 사람을 위해 하는 사람의 활동이다. 아무리 많은 수익을 올리고, 아무리 규모가 커지고, 아무리 명성을 얻어도, 사람을 위한 것이 아니라면 의미가 없다. 경영은 상품이나 서비스를 통해 고객에게 도움을 주고, 조금이나마 그들을 행복하게 하는 활동이다. 비즈니스를 통해 사회의 불편한 부분이나 사회적 과제들을 해결해 사회를 한층 더 이상적으로 만들어가는 행위인 것이다. 결국 사회와 관계를 맺고 사회에 공헌하는 것이 경영의 본질인 것이다.

기업의 비즈니스 기회와 지역사회의 필요가 만나는 곳에 사업적 가치를 창출하는 경영 모델, 기업과 지역사회가 함께 공유하는 가치를 창조하는 것, 이것을 공유가치창출 CSV, Creating Shared Value이라고 한다. 이는 미국 하버드대학교의 마이클 포터 교수가 2006년 〈하버드 비즈니스 리뷰〉에 처음 발표하면서 등장한 개념이다.

소비자의 이성에 호소하던 1.0 시대와 감성, 공감에 호소하던 2.0 시대에서, 기업과 고객이 공동의 가치를 창출하는 3.0 시대가 도래했다. 이제는 기업 활동 자체가 사회적 가치를 창출하고, 동시에 경제적 수익을 추구할 수 있는 방향으로 이루어지는 시대가 될 것이다. 즉, 이제는 자본주의 문제를 극복해야만 기업의 지속 가능성을 담보할 수 있다는 의미다.

기업은 생존을 위해 필수인 경영의 본질을 결코 잊어서는 안 된다. 이제 기업은 지역사회와 함께 윈-윈 하는, 함께 공유가치를 창출하는 상생의 철학을 통해 비즈니스 전쟁에서 승리하는 지혜를 추구해나가야 할 것이다.

13 용간 편

최후의 열쇠는 정보력에 있다

'용간用間'이란 스파이를 이용한다는 뜻으로, '용간 편'에서는 정보전에 대해 논하고 있다. 손자는 《손자병법》에서 다음의 세 가지를 강조했다.

첫째, 싸우지 말고 이겨라.
둘째, 이겨놓고 싸워라.
셋째, 빠르게 승리하라.

그러면서 이 세 가지를 충족시키는 방법은 '적을 알고 나를 정확하게 아는 것'이라고 했다. 이때 적을 정확하게 알게 해주는 것이 바로 '정보'다. 그리고 이 정보를 조사해서 알려주는 사람이 바로 '스파이'다. 이런 의미에서 이 '용간 편'은 《손자병법》의 근간이요, 바탕이라고 할 수 있다.

정보의 중요성과 스파이의 활용

가. 사람을 통해 정보를 얻어라

'적을 알고 나를 아는 것'은 정확한 정보에 따라 이루어진다며 손자는 다음과 같이 말했다.

무릇 10만의 군을 동원해 천 리를 원정하면 백성이 부담하는 비용과 국가의 재정이 하루에 천금이 소비된다.[孫子曰, 凡興師十萬, 出征千里, 百姓之費, 公家之奉, 日費千金] 또한 나라의 안팎이 소란스러워지고, 백성들은 식량과 군수물자의 수송 때문에 피로하며, 생업에 종사하지 못하는 자가 70만 호나 된다.[內外騷動, 怠於道路, 不得操事者, 七十萬家] 수년 동안 전쟁을 준비하고 치르더라도 승패는 하루아침에 판가름 난다.[相守數年 以爭一日之勝]

그럼에도 벼슬과 봉록, 금전을 아껴 적군의 정보를 알지 못하는 것은 지극히 현명하지 못한 것이다. 그러한 자는 장수일 수가 없고, 군주를 보좌하는 자가 아니며, 승리의 주역이 될 수 없다.[而愛爵祿百金, 不知敵之情者, 不仁之至也. 非人之將也, 非主之佐也, 非勝之主也]

명철한 군주와 현명한 장수가 군대를 일으켜 적군을 치면 승리한다. 남보다 뛰어나게 성공하는 까닭은 적의 정세를 알기 때문이다. [故明君賢將, 所以動而勝人, 成功出於衆衆者, 先知也]

적의 실정을 안다는 것은 귀신의 도움을 받아서 되는 것도 아니고, 경험을 통해서 얻는 것도 아니며, 법칙에 따라 헤아릴 수 있는 것도 아니다. 반드시 적군의 실정을 알고 있는 사람에게서 얻어내야 하는 것이다. [先知者, 不可取於鬼神, 不可象於事, 不可驗於度, 必取於人, 知敵之情者也]

나. 고객의 클레임과 마주하라

고객의 클레임을 외면하는 회사는 미래가 없다. 당신 회사는 고객의 클레임을 진정으로 받아들이고 있는가? 아무리 성공 가도를 달리는 회사라도 클레임은 발생한다. 성공을 거듭할수록 수많은 고객들의 생각과 느낌이 천차만별임을 새삼 실감하게 된다. 같은 서비스를 받더라도, 같은 물건을 쓰더라도 어떤 사람은 괜찮다고 느끼는 반면, 어떤 사람은 불만족스러울 수 있다. 맞춤형으로 제공되지 않는 이상 클레임은 반드시 발생한다.

그렇다고 해서 "그럴 수도 있지 뭐" 하며 클레임을 방치하면 신뢰를 잃는 것은 시간문제다. 경영은 신뢰를 잃으면 끝이다. 그러므로 클레임을 외면해서는 안 된다. CEO는 누구보다도 먼저 그런 각오를 다져야 한다. 당신은 클레임의 존재를 인정하지 않거나 클레임을 외면해서 불에 기름을 붓는 사태를 초래하고 있지는 않은가? 실질적으로 클레임을 완성시키는 것은 고객이 아니라 회사다. 최초의 클레임은 사실 클레임이 아니다.

그 대응이 잘못되었을 때 진정한 클레임이 된다.

매일 쏟아지는 클레임 대응에만 급급한 CEO는 이 사실을 알지 못한 채 불에 기름을 붓는 실수를 계속한다. 고객이 아닌 회사가 기름을 부어 진짜 클레임으로 만드는 것이다. 계속해서 성공하고 싶은 CEO라면 이런 사실부터 깨달아야 한다. 클레임을 키우는 회사의 무성의한 태도에는 다음과 같은 특징이 있다.

① 소극적인 자세로 대충 무마하려 한다.
② 반발 혹은 반론한다.
③ 보고하지 않고 시간을 끈다.
④ 해결하려는 태도를 보이지 않는다.

당신 회사는 이런 문제가 없는가? 당신과 당신의 직원들은 문제가 없는가? 위의 내용을 점검하고 다음의 클레임 대응 4원칙을 준수해야 한다.

① 회피하지 않는다. 진지하게 받아들인다.
② 반발하지 않는다. 죄송한 마음으로 냉정하게 상황을 듣는다.
③ 빠짐없이 보고한다. 상황을 수시로 보고한다. 방치하지 않는다.
④ 즉시 움직인다. 해결하든 그렇지 않든 무조건 행동한다.

클레임에는 정면으로, 진지하게 대응해야 한다. 그러면 어떤 클레임도 두렵지 않게 된다.

다. 창조적 실용주의 노선

덩샤오핑은 하는 일마다 최고가 되겠다는 열망이 누구보다 강했다. 반드시 성취하고야 말겠다는 열망이 대단했기 때문에 그 어떤 어려움도 이겨낼 수 있었다. 간절한 열망은 강한 성취동기를 불러일으킨다. 덩샤오핑은 강한 성취동기를 바탕으로 자신이 원하는 목표를 이루기 위해 끊임없이 노력했기 때문에 결국은 해내고야 만 것이다.

최고가 되겠다는 열망을 가진 사람이 바로 프로다. 덩샤오핑이 주장하는 창조적 실용주의 노선은 어떤 상황에서도 항상 최선의 방안을 찾는 것이었다. 어제 옳은 것이 반드시 오늘도 옳은 것은 아니다. 그는 어제의 진리가 오늘의 진리가 될 수 없음을 항상 강조했다. 진리는 상황에 따라 변수가 생기기 마련이다.

그는 시대에 따라 진리가 변할 수 있다고 믿었다. 주어진 상황에서 최고를 추구해야 하며 더 좋은 성과, 더 생산적인 결과를 도출하기 위해 끊임없이 열망을 가져야 한다고 믿었다.

02 스파이의 종류와 활용법

가. 스파이 활용법 다섯 가지

스파이를 이용하는 방법으로는 '향간鄕間', '내간內間', '반간反間', '사간死間', '생간生間'의 다섯 가지가 있다.[故用間有五, 有鄕間, 有內間, 有反間, 有死間, 有生間] 이 다섯 가지는 동시에 사용하는 것으로, 이 방법을 적군은 전혀 알지 못하니 이를 귀신같은 재능, 즉 '신기神紀'라 일컬으며 군주의 보배로 여긴다.[五間俱起, 莫知其道, 是謂神紀, 人君之寶也]

① '향간'은 적국의 마을 사람을 포섭해 이를 활용하는 방법이다.[鄕間者, 因其鄕人而用之]

② '내간'은 적국의 관리를 포섭해 이를 활용하는 방법이다.[內間者, 因其官人而用之]

③ '반간'은 적국의 스파이를 포섭해 이를 활용하는 방법이다.[反間者, 因其敵間而用之]

④ '사간'은 적국에 허위 사실, 거짓 정보를 흘리는 방법이다.[死間者, 爲誑事於外, 令吾間知之, 而傳於敵間]

⑤ '생간'은 적국에 침투했다가 돌아와서 보고하는 방법이다.[生間者, 反報也]

나. 소프트파워 전략 거점 공자학원

국제 질서의 중요한 축이 되기 위해 중국은 경제력이나 군사력의 '하드파워'를 강화하는 것뿐만 아니라 문화 등의 '소프트파워'를 높여야 할 필요가 있었다. 그래서 2004년부터 시작한 국가 프로젝트가 바로 '공자학원孔子學院'이다. 대학에서 강사를 파견하고, 교재나 DVD 등과 운영비의 상당 부분을 중국 정부가 제공한다.

이 공자학원은 보통 어학 교육을 중심으로 운영되지만 중국 문화를 보급하는 거점 역할도 한다. 중국은 자국 이미지를 좋은 쪽으로 바꿀 수 있다면 '중국위협론'에 대한 완화 작용은 물론, 국제 사회에서 중국과 관련해 좋은 환경을 만드는 '공공 외교'의 기둥 역할도 할 수 있을 것으로 기대하고 있다.

2011년 1월 21일, 미국을 공식 방문한 후진타오 주석은 시카고의 공자학원을 견학했다. 그는 직원들에게 "미국 학생들이 중국어를 배우고, 중국 학생이 영어를 배우게 하여 소통의 기회를 만드는 것은 양국민의 우호적 교류에 유용하다"고 훈시했다. 그 말을 들은 직원들은 "반드시 사명을 달성하겠습니다"라고 선언했다.

중국 정부가 자국의 언어와 문화의 보급에 중점을 두는 것은 지금까지의 문화 전략의 약점을 돌아보는 계기가 되기도 한다. 중국 국무원 신문판공실 주임인 자오치정은 "종이, 인쇄술, 나침판, 화약의 4대 발명 이후 중국의 세계 문명에 대한 공헌이 급감했다"고 탄식했다.

중국 정부는 2007년 4월부터 각국의 공자학원을 통일적으로 관리하기 위해 북경에 본부를 신설했다. 이 학원 사업을 국가 지도부 외교 전략의 일환으로 명확하게 자리매김시킨 것이다. '문화의 수입 초과로 인한 문화적 적자'라는 문제를 해소하길 희망하는 중국이 소프트파워를 통해 '문화 대국'이 되기 위한 전략으로 콘텐츠 강화가 필수 불가결하다고 본 것이다.

다. 고객과의 접점을 구축하라

예전에는 "한번 성공한 사업으로 평생 먹고산다"라는 말이 당연하게 여겨졌다. 그러나 그런 시대는 끝났다. 우리는 유감스럽게도 인류 역사상 최초로, 맨 처음 선택한 직업이나 사업에 의해 평생 먹고사는 것이 불가능한 시대를 살아가고 있다. 이는 제품이나 서비스의 생명주기, 즉 수명이 지나치게 짧아졌기 때문이다.

이런 시대에는 경영을 하는 것이 쉽지 않다. 어렵사리 새로운 사업에 성공했다 하더라도 대대적인 상품 개선이나 신상품 개발이라는 막대한 리스크를 정기적으로 안고 가야 하기 때문이다. 그리고 여기에 따르는 위험 부담도 실로 막대하다. 새롭게 회사를 세우는 것과 크게 다를 것이 없다고 할 수 있다.

그렇게 본다면 이제 CEO는 평생 동안 여러 번 '창업'을 해야 한다. 따라서 여러 번 창업해 성공을 하기 위해서는 제품과 서비스뿐 아니라 회사 전체가 고객과의 접점을 구축해놓아야 한다. 고객 전부가 회사의 단골이나 로열티가 높은 충성고객이라면, 그들이 새로운 제품을 받아들일 가능성은 상상할 수 없을 만큼 커진다. 자연스레 성공 확률이 높아질 수밖에 없다.

당신 회사는 어떤가? 고객과의 접점이 제품에만 제한되어 있지는 않은가? 고객과 회사의 거리가 멀지는 않은가? 그렇다면 지금 당장 고객과의 '접점'을 만들어야 한다.

03 스파이 활용에는 득과 독이 따른다

가. 스파이 운용법과 그 중요성

스파이를 운용하고 부리는 일은 미묘하고도 미묘해서 잘 이용하면 큰 득이 되지만 잘못하면 독이 된다. 그러므로 전체 군사의 일 중에서 스파이와의 관계가 친척 간보다 친밀해야 하고, 스파이에게 주는 포상보다 더 후한 상은 없어야 하며, 절대 기밀을 유지해야 한다.[故三軍之事, 交莫親於間, 賞莫厚於間, 事莫密於間]

지혜가 뛰어나지 못한 자는 스파이를 운용할 수 없고, 어질고 의롭지 않은 자는 스파이를 부릴 수 없으며, 첩보의 진실을 구분하지 못하는 자는 스파이의 실효를 거두지 못한다.[非聖智不能用間, 非仁義不能使間, 非微妙不能得間之實, 微哉微哉, 無所不用間也] 스파이 활동으로 알게 된 정보가 발표되기 전에 기밀이 먼저 알려지면 그 스파이나 정보를 알려준 자를 모두 죽여야 한다.[間事未發而先聞者, 間與所告者皆死]

나. 재무제표는 회사의 체온계다

입금되지 않은 자금은 매출이 아니다. 재무3표, 즉 손익계산서, 대차대조표, 현금흐름표와 현금만 파악하라. CEO가 경리 업무를 알 필요는 없다. 그러나 내용은 이해해야 한다. 재무제표는 회사의 체온계나 마찬가지다. 이것을 읽지 않으면 지금 정상 체온인지 열이 나는지 알 수 없다. 회사의 건강 상태를 파악하지 못하면 회사가 위험에 빠진다 해도 인지조

298   손자병법에서 배우는 리더의 필승 전략

차 할 수 없지 않겠는가.

회계에 약하면 경영을 지속하기가 불가능하다. 적어도 재무 3표만이라도 읽어야 한다. 이것이야말로 자금의 흐름과 회사의 경영 상태를 온전히 이해하는 길이기 때문이다.

매출은 수치로만 판단하면 안 된다. 다시 말하지만 입금되지 않은 자금은 매출이 아니다. 돈이 입금되지 않으면 일이 끝났다고 볼 수 없다. 성공한 CEO는 이렇게 생각하지만 매출액만 보고 안심하는 CEO, 일이 끝났다고 만족하는 CEO들이 놀랄 정도로 많다. 이런 회사는 외상 매출을 쌓아둔 채 '흑자도산'을 할 가능성이 매우 높다.

흑자도산만큼 비참한 도산도 없다. 아직도 많은 회사들이 대금 회수 문제로 무너지고 있다. 당신도 혹시 매출액만 보고 있지는 않은가? 수치화된 매출만 바라보며 만족하고 있지는 않은가? 매출액은 반드시 '입금 상태', 즉 현금만을 파악해야 한다.

다. 시장 사슬의 시스템 재건

하이얼은 비평 문화와 내부 여론 감독 메커니즘을 통해 시스템을 재건했다. 하이얼 기업문화센터가 출간하는 사내 신문 〈하이얼인〉은 관념의 의사전달, 여론 등 무시할 수 없는 큰 반향을 불러일으킨다. 이 신문의 가장 큰 특색은 바로 기업 내부의 중층 간부를 지명해 비평하거나 시장 발전에 부합하지 않는 사람과 그 내용을 공개적으로 지적한다는 점이다. 가령, 하이얼 냉장고의 전열본부장이 해외 출장 기간 동안 해야 할 회의도 하지 않고 어떤 일은 아예 방치했는데, 〈하이얼인〉은 이런 사실들을 지면을 통해 모두 보도하기도 했다. 이 신문은 해당 기사에서 본부장의 실명을 거론하며 "출국하면서 본부장 직무 능력까지 갖고 나갔나?"라는 조롱 섞인 문장을 사용했다.

또 한번은 에어컨 본사에서 생산한 '꼬마공주' 온풍기 제품이 제대로 공급되지 않자 "원인이 무엇인가? 꼭 밝혀야 한다. 그저 부품이 없다고만 한다. 왜 제품 공급을 보증하지 못하는가? 제품을 내놓든지 아니면 관직을 내놓아라"라며 강도 높게 비판했다. 이 기사가 나간 후 관련 직원들은 모두 이 사태를 예의주시했고, 공급 책임자는 모든 방법을 동원해 공급을 재개하도록 조치했다.

하이얼은 또 혁신을 위해 '시장 사슬의 시스템 재건'을 추진했다. 이후 〈하이얼인〉은 시스템 재건을 추진하는 강력한 도구가 되었다. 매 호마다 본문에 '비평 대회'의 사례가 게재되었다. 이 사례 발표로 〈하이얼인〉은 현장의 현실을 알려서 하이얼 문화의 정확한 관념을 수립하는 데 기여했다.

그로 인해 간부급 직원들은 자신이 어떻게 해야 하이얼의 발전에 유리한지를 고민하기 시작했다. 일반 직원들은 간부가 취하는 방법이 하이얼 문화에 부합되지 않는 경우, 즉시 신문 편집부에 원고를 제출해 문제를 제기했다. 이렇게 '보편적인' 비평 문화는 오랫동안 습관화되어 온 각 부문 책임자들의 관념을 혁신시켰고, 하이얼이 건강한 몸과 마음을 유지하는 데 많은 역할을 했다.

그런데 하이얼의 비평 문화는 사람 또는 일에 대한 직언을 할 때 간부들에게만 이를 적용했다. 일반 직원들은 대상으로 삼지 않았다. 그 이유는 하이얼에서 어떤 문제가 생기면 간부가 80%의 관리 책임을 져야 하기 때문이다. 이것이 바로 하이얼의 색다른 기업 문화라 할 수 있다. 이러한 분위기는 바로 공평, 공정, 공개의 메커니즘이 되었다. 〈하이얼인〉은 비평 문화를 위한 아주 좋은 여론 감독의 매개체가 되었던 것이다.

04 스파이는 CEO, 군주가 장악하라

가. 이중 스파이를 후하게 대접하라

무릇 적을 공격하고자 한다면, 성을 공략하고자 한다면, 또 누군가를 암살하려 한다면 반드시 스파이를 통해 그곳을 지키는 장수와 휘하의 장교들, 부관, 심부름꾼, 문지기, 고용인 등의 인적 사항을 알아야 한다.[凡軍之所欲擊, 城之所欲攻, 人之所欲殺, 必先知其守將, 左右, 謁者, 門者, 舍人之姓名, 令吾間必索知之]

아군 쪽에 들어와 활동하는 적국의 스파이는 필히 찾아내며, 꾀어서 포섭하고, 잘 다독여 자기 사람으로 만든다. 이것이 바로 반간을 이용하는 방법이다.[必索敵間之來間我者, 因而利之, 導而舍之, 故反間可得而用也] 이러한 방법을 통해 적국의 정세를 알게 되고 향간과 내간도 이용할 수 있다.[因是而知之, 故鄉間內間可得而使也]

이렇게 여러 정보를 알게 되면 사간을 이용해 거짓된 정보를 적에게 흘릴 수 있고, 생간으로 하여금 적의 정세를 보고하도록 할 수 있다.[因是而知之, 故死間爲誑事可使告敵] 이로 인해 정적을 알 수 있으므로 생간을 기약한 대로 부릴 수 있다.[因是而知之, 故生間可使如期]

이 같은 스파이에 대한 일들은 군주가 반드시 알아야 한다. 이를 아는 것은 반간에 의해 가능하다. 따라서 반간을 후하게 대우하지 않으면 안 된다.[五間之事, 主必知之, 知之必在於反間, 故反間不可不厚也]

나. 리더와 매니저는 다르다

리더는 현재 위에 내일과 미래의 비전을 그려야 한다. 리더와 매니저는 다르다. 많은 사람들이 매니저를 리더로 생각하는데, 그만큼 그 둘을 구분하기란 쉽지 않다. 겉으로 보기에 그들이 하는 일이 크게 다른 것 같지 않기 때문이다. 그러나 리더와 매니저는 근본부터 다르다고 할 수 있다. 우선 조직이나 그 구성원을 보는 시각부터 다르다. 업무를 계획하고 실행에 옮기는 과정은 확연히 다르다.

먼저 매니저, 관리자에게 중요한 것은 오늘, 지금, 현재다. 그들이 중요하게 여기는 것은 당장 눈앞에 닥친 일들을 처리하는 것으로, 계획 및 예산 수립 등의 행동을 중요하게 여긴다. 또한 매니저는 리스크 관리, 즉 무엇보다도 위험을 최소화하는 데 성공해야 한다. 따라서 계획을 세우고 실행하는 모든 과정에서 리스크 관리에 가장 많은 신경을 쓴다. 또한 다른 사람들에게 지시를 내리고 어떤 일을 언제, 어떻게 할 것인지를 결정한다.

이처럼 매니저는 리스크 관리를 전제로 혁신, 전술 기획, 관리, 행정 등 다양한 역할을 수행함과 동시에 그 회사의 상황을 개선하는 일도 한다. 매니저는 당장 현실적인 문제를 처리하기 위해 업무의 일관성을 유지하는 데 힘쓰며 규율을 만드는 일에 주력한다.

반면 리더는 오늘이 아닌 미래와 비전에 관심을 갖는다. 행동보다는 방향 설정, 미래의 비전과 전략 수립 등을 중요시한다. 따라서 리더는 언제, 어떻게 처리할 것인지가 아닌, 무엇을 왜 할 것인지에 관심을 둔다. 전술보다 전략을 짜는 일에 열중하며, 상상력을 발휘해 새로운 것을 창조하는데 열성적이다. 안정보다는 변화를 추구하며, 단순히 개선하려는 노력이 아닌 혁신적인 돌파구를 찾으려 한다.

또한 리더는 멀리 내다보고 다가올 변화에 대응하기 위해 '가치'를 창조하는 일에 힘을 쏟는다. 가령 새롭게 수립된 계획이 있을 때, 매니저는 업무를 추진하기 위해 인력을 구성하고 그들 각자에게 업무를 분담하는 등 마치 새로운 회사를 만드는 과정과 유사한 업무를 수행한다. 이런 경우 매니저는 조직을 컨트롤할 수 있는 시스템을 고안하고, 업무 지침이나 근무 지침 등을 만들어 일을 추진하기 위한 기초를 다진다.

리더도 물론 인력을 확보하고 업무를 분담해 일을 추진하는 것은 매니저와 같다. 다만, 리더는 눈앞에 닥친 업무 대신 일을 성사시키기 위한 비전과 전략을 만든다는 점이 매니저와 다르다. 리더는 일을 어떻게 해야 할지에 대한 구체적인 표준 업무 지침을 만들기보다는 새롭게 수립된 업무의 비전을 이해하는 팀을 만들려고 노력한다.

또한 매니저는 현재의 수익에 관심을 갖는 사람으로, 안정성을 확보하고 새로운 질서를 만드는 데 탁월한 능력을 보여준다. 반면 리더는 현재의 수익보다는 내일의 비전과 가치에 관심을 갖는 사람으로, 구성원들에게 동기를 부여하고 영감을 불어넣는 등 외부의 변화에 대응하며 조직 내에서 변화를 이끌어낸다.

그러나 명심해야 할 것이 있다. 매니저의 표준화, 시스템화라는 실사구시의 바탕과 현실 위에 리더가 내일의 비전과 가치, 꿈을 그려야 한다는 점이다. 그렇지 않으면 기초가 튼튼하지 않은 사상누각이 된다.

다. 시스템화와 자립화

지속적인 성장을 원한다면 사업의 시스템화와 조직의 자립화를 정착시켜야 한다. 일을 잘하고 열심히 하는 CEO는 많다. 그러나 일을 시스템화할 수 있는 CEO는 적다. 시스템화는 회사의 지속성과 관련해 대단히 중요한 요소다. 그럼에도 불구하고 시스템화에 서툰 CEO들이 무척 많다. 일시적으로 성공한 CEO들이 50%인 반면, 10년 이상 성공을 지속해온 CEO가 4%에 불과한 이유도 이와 무관하지 않다.

시스템화를 큰 거부감 없이 정착시키기 위해서는 먼저 시스템화에 익숙해져야 한다. 이를 위해 강제적으로 시스템화를 촉진하는 방법 하나를 추천한다. 바로 'CEO가 없는 날'을 만드는 것이다.

대장이 없어도 회사가 잘 돌아가게 하려면 어떻게 해야 할까? CEO가 나서지 않아도 문제없이 일이 진행되게 하려면 어떻게 해야 할까? 당연한 말이지만 CEO가 없어도 회사가 잘 돌아가도록 만들면 된다. 항상 이러한 발상으로 시스템화를 꾀한다면 회사의 지속력을 한 단계 더 업그레이드할 수 있다.

또한 CEO가 없는 상태는 그에 의존하는 분위기를 개선하고, 직원의 자립을 촉진할 수 있기에 자립형 조직을 만드는 데 매우 효과적이다. 당신은 혹시 '내가 없으면 안 돼'라고 생각하고 있지는 않는가?

CEO가 있어서 되는 일도 있고, 없어서 되는 일도 있게 마련이다. 그러니 먼저 'CEO가 없는 날'을 만들어라. 처음에는 특정한 하루를 정해 회사와 어떤 연락도 하지 않는다. 이것이 어느 정도 익숙해지면 3일로 늘려본다. 도저히 견디기 힘들다면 연락하기 어려운 장소, 해외 등으로 출장을 떠나보라. 몇 주씩 자리를 비워도 괜찮은 상태라면 이미 '사업의 시스템화'와 '조직의 자립화'가 꽤 자리를 잡았다고 보아도 좋다.

05 스파이 활용은 병법의 요체다

가. 뛰어난 스파이 활용의 업적

옛날에 은나라가 흥할 때, 이지伊摯가 하나라에 들어가 스파이로 있었고, 주나라가 흥할 때, 여아呂牙가 은나라에 들어가 스파이로 활동했다.[昔殷之興也,伊摯在夏,周之興也,呂牙在殷] 이런 까닭에 총명한 군주와 현명한 장수만이 능히 뛰어난 지혜로써 스파이를 이용해 큰 공로와 업적을 이룩할 수 있다. [故惟明君賢將, 能以上智爲間者, 必成大功] 이것이 병법의 요체이며, 군대가 믿고 움직이는 바탕이다. [此兵之要, 三軍之所恃而動也]

나. 즉시, 반드시, 될 때까지 하라

1973년 단 네 명이 3평짜리 시골 창고에서 창업해 한때 계열사 140개, 직원 13만 명, 매출 8조 원의 막강한 기업으로 성장한 일본전산이라는 기업이 있다. 창업 직후에 석유파동으로 직격탄을 맞고, 성장기에는 '10년 불황'이라는 어둠의 터널을 지나야 했다. 그러나 "즉시, 반드시, 될 때까지 한다"는 기업 정신으로 거래 기업들을 감탄하게 만든 최고의 실행 조직이었다.

일본전산은 허약한 체질로 적자에 허덕이던 경쟁 업체 30여 개를 인수 합병해 모두 1년 이내에 흑자로 재건한 뚝심경영으로 유명하다. 그 결과, 팬용 모터, 초정밀 모터, 하드디스크용 모터, 자동차용 모터 등 손대는 분야마다 세계 1위로 등극해 마침내 IBM, 애플, 3M, 도요타 등 세계적인 기업들이 부품을 받으려고 줄을 서는 회사가 되었다.

어떻게 그럴 수 있었는지 궁금할 것이다. 밥 빨리 먹기, 큰 소리로 말하기, 화장실 청소하기 등 얼토당토않은 입사시험으로 삼류 인재들을 입사시켜 세계 초일류 기업과의 경쟁에서 승리한 인재 전략에 그 비결이 있었다. 즉각 반응하는 열정, 결과를 내는 열정이 바로 '할 수 있다'의 정신이었다. 그로 인해 일본전산은 불경기에도 열 배나 성장한 기업이 되었다.

다. 목표를 세우고 메기를 풀어라

　생기가 넘치는 조직을 원한다면 경영진의 솔선수범으로 시스템을 정착시키고, 월요일에 직원들이 즐거운 마음으로 출근하게 하라. 정신적으로든 육체적으로든 건강하고 의욕적으로 임할 수 있도록 하라. 가점주의 경영, 움직이는 경영, 활동하는 경영, 성취하는 경영을 실현하라. 메기 이론처럼 천적 전략을 이용하라. 인간에게는 상상할 수 없을 정도의 잠재 능력이 숨어 있다. 이를 발휘하려면 적절한 긴장감이 필요한데, CEO나 상사가 조직에 긴장감과 활력을 주는 메기가 되어야 한다. '할 수 있다'를 외치며 조금 높은 목표치를 밀고 당기면서 능력을 발휘하도록 해야 한다.

　지혜로운 리더는 회사 안을 돌아다니며 어느 때 직원들에게 적절히 긴장감을 주어야 할지 잘 포착한다. 적당한 긴장감은 직원들을 더 빨리 성장하게 해준다. 중요한 순간에 CEO의 존재는 직원들에게 '두려우면서도 반가운' 힘이 되어준다.

　CEO는 항상 사내 구석구석까지 관심을 가져야 하며, 자기 사무실에 틀어박혀 있어서는 안 된다. 외부의 소리를 듣는 것도 좋고, 명사들을 만나 훌륭한 가르침을 전수받는 것도 좋다. 그러나 일차적으로 관심을 갖고, 독려하고, 귀 기울이고, 동고동락해야 할 사람들은 직원들이다. '같이 있으면서 지켜봐주는 것'이 CEO가 해야 할 일인 것이다.

　경영진은 스스로 긴장감을 유지함과 동시에 지속적이고 반복적으로 시장 동향이나 향후 나아가야 할 방향에 대해 지적하고 독려해야 한다.

기존 제품이나 기존 시장에만 의존하고 있으면, 채 몇 개월도 지나지 않아 상상할 수 없는 스피드로 뒤처지고 실적은 곤두박질친다는 것을 직원들에게 인식시켜야 한다.

스스로 한발 앞서 나가는 모습을 보여줄 때 리더는 '매력적인 인재'의 역할 모델이 될 수 있다. 리더가 메기 역할을 하는 것은 어디까지나 활력 있고 건강한 정어리를 키우기 위함이다. 그럴듯하고 세련된 목표나 비전을 수립하는 방법은 무수히 많다. 그러나 모든 목표의 바탕에는 '사람을 움직일 수 있는 힘'이 있어야 한다.

목표는 눈에 보이는, 자긍심을 북돋아주는, 해냈다는 희열이 솟는, 손에 잡힐 듯한 것이어야 한다. 그런데도 많은 기업들이 그저 연례행사를 치르듯 비전을 수립하고 목표를 설정한다. 따라서 CEO는 가감 없는, 실현 가능성 없는 열정의 표본을 만들고 있지는 않은지 돌아봐야 할 것이다.

❖ ❖ ❖

글을 맺으며

비즈니스 전쟁의 승리를 기원하며

오늘날 《손자병법》은 군사적 용병술, 상거래 비즈니스와 정치·경제의 전략서로 통한다. 사실 기업의 경제적 이익은 모두 라이벌과의 격렬한 비즈니스 경쟁, 더 나아가 '전쟁' 속에서 얻어진다. 따라서 어떻게 비즈니스 경쟁과 전쟁 속에서 이길 것인가, 이것은 현장의 경영자와 영업인들이 매일 고민하는 중요한 문제다.

물론 《손자병법》의 전략 체계를 그대로 현대에 활용할 수도 있다. 그러나 제대로 해석하지 않고 적용하면 역으로 실패의 원인이 되기도 한다. 이러한 이유로 《손자병법》의 한계를 보완해 플러스적인 면을 응용함으로써 정치·경제의 경영전략적 비결을 찾고자 했다.

이를 설명하는 데 도움이 될 만한 인물로 중국 개혁개방의 주역이자 '창조적 실용주의자'로 평가받는 덩샤오핑을 CEO의 관점에서 살펴보기도 했다. 이는 전쟁을 방불케 하는 현대판 정치·경제적 구도에서 실천적 해석을 제공하고자 노력한 일면이라 할 수 있다.

1800년대 영국의 정치 철학자이자 시사평론가였던 존 스튜어트 밀은 이렇게 말했다.

"전쟁은 추악한 것이지만 가장 추악하지는 않다. 전쟁을 치를 만큼 가치
있는 것은 없다고 말하는 부패하고 타락한 도덕심과 애국심이야말로 훨
씬 추악하다. 지키기 위해 싸울 것이 없는 사람, 자신의 안위보다 더 중요
한 것이 없는 사람은 비참한 존재다. 그보다 나은 사람의 노력으로 자유를
얻고 유지하지 않는 한 그에게는 자유로울 기회가 없다."

만약 당신과 동료들이 어떻게 하면 경쟁에서 이길지 방법을 찾기 위해
골머리를 앓고 있다면 이 책을 다시 한 번 읽어보기 바란다. 이 책이 당
신의 무릎을 탁 치게 할 것이다. 많은 사람들이 이 책을 이해하고, 치열한
경쟁 상황에서 잘 활용해 꼭 승리하길 기대한다.

참고문헌

• 강신장, 오리진이 되라, 쌤앤파커스, 2010.

• 공병호, 공병호의 사장학, 해냄출판사, 2009.

• 김병윤, 비즈니스 협상 A to Z, 해냄출판사, 2007.

• 김성호, 일본전산 이야기, 쌤앤파커스, 2009.

• 김영민, 리더십 특강, 새로운제안, 2008.

• 김영한 · 김영안, 삼성처럼 회의하라, 청년정신, 2004.

• 김인호, 수출 현장에서 生生하게 들려주는 성공 스토리 48, 한국무역협회,
  2015.

• 나이토 요시히토, 고은진 역, 교섭력, 시그마북스, 2008.

• 다니엘 핑크, 김주환 역, 드라이브, 청림출판, 2011.

• 로버트 G. 알렌, 김주영 편역, 성공하는 사람들의 좋은 습관, 백만문화사,
  2009.

• 류징즈, 홍민경 역, 똑똑한 리더의《손자병법》, 북메이드, 2010.

• 마이클 왓킨스, 김성형 · 최요한 역, 협상 리더십, 흐름출판, 2007.

• 모리야 히로시, 박연정 역, 성공하는 리더를 위한 중국 고전 12편, 예문, 2002.

• 박재희,《손자병법》으로 돌파한다, 문예당, 2003.

• 백강녕 · 안상희 · 강동철, 삼성의 CEO들은 무엇을 공부하는가, 알프레드,

2015.

• 비즈니스병법연구회, 3MECCA 역,《손자병법》경영학, 쓰리메카닷컴, 2008.

• 서광원, 사장의 길, 흐름출판, 2016.

• 소마 마사루, 이용빈 역, 시진핑, 한국경제신문사, 2011.

• 손무, 노태준 역해,《손자병법》, 홍신문화사, 2007.

• 손무, 유재주 편역,《손자병법》, 돌을새김, 2007.

• 슈모, 유수경 역, 비즈니스《손자병법》, 새론북스, 2008.

• 아타라시 마사미, 이은희 역, 성공하는 사람들의 5가지 습관, 이너북, 2007.

• 와카마츠 요시히토, 양영철 역, 도요타식 최강의 사원 만들기, 삼양미디어, 2004.

• 우밍, 송삼현 역, 시진핑 평전, 지식의숲, 2012.

• 윤경훈, 실패에서 배우는 경영 2, KMAC, 2017.

• 이규철, WTO규칙과 중국경제법에 관한 고찰, 법제처(법제 제576호), 2005. 12.

• 이규철, 감히 후퇴할 '용기'가 있는가, 아주경제신문: CEO 인사이트, 2017. 09. 12.

• 이규철, 공칠과삼(功七過三)의 리더십, 아주경제신문: CEO 인사이트, 2017. 12. 11.

• 이규철, 베트남 · 인도 · 인도네시아 비즈니스 진출전략, 부연사, 2020.

• 이규철, 북한과 중국의 합자경영기업법에 관한 비교연구, 법제처(법제 제567호), 2005. 03.

- 이규철, 비즈니스와 '궤도(詭道)'의 정신, 아주경제신문: CEO 인사이트, 2017. 08. 21.
- 이규철, 시진핑과 차이나의 도전, 부연사, 2013.
- 이규철, 식량은 적지에서 조달하라, 아주경제신문: CEO 인사이트, 2017. 11. 20.
- 이규철, 新북한투자 A to Z 100, 부연사, 2018.
- 이규철, 신중년 행복 디자인, 부연사, 2020.
- 이규철, 외자의 중국기업 M&A에 관한 절차, 법제처(법제 제549호), 2003. 09.
- 이규철, 전쟁은 경제력싸움, 아주경제신문: CEO 인사이트, 2017. 10. 10.
- 이규철, 전쟁의 기본은 속전속결, 아주경제신문: CEO 인사이트, 2017. 10. 30.
- 이규철, 조선민주주의 인민공화국의 합자경영기업법에 관한 고찰, 박상조 교수 회갑 논문집, 1998.
- 이규철, 중국 M&A 실무, 부연사, 2011.
- 이규철, 중국 반덤핑 조사의 '손해인정과 인과관계'에 관한 검토, 법제처(법제), 2006. 10.
- 이규철, 중국 반덤핑 조사의 덤핑마진 산출에 관한 분석, 동북아법제 연구보고서, 2006.
- 이규철, 중국 반덤핑법 실무, 부연사, 2009.
- 이규철, 중국경제법의 발전과 그 특징에 관한 고찰, 동북아법제 연구보고서, 2005.
- 이규철, 중국경제통상법, 진원사, 2006.

• 이규철, 중국계약법 총람, 아진, 2006.

• 이규철, 중국부동산거래법실무, 진원사, 2006.

• 이규철, 중국에서 외자기업의 철수에 관한 절차, 법제처(법제 제547호), 2003.
07.

• 이규철, 중국의 노동계약 체결과 노동계약기간에 관한 법제, 법제처(법제 제
560호), 2004. 08.

• 이규철, 중국의 반덤핑제도와 그 절차법에 관한 연구, 법제처(법제, 제571호),
2005. 07.

• 이규철, 중국의 외상투자주식유한회사에 관한 법률제도, 법제처(법제 제535
호), 2002. 07.

• 이규철, 중국의 지적재산권 침해와 외자기업의 소송대책, 법제처(법제 제558
호), 2004. 06.

• 이규철, 중국진출기업 경영 총람, 아진, 2006.

• 이규철, 중국회사 경영관리 매뉴얼, 부연사, 2017.

• 이규철, 중국회사법 시행과 각 지방법령을 둘러싼 제 문제, 법제처(법제 제
555호), 2004. 03.

• 이규철, 중외합자기업 설립과 운영에 관한 법적 고찰, 법제처(법제 제553호),
2004. 01.

• 이규철, 중화인민공화국 계약법 조문 주석, 법제처 동북아법제 연구용역,
2004.

• 이규철, 중화인민공화국 계약법에 관한 고찰, 법제처(법제 제562호), 2004.

10.

• 이규철, 중화인민공화국 회사법에 관한 고찰, 법제처(법제 제551호), 2003.

11.

• 이규철, 한 · 중 합자 계약서 매뉴얼, 부연사, 2009.

• 이규철, 흑묘백묘론과 SWOT분석, 아주경제신문: CEO 인사이트, 2017. 07. 28.

• 이나모리 가즈오, 우성주 역, 아메바 경영, 예문, 2007.

• 이성동, 영업, 목표를 필달하라, 호이테북스, 2014.

• 장영권, 위대한 자기혁명, 북그루, 2019.

• 조서환, 근성: 같은 운명 다른 태도, 쌤앤파커스, 2014.

• 존 휘트모어, 김영순 역, 코칭 리더십, 김영사, 2007.

• 최재선, 불멸의 이노베이터 덩샤오핑, 청림출판, 2009.

• 최종옥, CEO, 책에서 성공을 훔치다, 북코스모스, 2007.

• 켄 블랜차드 외, 조천제 역, 칭찬은 고래도 춤추게 한다, 21세기북스, 2014.

• 필립 코틀러, 안진환 역, 마켓 3.0, 타임비즈, 2010.

• 하마구치 다카노리, 김하경 역, 사장의 일, 쌤앤파커스, 2013.

• 하세가와 가즈히로, 이정환 역, 사장의 노트, 서울문화사, 2010.

• 허민구, 부자 기업 vs 가난한 기업, 원앤북스, 2004.

• 후지이 다케시, 이면헌 역, CSV 이노베이션, 한언, 2016.

• 후쿠다 다케시, 이홍재 역, 협상기술, 청림출판, 2005.

• 鍾永森, 孫子兵法与戰略管理, 鳳凰出版社, 2010.

- 張誠篤, 孫子商法, 新華出版社, 2006.

- 管理故事与哲理叢書編委會, 海尒的故事与哲理, 靑島出版社, 2005.

- 薛慶超, 歷史的見證"文革"的終結, 中華文獻出版社, 2009.

- 丁曉平·方健康, 鄧小平印象, 中央文獻出版社, 2004.

- 陳占安 主編, 鄧小平理論与中國現代化, 北京大學出版社, 2006.

- 中共中央文獻硏究室·中央電視台(百年小平) 撮制組, 百年小平, 2004.

- 中共中央文獻硏究室編, 鄧小平年譜, 2004.

- 胡鞍銅, 中國2020, 浙江出版社, 2012.

- 葉永烈, 鄧小平改變中國, 江西出版社, 2008.

- 潘新平, 中國競合經濟, 中共中央黨校出版社, 1999.

- 陳占安外1人 主編, 鄧小平理論与"三个代表"重要思想槪論, 北京大學出版社,
  2006.

- 茅澤勤, 習近平の正体, 小學館, 2010.

- 佐藤賢, 習近平時代の中國, 日本經濟新聞出版社, 2011.

- 守屋洋, 賢者たちの言葉, PHP硏究所, 2009.

- 守屋洋, 孫子に學ぶ12章, 角川SSC新書, 2008.

- 守屋洋, 孫子の兵法ぶがわかる本, 三笠書房, 2007.

- 現代ビジネス兵法硏究會, なるほど! 孫子の兵法がイチからわかる本, すば
  る舍, 2010.